社 会 学 译 丛

体 育 社 会 学

SPORT: A CRITICAL SOCIOLOGY

2nd Edition

Richard Giulianotti

［英］理查德·朱利亚诺蒂 ◎ 著

李 睿 ◎ 译

中国人民大学出版社

·北京·

作者简介

朱利亚诺蒂，1966 年生于苏格兰阿伯丁，于阿伯丁大学获得社会学硕士、博士学位，现为英国拉夫堡大学运动、锻炼、健康科学学院教授，曾为杜伦大学社会学教授、社会学 / 犯罪学系主任、应用社会科学学院院长。研究方向为全球化理论、足球社会学、大型体育赛事、运动暴力（含足球流氓）、运动与社会治安、社会理论、移民问题、体育政策等。业已出版著作 15 本，于主流及专门社会理论期刊发表论文多篇，作品被翻译为 12 种文字发表。

目　录

致　谢

　　本人供职于拉夫堡大学（Loughborough University）运动、锻炼、健康科学学院。本书写作 *vii* 在此获益甚巨。我尤其要感谢学院里研究社会科学的同事。我和这些同事一起研究，共同写作。感谢我的研究生。他们思维敏锐，对各种体育运动主题充满热情，努力探索真相。我要感谢挪威泰勒马克大学学院（Telemark University College, Norway）的同事。我有幸和他们一起研究运动、文化、户外生活。那些交流让人激动、富有教益。

　　这些年来，我和加里·阿姆斯特朗（Gary Armstrong）、罗兰·罗伯逊（Roland Robertson）一起研究了多项课题。我确实乐在其中。共同研究的成果形成了系列著作，还有很多文章。本书多处可见上述合作的痕迹，特别在论述运动亚文化、安保问题（和加里）时，还有论述体育运动与全球化复杂的交互作用（和罗兰）时。以下各位帮助我完成了本书的特定段落：感谢安斯加尔·蒂尔（Ansgar Thiel）、简·奥韦·唐恩（Jan Ove Tangen），他们对尼克拉斯·卢曼（Niklas Luhmann）的见解，让我获益良多；感谢汤米·朗塞特（Tommy Langseth），他指点我找到在滑雪板运动、冲浪方面很有价值的文献；感谢大卫·豪（David Howe），他在残疾人体育运动方面见解非凡。

　　最后，我要感谢政体出版社（Polity）的出版团队。他们专业、耐心，支持我的工作。乔纳森·斯凯里特（Jonathan Skerrett）邀请我写这本书的新版，所以特别要感谢他。感谢克莱尔·安塞尔（Clare Ansell）的监督工作。感谢卡罗琳·里奇蒙德（Caroline Richmond）的排版工作。

缩略词

ABC 澳大利亚广播公司

AFL 澳大利亚橄榄球联盟（精英澳式橄榄球联盟）

AGIL 适应，获取目标，整合，隐伏（社会学模式）

ATP 国际男子职业网球协会

BBC 英国广播公司

BIRG 沾光效应

BRICS 金砖五国

CBC 加拿大广播公司

CCCS 当代文化研究中心

CCTV 闭路电视

CNN 有线电视新闻网

CORF 撇清效应

EGLSF 欧洲同性恋体育运动联合会

EPL 英格兰足球超级联赛

EU 欧盟

FARE 欧洲足球反种族主义

FIFA 国际足球联合会（世界足球管理机构）

FIS 国际滑雪联合会（世界滑雪管理机构）

FIVB 国际排球联合会（世界排球管理机构）

ICC 国际板球理事会（世界板球管理机构）

ILO 国际劳工组织

IMF 国际货币基金组织

IOC 国际奥林匹克委员会（奥林匹克运动管理机构）

IPC 国际残疾人奥林匹克委员会（世界残疾人奥林匹克运动会管理机构）

IPL 印度板球超级联赛（板球巡回赛）

IRB 国际橄榄球理事会（世界橄榄球联合会管理机构；2014 年更名为世界橄榄球理事会）

ISF 国际滑雪板联合会

LGBT 女同性恋、男同性恋、双性恋、跨性别者

LPGA 女子职业高尔夫协会（北美）

MLB 美国职业棒球大联盟（精英北美棒球联赛）

NBA 美国职业篮球联赛（精英北美篮球联赛）

NCAA 美国大学生体育协会（美国大学体育运动联合会）

NFL 美国橄榄球联盟（精英美国美式橄榄球联赛）

NGO 非政府组织

NHL 北美冰球联赛（精英北美冰球联赛）

NRL 全国橄榄球（拉格比）联赛（精英澳式橄榄球联赛）

PCS 身体文化研究

PED 增强表现药物

RFID 射频识别

SDP 体育运动为了发展和平

TCC 跨国资本家阶级

TNC 跨国企业

UEFA 欧洲足球统一联合会（欧洲足球管理机构）

UN 联合国

UNESCO 联合国教科文组织

UNOSDP 联合国体育促进发展与和平办公室

WADA 世界反兴奋剂机构

WAGs 英国媒体多用来指英格兰国家队队员的妻子或女朋友，后成为球星太太们的总称

WHO 世界卫生组织

前　言

本书意在以批判社会学的理论解释现代体育运动。我将批判性地解读体育运动，并将批判性地涉足体育运动社会学的核心理论及重大研究主题。这一态度将贯穿本书始终。其他学科也将极大地扩展本书的解释视野，如人类学、历史学、人文地理学、政治科学、政治哲学。

体育运动是社会、文化、经济、政治交织的全球领域。该领域范围巨大，社会学家对此不可不察。想一想世界顶级运动赛事的规模：2012年伦敦奥林匹克运动会，有204个参会国派出选手在302个项目中角逐，有大概7万名志愿者为赛会服务，有2.1万名记者报道了此次赛会，并有十几亿电视观众收看了比赛；在美国，美式橄榄球NFL超级碗的观众越来越多，于2012年达到顶峰——1.13亿人——这是美国有史以来观看人数最多的电视节目。在体育运动的另一端，也即草根阶层，参与运动休闲，特别是各类足球①、滑雪、篮球、体操、田径、排球等项目的人口数以亿计。

体育运动有如此巨大的跨文化吸引力，用单一的原因可解释不了。就像爱、真实、艺术一样，体育运动也是联合人类的媒介。现代体育运动内含游戏的乐趣，无论对选手还是观众而言，都是如此；在体育运动中，大家也会学习并传授新技术。体育运动促进不同地域进行互动，这类互动是愉快且可控的。在我们的生活中，"表演性"的消费文化日益浓厚。 要抵消在工作及静态休闲中久坐不动的坏处，就得在体育运动中消耗体力。

所有运动项目都有自己的规则，这样才便于在不同的文化间传播；不过，规则和技术也不是非要整齐划一不可，而是有转型的可能，以适应当地的需要。体育运动也赋权不同的文化，以拓展新老认同，展现新旧冲突。这在不同的共同体（及性别、社会阶级、种族）间，体现得尤为明显。那些与体育运动相关的理想，比如"运动员精神"和"公平竞赛"，反映了西方主导意识形态：自由、民主、阳刚。体育运动已是青年精英的规范训练场，这

---

① 各类足球含协会足球（英式足球）、美式足球（美式橄榄球）、澳式足球、英式橄榄球、盖尔式足球等。除非有其他说明，本书"足球"仅指英式足球。

已成为体制。对英格兰贵族及国际商业精英而言，尤其如此。体育运动涉及的经济数以亿计。这为权力矩阵所宰制，并由此影响了顶级运动管理机构、跨国公司、全球媒体网。随着体育运动在全球影响力不断增大，"体育运动研究"也不断扩展演进，成了跨学科的学术领域。新学系、新学院由此建立，新课程、新项目也由此开设。这些学系、学院、课程、项目名目繁多，理论侧重各有不同。本书有个概略的意图：对社会科学研究体育运动的方法进行全面且批判性的探讨。

本书对 2005 年版进行了全面修订，老版本也是由政体出版社出版的。我从三方面完成了这次修订：首先，将体育运动、体育运动社会学这十几年的发展纳入本书；其次，让本书适合更多的读者，尤其考虑到读者在学术水平上存在的差异；最后，激发读者思考，特别要讨论每章所附的那些问题。

寻求体育运动的社会学定义

要想对体育运动（sport）进行社会学分析，首先要给"sport"下个定义。当然了，各个关键词大多有多个义项，而这些义项互相竞争；其意义也受制于重大的历史文化变迁。在英语中，"sport"与工业时代之前的贵族休闲娱乐，如狩猎或射击，有非同寻常的联系。这种联系颇能引发思古之幽情。因此，在现代的眼光下，"sport"一词的定义有些不易把握。事实的确如此，在《钱伯斯 20 世纪词典》（*Chambers Twentieth Century Dictionary*）中，动词"to sport"就是"to frolic"（嬉戏）、"make merry"（行乐），或是"amuse"（娱乐），还是"wear"（呈现）、"exhibit"（展现）；在当名词用时，"sport"表示"recreation"（休闲）、"games"（游戏）、"play"（玩耍），甚至可以表示"amorous behaviour"（多情之举）、"mirth"（玩笑）、"jest"（笑话）、"dalliance"（调戏、调情）。

现代对"sport"的社会学定义要更为明确、更为系统。我改造了麦克弗森、柯蒂斯、洛伊（McPherson, Curtis and Loy1989: 15-17）的观点，认为可通过以下五大属性来定义"sport"：

1 是有行为规范的，在时空框架（时间界限、比赛场地）内，并为管理机构所组织。
2 是目标导向的，因为任何"sport"都意在实现特定的目标，如进球得分，如赢得比赛，如提高成功率，如此才能区分胜负。

3 是有竞争的——或击败对手，或打破纪录。

4 是用来玩乐的——大家体验游戏，以享受刺激。

5 是处于具体文化情境下的，标准 1 至 4 都与其所在社会的价值体系及权力关系相互交织。

我们可依据标准 1 至 4，把 "sport" 和其他实践，如走路和锻炼，区别开来。因为走路和锻炼缺乏竞争。依据标准 5，我们发现 "sport" 所在社会的转型可能会导致 "sport" 自身的转型。因此，要在社会学上考察 "sport"，我们需要将之置于历史文化处境下，把握其隐含的权力关系，了解其所在社会的社会结构及文化价值。我们还得关注不同社会群体对 "sport" 不同的理解，关注他们不同的 "sport" 实践，辨认他们有关 "sport" 的各种身份认同。

以上标准内含对 "sport" 的分类法。尽管该定义对身体活动或健身强度的要求相对较低，但该定义吸纳了这些充满竞争的游戏，如飞镖、保龄球、斯诺克、美式台球、摩托车竞速。每个项目都需要参与者投入相当的体能，并精于手眼配合。这些项目也都是被组织的、目标导向的、充满竞争的、用于玩乐的。不仅如此，这些项目的官员、参与者、观众均有提升该项 "sport" 地位的动力；我们在 "sport" 用品商店采购与之相关的 "sport" 装备；我们会通过 "sport" 媒体，去欣赏这些项目的重要比赛，去了解这些项目的重大事件。

体育运动：
历史维度及国际维度

体育运动的社会学定义引发了一些议题。这些议题既与体育运动实践的历史维度相关，也与其国际维度相关。为了更加细致地进行讨论，我们首先得注意这点，也即现代体育运动的历史背景是相当广阔的。不错，史前社会认为球戏竞赛、打猎属于其宗教的宇宙观。这类活动常服务于仪式，以"安抚据称来自神灵的未知力量"（Baker 1988: 6）。现代奥林匹克运动会从古希腊赛会继承了运动项目，如短跑、跳远、标枪、摔跤。还是英国人把民俗游戏及中世纪消遣，改造成了有规则的现代体育运动——这尤以 19 世纪晚期为甚。这种改造也源于以下意图：一是确保社会秩序井然，二是向青年男子灌输"阳刚的基督教"。英国学生哥惯于"酗酒、赛马、赌博、打猎、打拳、性乱"（Mangan 1998: 179）。不过，在学校里，这些发泄能量的行为慢慢销声匿迹，而足球、橄榄球、曲棍球、拳击、网球、壁球、田径则有系统地体制化了（Mangan 1981: 15-18）。随着商业发达、帝国扩张，这些项目也在国际上不断传播。如珀金（Perkin 1989: 217）所言：

> 无论帝国内外，哪儿出身公立学校的学生哥人数众多，哪儿板球、橄榄球也就大为兴盛；无论在哪儿，只要足球征服了劳动人民子弟或账房子弟，足球热就会感染当地民众，足球也就成了当地流行的项目。

历史上英国的那些领地，如澳大利亚、新西兰、南非，都接受了这套老派的"运动崇拜"。澳大利亚人最早于1859年订立了足球规则，建立了澳大利亚竞赛规则；橄榄球联合会、橄榄球联盟、板球等项目随后为白人共同体所控制。在印度次大陆及加勒比海地区，板球大为流行，当地民众改造了这项殖民运动文化。在1947年印度独立后，卡巴迪（kabaddi）历经项目化转型，成了现代体育运动项目。与之前各地各有规则的情况相比，卡巴迪比赛有了标准程序，比赛过程也更加和谐。

xiv 在北美社会，中上层人士爱好网球、马球、板球。不过，直到1914年，美国体育运动的新传统才得以确立。棒球，最早是在19世纪中叶由军队传播的，在平民阶层人气很高；名牌大学里的青年男性玩起了美式橄榄球；后来，基督教社会运动创造了篮球、排球，为美国人提供了更多的运动选择。在加拿大，冰球、袋棍球被称为国民项目，袋棍球就是从第一民族的游戏演化而来的。

在中欧地区，学校重视以体操的方式进行体育锻炼。19世纪早期，德国人杨（Friedrich Jahn）创建了体操协会（Turnverein）。这个组织拥有民族主义纪律，使用军事训练方式（尤其是剑术）进行体操锻炼。在捷克，相应的组织叫索科尔（sokol）。索科尔在中东欧地区广为流传。林（Pehr Henrik Ling）创立了瑞典式体操，时间也在19世纪早期。瑞典式体操迅速传播，实现了国际化。如在1830年后，英格兰中产阶级妇女也练上了瑞典式体操。除了体操，为了满足德国运动人士竞赛的需求，手球诞生并于一战后普及。手球甚至冲击了足球的地位。法国对早期体育运动发展的贡献，主要在政治及行政管理方面。顾拜旦男爵创办了现代奥林匹克运动会。1896年，首届现代奥运会在雅典举行。足球管理机构FIFA于1904年创建，法国人也促成了此事。环法大赛是最具法国特色的运动赛事。该赛事始于1903年，是全世界最负盛名的自行车赛。在欧洲，足球的霸主地位从未动摇。尽管如此，在阿尔卑斯山脉附近的国家，还有北欧的那些国家，射击和高山运动一直势头强劲。爱尔兰创立了爱尔兰式曲棍球，还有盖尔式足球。这两个项目对抗着英国的文化帝国主义。在拉丁美洲，没什么特别值得一提的本土项目。足球是拉美第一运动，棒球在中美洲也相当流行。在东亚地区，尤其在日本、韩国，各种武术逐渐转型，成了现代的、国际化的、用于竞赛的运动项目，如柔道、剑道、跆拳道。在古代中国，蹴鞠（一种足球）、龙舟竞渡早在2 000年前就开展了；在现代中国，乒乓球极为流行，中国人对排球、篮球、足球也很有兴趣。因此，总而言之，尽管足球等"全球项目"在不同国家都拥有吸引力，但上述现代体育运动传播发展简史表明：不同国家、不同地区，对体育运动拥有相当不同的传统、相当不同的品味、相当不同的文化。

本书内容

本书意在对体育运动进行批判社会学分析，充分讨论相关历史文化议题。可将社会学这个学科视为现代性的好问之子。因就传统而言，其聚焦于工业化社会以及正在实现工业化的社会。历经20世纪，社会学解释的影响力肯定是越来越大了。尤其在2000年前后，社会学成为社会科学的主要学科，经常和其他学科的主题、理论、方法打交道。这些学科有历史学、人类学、经济学、地理学、政治与国际关系学、社会心理学。

在体育运动的社会学研究中，我认为历史学立场及人类学立场是极有价值的。社会学家由此才能进行如下比较：一方是运动实践的范畴范围，另一方是运动实践与某些事项的关系，如权力关系、共同体身份、社会行动编码、宽泛的信仰体系。使用历史学进路和人类学进路，一来便于我们认识权力关系的核心，二来有助于认识社会文化的创造性，以及人类行动者的能动性——现代体育运动最终成型，这也起到了关键的作用。社会学的二分法——作为结构的权力关系，作为元素的文化活力与能动性——构成了贯穿本书的关键主题。

我意在提供一套"批判的"体育运动社会学分析。我用"批判的"一词，宽泛而言，有三种意图：首先，揭示有关体育运动的错误，消除对体育运动的误读；其次，强调隐藏在体育运动相关社会关系（及社会组织）背后的权力利益、权力划分、权力失衡；最后，就如何实现民主原则、社会融入、社会正义，探索组织体育运动的新方法，思考体验体育运动的新方式。在此意义上，我的体育运动社会学进路应和社会科学的批判理论传统，尤其符合新马克思主义（以新葛兰西思想为主）和福柯的思想立场（cf. Calhoun 1995）。

本书共分12章。智识劳动有所分工，意在进行多样而简洁的讨论。当然，因当下学术出版规则所限，这些讨论不可能像百科全书一样无所不包。我努力在合理的范围内展现社会学文本，把以下两点都纳入考虑范围：既要满足读者可能的兴趣，又要契合本人的研究旨趣，符合自己的理论承诺。每章都附带几个相关的问题，以便读者进一步思考。

开头三章探究三位社会学创始人，他们在体育运动方面影响甚广。这三位也即埃米尔·涂尔干、马克斯·韦伯、卡尔·马克思。在第1章，我探究体育运动的功能主义及系统理论。这些进路与涂尔干社会学传统渊源甚深，强调体育运动的功能：靠类似宗教的仪式，来增强社会凝聚力，促进社会协同。体育运动可在两个层次强化社会秩序：一是在系统的层次，这是结构功能主义的观点，具体通过体育运动和其他体制交互作用；二是在日常生活的层次，戈夫曼就是这么认为的，具体通过特定的互动仪式，以保全社会行动者的"面子"。

在第2章，我用韦伯社会学深入理解体育运动的解释性及理性化。解释社会学关注体育运动中社会行动者复杂多变的意义及身份。韦伯、古特曼、瑞泽尔为我们指出：高度理性化、科层化的现代社会是如何影响体育运动的。尽管对他们抱有极大的敬意，但我还是得说涂尔干和韦伯忽视了关键的政治经济因素。这些因素构建了体育运动，无论在结构的层次，还是在日常生活的层次，都是如此。

与以上进路不同，在第3章，我用马克思主义和新马克思主义理论论述了：在现代资本主义背景下，体育运动的政治经济划分，以及体育运动隐含的种种冲突。按某些新马克思主义者的立场，体育运动再生产了工业资本主义中典型的社会不公，如剥削工人/运动员，如操纵消费者/观众。不过，这类看法可能也把马克思看得太简单，没有看到马克思对特定历史节点中复杂权力关系的认识。同时，这也难以解释何以体育运动（以及其他文化领域）成了爆发社会冲突及象征冲突的重要场所。

前三章探究导向了第4章的"文化研究"进路，以及广义的新马克思主义进路。通过文化研究进路进行研究时，只有把持久的实地考察和相关理论（尤其是葛兰西和威廉斯）结合起来，成果才会更有说服力。可用文化研究进路解释文化（体育运动）领域何以成为社会弱势群体的斗争之地，这些社会弱势群体如劳工阶级、青年女性、少数族裔。此处的

核心概念是领导权、反抗、越界、狂欢化。我还使用了另外两种视角——一种源于哈贝马斯理论，另一种就是近年来兴起的"身体文化研究"运动。可用这两种视角批判性地解读体育运动。

前四章的理论色彩较强；后四章的主题更切合现实问题，分别关涉"种族"、性别、身体、空间。前四章为后四章奠定了解读体育运动的观念基础。"种族"和性别业已成为文化研究和体育运动社会学的重要研究领域。我在考察每个主题时，都仔细考察了这些主题与

现代体育运动史的关系。我既强调社会的长期构造，也凸显不同主题各自复杂的跨文化境遇。我还讨论了两个问题：体育运动如何构建了种族主义神话？体育运动是否为非白人群体提供了新的社会流动？就有关性别和性的准则、认同、经验问题，我考察了体育运动在形成这些准则、认同、经验中的作用。

第7章、第8章分别考察了身体和运动空间。这是运动实践的两大关键场所。福柯提出了对人的肉身规训及空间规训的理论，该理论的影响经久不衰。我从以下方面探索体育运动中的身体：现象学经验、自担风险的吸引力、身体规训与统治、其他身体风险。在第8章，我从这几个方面考察了运动空间：深度情感依附、政治经济争议、运动场馆安保、后现代化的进程。

第9章、第10两章以体育运动为中心，考察了两位有国际影响的重要社会学家：诺伯特·埃利亚斯和皮埃尔·布尔迪厄。埃利亚斯以"社会学进程"的立场考察社会，认为社会就好像是场比赛，其中有参赛者，有观众，还有管理机构。这些元素互相影响；只有在这永不停息的演出中，才能把握这些元素。埃利亚斯的文明进程理论已被用于寻踪体育运动社会史。不仅如此，更让人感兴趣的是，可用该理论解释体育运动暴力。布尔迪厄的社会学立场更具批判色彩，其理论立场也更为协同一致。他主要关注体育运动"品味"——人因品味不同，而分成了不同的群体；因为品味不同，人在社会上也就有了不同的奋斗目标。他后期的作品政治色彩鲜明，言辞犀利，直指社会不公，批评了占主导地位的新自由主义政策。

最后两章的主题是后现代和全球化。近二三十年，这两大主题引发了社会科学的重大论争。后现代之于体育运动，主要体现在：媒体的影响力越来越强；与体育运动相关的符码和规训，渗透到了社会的其他方面；以消费幻想之地，重新定位运动场馆；在体育运动中，有了更多的身份形式；以往可以用体育运动区分雅俗文化，如今这套方法也失灵了。我在最后一章讨论全球化问题，这已是当代社会学的重要研究主题。在全球文化实践和社会关系中，如何以现代体育运动阐释追求卓越的精神？此外，我还考察了全球政治经济中根深蒂固的分裂与失衡。所有章节，以及前言、后记，都意在提供一套对体育运动的批判社会学解读，由此引发读者思考这个问题：如何改造体育运动，以实现民主、社会融入、社会参与、社会正义的总目标？

1 体育运动的功能主义理论：社会秩序、协同、系统

所有的功能主义社会理论，无论是结构功能主义还是新功能主义，都强调保持社会共识，强调维持社会秩序，而忽视社会生活中的冲突。尽管从 20 世纪早期至中期，功能主义在社会学领域及社会科学领域影响巨大，但到了 20 世纪 60 年代，其理论势头大减。当时冲突理论更受关注，特别是采用马克思主义视角的冲突理论。如今，体育运动的功能主义社会学就像一件古旧什物，对现代世界，好像提供不了什么有价值的解释了。

尽管功能主义的缺点不容忽视，但我还是要在此指出：运用涂尔干、莫顿、帕森斯这些功能主义社会学家的理论，有助于我们理解体育运动的关键议题，如社会整合、协同、秩序、仪式、失范。中欧、北欧学者运用德国社会学家卢曼的系统理论来解释体育运动，堪称范例。戈夫曼的微观社会学耐人寻味，展示了日常社会互动如何支撑起了脆弱的社会秩序。

涂尔干社会学：社会秩序、协同、宗教

埃米尔·涂尔干（1858—1917）提出了首个社会学综合功能主义理论。他在法国经历了社会巨变——工业化、城镇化、世俗化、第一次世界大战。这多少影响了他的社会学观点，导致其立场相对保守，重视如何在社会巨变中维持社会秩序。

论及研究方法，涂尔干强调研究"社会事实"，也即那些为我们的命运定型，且无法为个体所控制的社会力量（Durkheim [1895] 1938:13）。以自杀研究为例，涂尔干（Durkheim [1897] 1970）发现了以下社会事实：那些和共同体、家庭、宗教团体（天主教而非新教）关系紧密的人，与社会环境更为个体的人相比，自杀的可能性更小。

在理论方面，可用社会事实考察运动参与——例如，加入运动俱乐部或参与某项运动，就很像加入社会团体。不过，只要我们深入审视社会事实，就会发现各种社会事实相互交织，因而难以分割处理。卢申（Lüschen 1967）研究过运动参与背后的社会事实，发现与其他的宗教群体相比，新教徒更爱参与有组织的体育运动，且尤为喜好那些以个人为主的项目。该"社会事实"或可证明：现代体育运动强调新教的审美价值和个人主义。不过，和

宗教无关的因素也可能会提高体育运动参与程度。例如，北欧社会阶级差异较小，当地路德新教徒就比西班牙天主教徒更多地参与体育运动。但是，又有人指出：加入运动俱乐部本身就是集体主义行动，无论这家俱乐部是否偏爱个人项目（Bottenburg 2001: 33-34）。这样一来，问题也就更加复杂了。

功能主义最能体现涂尔干的保守态度。功能主义理论假定任何社会系统均由社会部门所构成，这些部门相互联系，发挥着各自的功能，共同维持着这个系统。这些有功能的部门可能包含以下领域的机构，如家庭生活机构、宗教机构、政治机构、工作机构。这样看来，社会系统就好像人的身体：人体内有各种器官，这些器官必须运行良好且相互协调，人才能生存下去。由此可见，功能主义强调社会认可、社会合意、社会秩序、社会和谐，以及社会上一切有助于实现社会"均衡"的因素——换言之，功能主义要保证社会秩序井然、运行平稳。因此，大家有时会觉得该进路过于保守，觉得功能主义好像在暗示：无论大多数社会成员觉得社会如何不公、如何无道、如何反动，也不必改变社会现状，以免妨碍社会平稳运行。还有人批评功能主义，认为功能主义过于关注社会秩序，而忽视了社会冲突和社会分裂。要用功能主义分析体育运动，就得先把功能主义的这些缺陷考虑在内。

涂尔干认为：现代以前的社会和现代社会的运作方式不同。两者有不同的社会纽带，或者说，有不同的社会协同。现代以前的社会有"机械的"社会协同，特点是分工简单、社会化力量强大、敬畏集体权威、个人主义程度较低、有稳固的社会基础以再生产社会角色及共同的道德秩序（"集体良心"）。与之相反，现代社会有"有机的"协同方式，特点是分工更复杂、工作角色更独立、专业性更强，个体做决策的空间也更大。

涂尔干（Durkheim [1915] 1961）认为：在现代以前的社会，宗教在再生产机械协同和集体良心方面，发挥了重要的功能。宗教典礼协助生成了共同的自我崇拜，在团结"部落"方面，发挥着社会功能和道德功能。宗教在部落里无所不包：自然世界和社会世界的一切内容都获得了宗教意义。部落成员珍视并保护那些被尊为"神圣"的物件，用以对抗那些被划为"不洁"的东西；宗教"仪式"强调"行为规则"，指导大家在涉及圣物时，如何行动（Birrell 1981: 357）。积极习俗设定宗教典礼的程序，以让部落成员信守重大社会规范（Giddens 1971: 108-111）。消极习俗用于禁止特定的行为，如不准说"脏"话，不得触碰圣物。反映在个体的层面，宗教认为身体是不洁之物，而心灵则是神圣的。"图腾"是物体，通常来自自然世界（尤其是动物）。当这些物体以象征的形式代表部落时，这些物体就成了圣物。涂尔干认为：图腾代表着部落，那么部落成员在宗教典礼中崇拜图腾，实际上就是在崇拜他们自己。

涂尔干引入了"集体欢腾"概念，用于解释部落成员在共同体验宗教仪式时陷入的那种激动不已的状态，以及拥有的那种普遍协同的感受。之后，人类学家维克多·特纳（Turner 1974）提出了类似的概念"共睦态"（communitas），用于解释在社会群体中强烈的协同感、一致感、平等感，尤其在他们分享共同的体验，或经历人生大事（"习俗通道"）之时。

4　　涂尔干认为：到了工业社会，宗教的社会功能大不如前，以往的那些协同形态，还有集体良心，影响力也都减少了。那么问题来了，如何引入新信仰系统或新信仰机构，才能保证社会平稳运行？涂尔干觉得可通过"个体崇拜"重建社会协同，也即通过"崇拜者和神合为一体的宗教"（Durkheim [1898] 1973:46）。然而，用个人主义的道德框架能否维持道德纽带，这还是个问题（Durkheim [1893] 1964:170-172）。因此，涂尔干认为：社会失范将对工业社会构成挑战，也即，工业社会环境下的个体缺乏规则感，也不愿受道德约束。在工业社会中，阶级冲突频发、犯罪数量增加，这也都说明集体良心的作用变弱了。

体育运动、社会协同、宗教

涂尔干对宗教生活进行了功能主义的分析，还建立了机械协同与有机协同的模型。该模型可用于理解体育运动。[1]

首先，我们发现，在涂尔干宽广的视野中，很多身体游戏和宗教典礼关系密切，或者出自宗教典礼（Giddens 1971: 111n）。例如，

大约在公元前 3000 年，美洲土著在一起玩象征生死命运之争的球戏，当球队领袖输掉比赛，他们当真会被拿去献祭。很多球戏在很早以前就有了，这些仪式意在确保丰收，或谋求共同体的福祉（Henderson 2001: 32-33）。在中世纪，大家在节假日游戏，比如忏悔星期二；这类活动就像宗教典礼，有铸造社会纽带的功能，可避免在物质、军事、精神等方面出现危险（Muchembled 1985）。

可用涂尔干的观点考察以下两者：现代体育运动赛事与类似宗教的典礼。法国人类学家克里斯蒂安·布隆贝热（Bromberger 1995: 306-309）以现代足球比赛为例，在多方面比较了两者：第一，足球比赛发生于"独特的空间构型"（运动场）之中，球迷在此经历强烈的情感状态。比赛场地拥有神圣性——如果闲杂人等闯入场地，那场地就被他们污染了。第二，在宗教典礼中，按社会权力分配，不同的观众占据不同的空间。就像在足球比赛中，政治领导人等贵宾的座位拥有最好的观赛视野。第三，足球有明显的时间结构或韵律结构，小组赛、决赛、冠军联赛都遵循固有的程序，拥有常规的时间表。第四，在比赛日，各个群体表现得就像参加典礼。例如，足球支持者会裹上自家队服，进入激烈的仪式行动中。第五，就像教会，足球也有自己的组织框架——从当地组织到全球组织。第六，足球比赛仪式有进行的顺序——赛前准备、热身、球员进场、按既定程序进行比赛、比赛结束、支持者退场。第七，足球仪式产出了共睦态，也即"共有的

精神"。这样，因为有了共同的事业、共同的身份认同，陌生人就有了牢靠的社会协同。布隆贝热用涂尔干理论解释了足球，倒也不妨用之解释其他的体育运动仪式。

沿着这进路一直向前，我们就能发现现代体育运动是如何增进社会协同的。当我们回想涂尔干，我们认为他的观点是极为重要的：在有机协同的语境下，宗教的社会影响越来越弱。因此，需要替代宗教的社会机构，以构筑道德秩序和集体良心。

20 世纪以来，在种种政治文化语境下，体育运动赛事大多有利于社会整合。瑞尔丹（Riordan 1987: 391）考察了苏联的现代体育运动，得出以下结论："体育运动是最接近宗教仪式的，可提供涂尔干所称的凝聚力、协同、整合、纪律、情感陶醉。"在美国，塞拉齐奥（Serazio 2013）系统运用了涂尔干的宗教理论，以研究"费城人"棒球队球迷在 2008 年世界系列赛的表现。他认为：棒球队就是费城的"民间图腾"，拥有"神圣力量"，可增进陌生人的社会协同；以往那些起社会整合作用的机构没落了，棒球队的社会整合作用就体现得更为明显。"费城人"在世界系列赛中获得了胜利，这让俱乐部、媒体、支持者产生了共睦态，为这费城历史身份的象征而共同庆祝。

其他项目的运动队和运动赛事，也能发挥类似的社会功能。为了进一步类比，我们不妨注意，在体育运动领域，俱乐部和球迷"部落"的图腾象征往往来自自然世界：想一想多伦多"枫叶"冰球队、印第安纳波利斯"小马"橄榄球队、巴西弗拉门戈"秃鹫"足球队。选手、球迷的运动流行文化，也显示了涂尔干的道德符码。各队地位之高低，得看球队是否有特别的"精神""心脏""灵魂"，得看球员是否"为这件球衣而战"——这一切都指向强大的集体协同。反过来，那些"了无激情"的俱乐部、那些"雇佣兵"球员，则是被运动支持者和共同体批评、鄙视、辱骂的对象。通过积极的崇拜习俗，支持者公开表达对俱乐部的爱，如在运动场歌唱、穿着与球队同色调的衣服、找球员要签名。比赛日就是球迷的圣日，那时他们就能狂吃滥饮、进行其他狂欢行为，借此推进集体欢腾。消极习俗禁止观众闯入球场，禁止辱骂作为图腾的球员。消极习俗还包含迷信实践：如球员会避开受伤选手，也不见女性，因为他们害怕会被污染而丧失能量；球员、球迷也常会在比赛时戴上护身符。这类仪式与无所不包的宗教信仰关联密切，都强调在物与人之间传递精神力量。观众唱歌、助威、群舞，可被视为宗教典礼。球迷部落这样行动，以便将自己强大的精神力量注入球队（Robertson 1970: 50-51）。

我们也不妨探索以下问题：体育运动是如何成为"民间宗教"或"世俗宗教"，并发挥增强社会协同的功能的？在国家的层面，这点表现得更为突出（Bellah 1975）。可将运动赛事视为现代民间世俗事件，就像全国节日、皇家婚礼、军事游行、纪念聚会。这些事件都能团结共同体、团结国人。例如，作为"世俗宗教"，澳式橄榄球影响了社会生活多个方面（Alomes 1994）。在构建澳大利亚人身份认同方面，该游戏处于中心位置。橄榄球向追随者提供了追求卓越的范例；在快节奏的现代社会，面对"共同体失却"造成的失落，橄榄球显然成了解除失落的良药。与之类似，在美国，美式橄榄球、棒球、篮球都是"国民运动"。这些"国民运动"充当了民间宗教，成为美国人通用的社会文化之锚，能聚焦社会协同，形成共睦态（Bain-Selbo 2009; Forney 2007）。

体育运动成了民间宗教，特别有助于推进社会协同，具体形式如合唱国歌、挥舞国旗、政府首脑现身赛场、军事力量现身庆典。自19世纪、20世纪，民族主义概念有了重大的扩展；而体育运动强调了这种情况，加强了社会凝聚力。国家驱动的民族主义意识形态为教育系统、大众传媒、其他文化机构（含体育运动）所发扬光大。

总之，可通过涂尔干等人的功能主义进路，解释体育运动如何团结了社会群体——体育运动通过群情澎湃的赛场，团结了社会群体。不过，该进路最大的问题就是：对不同群体、不同机构、不同信仰体系的冲突缺乏关注。而在体育运动中，在不同宗教信仰体系间，不乏重大冲突。以17—18世纪的新美洲领地为例，清教和贵格会希望禁止运动、禁止游戏，以对抗看重娱乐消遣的城镇男性文化（Gorn and Goldstein 1993: 34-41）。到了现代，宗教不同也导致了在体育运动方面的对抗，如传统"宗派"敌对，以及球迷暴力。如格拉斯

哥两大足球俱乐部：流浪者队有新教工团的传统，拥有反天主教会的历史；凯尔特人队则由爱尔兰天主教移民创立，追随者多为爱尔兰民族主义者。此外，还有大量例子能说明体育运动中的冲突有深厚的民族主义背景：如冷战时的奥运会抵制，先是美国抵制1980年莫斯科奥运会，然后苏联及其盟友抵制1984年洛杉矶奥运会；又如国际足球暴力事件，英格兰对苏格兰、阿根廷对巴西、塞尔维亚对克罗地亚等，还有1969年洪都拉斯对萨尔瓦多，人称"足球战争"。说到底，只能将功能主义对宗教生活或民间宗教的解释，应用于相关机构的"信徒"身上；对不是信徒的人，这进路就无能为力。在此语境下，我们得注意这点：体育运动作为"民间宗教"，或作为构建共同体的力量，只对运动爱好者有效；而对那些没有运动爱好的人，就是无效的。如果社会上的人大多对体育运动了无兴趣，那就很难说体育运动能团结整个社会。

在战后的岁月里，社会学的功能主义进路和社会系统进路有了三大方向。其中最有地位的一支，代表人物是美国社会学家塔尔科特·帕森斯（Talcott Parsons）。这为北美社会学及欧洲社会学提供了主导范式。20世纪60年代以来，冲突理论获得了更大的影响力。第二支以德国社会科学家尼克拉斯·卢曼（Niklas Luhmann）为代表，他提出了别具一格的系统理论，在中欧、北欧影响甚大。第三支源于欧文·戈夫曼（Erving Goffman）。该进路通常从解释的立场出发，但也不是直接去研

究涂尔干的核心主题：构建社会秩序。现在，我就转而讨论这三大路径。

结构功能主义：帕森斯和莫顿

塔尔科特·帕森斯用"结构-功能"理论框架，详细阐释了涂尔干有关社会秩序、社会系统的主题。对横跨社会科学的宏大系统，以及控制理论，帕森斯兴趣浓厚。于是他意在构建宏大理论，以解释所有的系统——从日常生活的行动系统，到整个社会系统。他关注在系统中起构建作用的内容，关注这些系统是如何在功能上维持平衡（或达到均衡）的（Parsons 1951）。帕森斯（Parsons 1966）认为：为了有效发挥功能，所有系统都得有四条"功能性的必备条件"；当被运用于社会系统时，每个条件都与社会结构的特定内容相连。该四重因素模型的首字母缩写是 AGIL。我简介如下：

- 适应（Adaptation）：系统有效呼应周围环境；这与社会系统的经济相关。

- 获取目标（Goal attainment）：系统利用资源，并为其成员设定目标；这与社会系统的政治结构相关。

- 整合（Integration）：系统发起社会协作或社会聚合；这与社会系统中的社会化、法律权威相关。

- 潜存或模式维持（Latency or pattern maintenance）：系统不断运行下去，并传递把成员聚合在一起的价值，比如

通过代际传递；这与社会系统中的共同体、文化相关。

可用 AGIL 模型考察体育运动系统，思考该系统是如何发挥功能的。以全国体育运动治理机构为例：这些机构得做好财务规划，以适应经济环境；得与成员商议以明确目标，进而为实现这些目标而努力；得培训年轻选手以增强聚合力，还得有规则以惩罚违规者；得倡导共同的价值，得推行共同体的标准，如教育年轻选手"公平竞赛"，要年轻选手在竞争和其他事项间保持平衡。

为解释社会生活，帕森斯还提出了另外几个社会学模型。其中有个模型很重要，该模型关注"模式变量"，提供了理想类型，以把社会互动划分为表意型和工具型。表意型和工具型对应如下：

表意型	工具型
先赋	成就
扩散	专一
特殊	普遍
情感	情感中立
集体取向	自我取向

表意型互动与相对亲密、小范围的社会关系相关，如家庭、当地体育运动俱乐部等共同体。与之相反，工具型互动在复杂社会群体，如公司、大型科层机构中更为多见。

我们可用模式变量来解释体育运动，各个体育运动联合会均以工具型为基础开展竞赛：任命赛事官员的依据是其成就，而非他们的社

9

会关系；是靠专一的角色来选择选手，而不是看谁的关系（如家庭关系、朋友关系、协会成员）扩散得广；是以相同的方式为所有选手规定普遍的规则或标准，而不会为个别参赛者制定特别的或特殊的规则；这些机构也是情感中立的，不会和哪个参赛人或参赛队有情感纽带；选手在比赛时，也要为自己的行动负个人的责任。上文谈过，这类模式变量作为理想模型，是用于解释具体社会结构应该是怎样的，而不是揭示其实际上是怎样的。在模型和现实之间，本就有鸿沟。所以，要发现其理论弱点，就得借助相关社会群体中的例子。我们可借这些实例，来批判性地反思。例如，有些职业体育运动组织在任命官员时，基于性别认同或家庭关系（先赋），而不是基于对方的职业能力（成就）。在很多国家，足球迷常常怀疑赛事官员偏爱某些球员（这是搞特殊，而不是一视同仁），或偏爱某支球队（这也就谈不上"情感中立"了）。因此，模式变量有个潜在的好处，也即让隐藏在社会关系、社会组织中的原则显现出来。个体及社会团体就会预见这些原则，并据此行动。

多年来，帕森斯的理论遭到很多批评。如认为其理论野心太大，认为其理论解释不了所有类型的社会互动、社会组织、社会机构、社会系统；认为其理论的进化论色彩太浓，认为其理论因偏见、意识形态作怪，误以为战后美国社会是最先进的社会系统；认为其理论只是美国资产阶级社会的理想化表达；认为其理论无视社会系统中的利益冲突、利益分化、利益对立（换言之，帕森斯过度重视系统内形成"共识"的功能）。

在体育运动的语境下，如果采用帕森斯的进路，我们就不大会关注社会冲突，如对女性的性别歧视，对少数族裔的种族歧视，还有职业运动员的罢工。社会学家就先得接受（而不是批判性地考察）这个命题：美国体育运动运行有效。也即先得承认，美国体育运动符合现代模式变量的要求，展现了最为先进精巧的体育运动系统类型。

罗伯特·莫顿（Robert Merton）是帕森斯的学生。莫顿的进路更为审慎。他认同结构功能主义理论，但又做了一些修改。莫顿喜好"中层"理论，这样就能研究整个社会系统中的各个部分，把握其中哪些部分是有"功能"的，而哪些部分又是没有"功能"的（Merton 1968）。

社会行动中有不同类型的功能，莫顿（Merton 1968: 105）做了分类，分为"外显功能"和"潜在功能"。"外显功能"是社会行动者所意欲的，社会行动者会在社会系统中积极适应这些功能；而"潜在功能"则"既不是社会行动者所意欲的，也不是社会行动者所认可的"。这套分类很有用。此外，莫顿还提出了"功能失调"和"功能无涉"两个术语。"功能失调"的行动可能会损害社会系统，尽管对特定的社会群体而言，"功能失调"的行动具有让他们生存发展的功能。"功能无涉"的行动是中立的，对系统没有积极或消极的影响。

下面以体育运动宣传禁烟为例，来解释该

进路。外显功能就是提升公众对吸烟危害的认识；潜在功能如鼓励公众关注健康，推进共同体建设；对外国游客而言，禁烟活动是无意义的——这就是功能无涉；而吸烟人士或许就因此而不再参与体育运动——这就是功能失调。

莫顿（Merton 1938）指出：在复杂社会系统中，显著的功能失调也时有发生。因社会目标和社会结构（"体制化的手段"）间的冲突，有些社会群体会感到压力、出现分化。城市犯罪就是此类功能失调的表现，如美国 20世纪中期的有组织犯罪。要用莫顿的概念解释犯罪，就得先指出这点：贫穷的城市社区接受了富裕社区的文化目标，但又缺乏实现这些目标的社会结构（体制化的手段）。莫顿以该主题解释以下现象：美国 20 世纪中期，意大利移民认同美国文化目标（发家致富），却缺乏体制化的手段（教育机会、好的工作、升职通道），无法以传统的方式实现这些目标。因此，有些意裔美国人就得靠犯罪，才能实现他们的文化目标。这对整个社会系统而言是功能失调的，但对那些成功获得财富的个体和家庭而言，又是发挥了功能的。

莫顿（Merton 1968）之后指出：面对文化目标与体制化手段间的差异，个体共有五种应对方法。现以美国青年男性橄榄球选手为例，解释这五种应对方法。我们知道美国大学橄榄球运动是通过一套特别的体制（主要是高中、大学），去推行一套特别的文化价值（勇猛顽强、锐意进取的男性气概）。因此，个体可从以下方面与美国大学橄榄球产生关系：

- 遵从：个体遵从特定的文化价值，并通过有组织的体制来追求这些文化目标——男性青年学生在大学里打橄榄球，他们不断进取，竞争激烈。
- 创新：个体遵循文化目标，但在实现目标的手段方面，运用他们自己的手段——男性青年学生在大学之外打橄榄球或参与其他项目，他们不断进取，竞争激烈。
- 仪式：个体搞不清楚文化目标，而盲目地接受体制化的规则——男性青年学生踊跃加入大学橄榄球队，对橄榄球规则也很有兴趣，但他们并没有思考为什么要这么做。
- 退却：个体既不认同文化目标，也不接受体制化的手段——男性青年学生不参与美国大学橄榄球运动。
- 反抗：个体既不认同文化目标，也不接受体制化的手段，而以其他极端的选择取而代之——美国男性青年学生转而推崇其他与橄榄球价值不同的运动项目。

显然，要在当下教育系统中维持美式橄榄球系统，遵从无疑是功能最为显著的应对方法。其他四种应对方法对特定的群体具有功能，但会让橄榄球系统出现种种功能失调的后果。

莫顿理论为解释现代社会中的结构变异留有更大的余地，也为功能角色背离（社会系统中功能失调的后果）提供了更多解释空间。尽管如此，我还是认为：莫顿也好，帕森斯也好，他们主要是在描述社会系统，而非解释社会系统。也即，他们没有充分考虑社会权力关系，没有考虑到社会生活的潜在因素及其中的复杂关系。另如我之前所提到的，他们没有充分考虑到根植于社会系统中的冲突。

13 卢曼与社会系统

现在要考察和社会秩序、社会系统有关的第二套理论。这套理论的中心人物是德国社会学家尼克拉斯·卢曼（Luhmann 1995, 2000）。20 世纪 80 年代以来，他的理论深深地影响了德国、丹麦、挪威的体育运动社会学家（see Bette 1999; Cachay and Thiel 2000; Schimank 2005; Stichweh 1990; Tangen 2004, 2010; Wagner，Storm and Hoberman 2010）。帕森斯是卢曼在哈佛大学的老师。卢曼受结构功能主义影响甚大[2]，如其对系统的控制论解读——系统是自我增生且自我规制的。虽说卢曼在多数作品中并未关注体育运动，但用其理论的核心内容来解释体育运动，仍然能取得丰硕的成果。

卢曼意在提出一套综合且严格的理论：通过剖析构成现代社会的系统、次级系统，以展示现代社会的复杂状态。因功能变异或功能适应，系统改变着自己的形式。次级系统随之出现。次级系统影响着整个系统，自身有生长发展的强大动力（Tangen 2010: 138-139）。卢曼（Luhmann 1986）借用"自创生"这个术语，以解释系统、次级系统在其自身的元素、运行之外，创生并再生其逻辑、结构、要素。自创生系统是自主运行的：虽说这类系统需要从环境中获取能量，但就其组织及沟通而言，又是独立于环境的。

在各层次的互动、各种社会组织、各个社会中，都能发现社会系统。这点至关重要，也即社会系统并非由个人所构成，而是由沟通、预期所构成。行动就是特定形式的沟通，而沟通源于个人。所有的系统、次级系统均由基础二元沟通符码所支撑；可用这套符码区分并确定积极或消极的身份，而"象征普遍化媒介"则让沟通成为可能。例如，在经济次级系统中，二元沟通符码就是利润／亏损，而象征普遍化媒介就是金钱。

要把这套理论用于体育运动，我们先得明白：体育运动就是个次级系统，就像教育、法律、政治、科学等次级系统——这些次级系统都在整个社会系统（"社会"）之内。两百年来，无论是体育运动次级系统的外在环境，还是内在的自创生过程，都在不断变异。比如体育运动持续发展，这要求成立新管理机构、编订新规则手册、制定新行为规范——这一切都和其他次级系统大不相同。与此同时，体育运动次级系统以自创生的方式不断变化，与所在的大环境相呼应。例如，体育运动通过引入反种族歧视、反性别歧视的规则，呼应公民权利运动。就沟通而言，体育运动的基础二元符码就是胜负，象征普遍化媒介就是胜利，积极身份与赢家相关联（Schimank 2005）。体育运动

14

行动的意义取决于其所在的次级系统。例如，个体在骑车，那她可能是在比赛或为比赛训练（这隶属体育运动次级系统）。但也有以下可能：她可能是为了健身（健康次级系统）；她可能骑车上班（经济次级系统）；她也有可能是去赴约（休闲次级系统）。

在思考社会系统、社会次级系统中的复杂状态及紧张关系时，系统理论最为引人入胜。以唐恩（Tangen 2004，2010）的研究为例，他认为体育运动次级系统除了胜负二元符码，还有进步/退步或发展/衰落二级符码，也就是说，得看运动员或运动队有没有取得进步。唐恩发现：体育运动通过二级符码，向其他次级系统（如教育、工业、法律、政治）展示了考察发展/衰落相关问题的重要意义。

此外，各个次级系统进行着互动，并以"结构式联合"的方式彼此重叠。体育运动次级系统会与政法次级系统互动，如在体育运动仲裁的场合，或在制定反兴奋剂政策时。体育运动次级系统也会与教育次级系统及经济次级系统进行互动，如在业余体育运动及精英职业体育运动领域。那也会与健康次级系统及社会整合次级系统互动，如在建立国家体育运动模型方面。

在组织层面，体育运动次级系统要自我规制，要建立新沟通程序及新沟通结构（如教练课程、公众运动），主要就靠体育运动管理机构。按卢曼"组织也即社会系统"的理论，决策形成了基本分析单元（Luhmann 2000）。组织通过沟通决策不断成长，并再生产其自身

（cf. Thiel and Meier 2004）。考虑到决策形成过程复杂多变，瓦格纳（Wagner 2009）考察了混合型组织，这类组织能按各种沟通符码运行。例如，现代体育运动管理机构整合了政治、法律、教育、商业等各种类型的沟通。

和社会科学中其他宏大理论一样，系统理论既有优点，也有缺点。首先，研究者得面对这个问题：阅读卢曼的著作相当费劲——就像阅读帕森斯的作品一样，卢曼行文艰涩，理论高深，这让读者难以理解其著作。即使如此，系统理论还是为社会科学家提供了一套立意高远、精巧连贯的模型，有助于我们探索人类社会。因此，也需要通过社会学研究去批判性地考察、应用、解释这套理论。我们尤其需要中层的社会学研究，比如探索体育运动次级系统是如何在具体环境中发挥功能的。系统理论还可作为启发式的研究框架，去探索体育运动次级系统的日常生活能在多大程度上契合这套理论框架。

其次，在20世纪晚期，卢曼和尤尔根·哈贝马斯是德国社会学界的一对敌手。和哈贝马斯不同，卢曼对批判的、规范的议题并无兴趣，而这些议题本有益于在社会中发掘新政治机制。尽管如此，我们不妨调整系统理论，以让其具有批判的元素。例如，我们可以考察某个次级系统是如何与其他次级系统互动的——这类互动会导致次级系统自身转型，甚至会让该次级系统面临危机。以精英体育运动为例，在自由资本主义社会系统中，精英体育运动会因自身与经济次级系统的关系而转

型。有些学者认为：这类互动可能会破坏体育运动及其他次级系统的自治（或正直），因为导入了外部符码"利润/亏损"（cf. Walsh and Giulianotti 2007）。显然，积极的应对策略是让体育运动次级系统与政治次级系统更有效地互动，以夯实体育运动的民主基础。用这套加入了批判元素的卢曼理论，社会学家可以进一步发展、应用系统理论，并用该理论思考大量规范政治议题。

戈夫曼与微观秩序

就涂尔干社会秩序和社会系统的主题，我在此探究与之相关的第三条进路。这条进路源于欧文·戈夫曼。乍一看，似乎不该将戈夫曼纳入讨论，毕竟其重心主要在微观社会学领域（日常社会互动），而我们之前分析的其他领域均为宏观社会学领域（社会层面）。即便如此，戈夫曼的社会学与社会秩序、仪式研究等涂尔干核心主题紧密相连（see Burns 1992: 361-362; Goffman 1967: 47）。戈夫曼主张：现代社会秩序被生产并再生产出来，是通过现代社会繁复的互动技巧——这不是在系统的层面上，而是在日常生活的层面上起作用的。戈夫曼（Goffman 1967: 73）认为：正是个体之人在现代社会成了"圣物"。戈夫曼还以此注解了涂尔干的论点——"他人既不敢侵犯这圣物，也不敢侵犯其边界"。

戈夫曼强调个体的"脸面"具有神圣的地位。"脸面"代表个体在社会互动中希望获得的积极的尊重。这套社会互动仪式意在让个体保存脸面。利用涂尔干的积极仪式概念，戈夫曼（Goffman 1971: 62-65）研究了个体是如何表达自身，如何用称赞、问候等"访问仪式"建立并维持合宜的社会交往的（ibid.: 73-91）。消极仪式即回避的仪式，如尽量不与陌生人有身体接触；还有"补救互动"，如在撞到别人时向对方道歉。

戈夫曼（Goffman 1959）以其拟剧理论闻名于世，他用之解释日常社会秩序。该理论将个体视为社会中的"演员"，他们有各种进行"印象管理"的技巧，好让别人（"观众"）接受或相信那些行为。因此，对戈夫曼而言，只要表演成功了，社会秩序就能维持下去。为了实现这个目的，社会行动者（"演员"）就得进行团队合作，分别按不同的剧本饰演不同的角色；他们还得提供支撑材料，进行总体设定。如果社会行动者（"演员"）演砸了，或者"观众"得到了什么足以怀疑"演员"的信息，那整个演出和社会秩序也就砸锅了。

可用戈夫曼的理论解释体育运动。在对英国足球的社会学研究中，"印象管理"有助于解释不同支持者群体与球场安保的社会互动（Giulianotti 1991; O'Neill 2003）。英厄姆（Ingham 1975）在解释体育运动中的职业亚文化时，也用到了戈夫曼的理论。

还可进一步运用戈夫曼的理论，比如用于考察体育名人的社会动态关系。体育明星的脸面显得极为神圣；因此要与体育明星互动，就得遵从很多积极的、消极的仪式。例如，在采访这些明星之前，常会听到采访人用溢美之词介绍这些明星，积极确认对方崇高的地位。如果采访人或听众（一般不是运动员）有什么没听懂，要打断与明星的互动，这个采访人或听众就得肩负道歉之责。与此同时，这些体育明星用心进行印象管理，比如：使用合宜的支撑材料（奖品或背景照片）；穿着适宜（保持特定的风格，或穿着特定品牌的运动服饰）；就算面对的是诋毁自己的信息，他们也得举止适当（要彬彬有礼，要热情地回答问题）。

在体育运动领域，苏珊·比勒尔（Birrell 1978，1981）把戈夫曼理论运用得淋漓尽致。比勒尔认为：运动赛事也即仪式竞赛，个体可在赛事中展现混杂着勇气、娱乐、尊严、镇定等各种元素的"性格"（Birrell 1981: 365-372）。此处的"性格"，就包含着戈夫曼式的能力——"把自身有竞争力的部分安排得井井有条，以便时刻尽在掌握"（ibid.: 372）。

美国社会学家阿利·拉塞尔·霍克希尔德（Hochschild 1983）运用戈夫曼的范式，考察了情绪管理问题，特别是服务部门的情绪管理问题。她认为：在人类情感商业化的处境下，情绪管理变得越发重要。可将这项研究引入体育运动，因为精英运动员要面对各种人群，他们更需掌控自己的情绪或情感。情绪控制包含自我控制，比如在激烈的比赛后，运动员还要接受媒体采访或参加新闻发布会，这时他们就得控制好自己的情绪。有了这些洞察，也就能发现体育运动中的情绪管理包含着"深

度行动"，职业运动员会以有利于商业获利的方式表露自己的情感。例如，当运动员要和俱乐部签下新合同以提高待遇时，他们就会表露自己对俱乐部的认同，表露自己对支持者的爱。

尽管戈夫曼式的进路引人入胜，可将之用于体育运动及其他社会生活领域，但在具体解释上，该进路也有力所不及的地方。既然这大体是微观社会学理论，那么它对权力关系背后的结构条件自然所言甚少。此外，就其拟剧理论，我们也不妨质疑戈夫曼理论所隐含的前提：难道个体的行动当真充满了自利、共谋、伪善吗？

结论

我在本章考察了各种与功能主义传统有关的社会学理论及进路，以便研究涂尔干所关注的主题：社会秩序、社会协同、社会仪式、社会系统。这些理论或进路都有些不容忽视的缺点。关于这些缺点，我在之前大致讲过，现在再总结一下：第一，功能主义理论也好，系统理论也好，都把社会生活视为一幅图画；而在这幅图画上，决定论的色彩过多了。如此，社会行动就像是对社会环境做出的内在应激反应，而不是源于社会行动者有批判色彩的创新能力。戈夫曼是微观社会学家，但就算在他的作品中，社会行动者也主要是按剧本进行角色扮演，而不是创造性地开发社会行动的新领

域。例如，要研究体育运动管理机构，这些理论有助于我们考察扮演不同角色的员工在各自部门、岗位、队伍中的关系；但对部门内文化及扮演不同角色的个体的决策方式，这些理论对我们就帮助不大了。

第二，如前所述，这些理论或进路都有与生俱来的保守气质。这表现在都强调把社会系统维持至均衡状态，而不是考虑怎么改变甚至终结这些社会系统。就算在讨论社会冲突或社会变迁时，这些理论或进路也不忘这个前提，即社会将会自我调节，这些问题会被解决，而现存的社会系统终将安然无恙。以上前提没有充分考虑某些社会群体（如妇女或少数族裔）坚持了长期的斗争，以在参与体育运动方面获得全面的平等权。这也将导致以下问题：在用功能主义理论、系统理论分析社会系统时，并没有太多批判分析的空间。如果要去研究某个长期腐败专制的体育运动组织，功能主义进路会倾向于考察该组织是如何有效地发挥功能的，而不是去考虑怎样改革这个组织。

第三，功能主义理论、系统理论在看待所研究的系统时，其视角往往过于理想化，而未能考察系统中的阴暗面。以帕森斯为例，他对战后美国社会的认识，就显得过度正面，甚至有些理想化。杰弗里·亚历山大（Alexander 1992: 294-295）等新功能主义者也是如此。

19 他们爱用术语"文化符码"解释当代西方社会，而不是批判性地凸显以下事实：西方国家实际上缺乏"平等"、缺乏"包容"、缺乏民主。在体育运动领域，这种理想化的视角将会

导致理想化的研究，如认为西方体育运动管理机构具有民主、包容的特性，而不是去深入挖掘这些组织的问题，如歧视特定的社会群体。

第四，功能主义进路、系统进路需要对权力关系进行更为稳健、更具批判色彩的理论建构。在社会中占优势地位的群体有各种方法操控权力，这些进路未能考察那些操控权力的方法。比如经过弱势群体的同意，制定政策或进行实践，以维持现存权力的失衡状态。因此，这些进路没法帮助我们批判性地审查这种现象：在美国城市里，体育产业老板和当地政客联手赢得当地民众的支持，支持其用税收修建新体育馆；而修体育馆会减少用于其他重要公共服务的支出，如会减少在教育、健康、治安等方面的支出。

第五，美国社会学家赖特·米尔斯（Mills 1959）嘲笑结构功能主义理论语句令人费解，他把帕森斯的某些大段长句翻译成简短、容易理解的句子。尽管这里有些幽默的意味，但帕森斯、卢曼那些令人费解的句子，很可能会把一些学者挡在门外，让他们不能应用这些理论框架。

尽管如此，这些进路也的确有一些鲜明的优点，可有效促进体育运动社会学的研究。首先，对涂尔干有关社会事实的理论和方法，我们大可用之回答以下问题，即深层社会结构是如何塑造广大群体的社会行动类型的。以这类研究成果为基础，可更有效地制定体育运动政策。如确定国家应在何处介入，以促进体育运

动参与。其次，我们还可把功能主义和系统理论广泛应用于以下方面，如研究体育运动赛事或体育运动机构是如何服务于特定的共同体，如何产生强烈的协同感和追随感，并促进社会整合的。还可套用涂尔干或戈夫曼的各种理论隐喻，如把运动赛事比作宗教典礼或社会戏剧。再次，我们也得认识到体育运动机构与其他社会部门有复杂的关系，这些机构有时甚至会功能失调。比如，可能有很多社会群体被体育运动系统排除，或与体育运动系统有冲突。在此意义上，我们应该接着莫顿的理论，继续研究；我们应该像中层研究者学习，探索体育运动和社会复杂的交互关系。最后，戈夫曼关注社会互动仪式，关注微观秩序的脆弱状态。可将之用于解释体育运动中的特定社会群体。在下一章，我会更多地探讨微观社会学方面的议题。

讨论题

1. 运动队、运动赛事是如何推进社会纽带，并形成共睦态的？哪些社会群体没有参与体育运动？哪些社会群体没有参与构建这种社会纽带？

2. 应该把体育运动当成社会系统还是社会次级系统？体育运动是如何与其他社会系统或社会次级系统（如经济、政治、媒体）相关联的？

3. 运动明星、运动俱乐部、运动群体（如球迷运动）都是如何实行"印象管理"的？这类"印象管理"成功的表现如何？

4. 功能主义理论、系统理论如何忽视了体育运动中的社会分化与社会冲突？

5. 按照功能主义理论及系统理论，如何构想组织、参与体育运动的新方案？

2　研究体育运动的韦伯式进路和微观社会学进路：意义、身份、理性化

对现代体育运动，我们常听到这种抱怨，即现代体育运动失去了原本的魅力。说到运动员，就是"过度训练的"；说到球队，就是"缺乏主心骨的"；说到运动场，就是"没有灵魂的"；说到比赛，就是"老套的"或"程序化的"。持这种观点的人士怀疑：和以前相比，虽说体育运动被组织得更为理性，但好像缺乏意义，变得没那么有趣了。当然，这类批评有美化过去的嫌疑，但就现代化对体育运动的影响，这也属于广为流传的观点。

在本章，我将考察体育运动的意义及体育运动现代化，考察其中关键的社会学问题。我的分析大致基于两种特定的社会学视角，这两种社会学视角都与马克斯·韦伯[3]相关。第一种也即微观社会学、人文主义、解释型的进路，该进路可用于理解日常社会行动者的意义、动机、身份、阐释。第二种也即韦伯的理性化理论，该理论既强调现代社会中理性的组织及科层化，同时也强调社会祛魅感日益强烈，这种感受弥漫在我们的日常社会生活之中。

本章分为三大部分。第一部分，建立与体育运动研究相关的解释型、微观社会学立场；第二部分，阐述体育运动之理性化及科层化，其中特别采纳艾伦·古特曼（Allen Guttmann）的社会历史学洞见；第三部分，思考如何把瑞泽尔的麦当劳化命题，用于解释体育运动。在写作时，我还区分了"深度""浅表"这两种理性化形式。

解释型社会理论与体育运动的意义

解释型社会理论涵盖了大致属于微观社会学的庞大理论家族，如韦伯社会学、社会现象学、解释学、常人方法论、象征互动论、社会结构主义。解释型社会学研究以下主题社会行动的相互关系，这些主题有：地位、客观性、意义、动机、象征、语境、自我、角色、身份、过程、社会变迁。这类研究避开了实证思考，实证思考也即参考自然科学的方法，用因果律、普遍化等方法来解释人类群体。与之不同，韦伯（[1922] 1978: 12-13）用"理解（verstehen）"这个略显含糊的术语去描述同情

的理解，社会学家必须运用这种同情的理解，以有意义的方式解释个体的行动。因此，最好把解释型社会学当成定性研究方法使用，就像研究课题中的开放式访谈或民族志。

解释型微观社会学进路有以下预设：无论是对自己的主观动机，还是对他人的行动，抑或是对社会语境，个体都有各种意义的理解。象征互动论属于微观社会学进路，该理论关注语言沟通意义，以及姿势、服饰等非语言象征的沟通意义。社会互动论是通过各种角色、身份来建构的，而角色、身份与个体的社会地位相一致。自我，将个体与角色、身份相连接，并导致不同的角色解释和角色表现。因此，社会身份、社会行动、社会互动就是动态的、流动的、过程的，并为"镜中自我"所影响。社会行动者用"镜中自我"想象他人眼中的自己。个体的社会行动再为"重要的他人"（如同居的伙伴）或"一般化的他人"（如一队的工友，或朋友圈）的回应（无论是现实的回应，还是想象中的回应）所影响，由此形成特定的行动。

如果在田野工作（或访谈）中获得了大量材料，大可采纳这些解释型洞见，用于定性研究，以理解社会互动。还有一种研究方法与之相关，也即"解释学"进路。该进路以解释"文本"为中心。解释学最初只关注传统书面文本，但这类"文本研究"如今迅速扩张，可以解释或"解码"任何形式的沟通系统或符号协定，如时尚、广告、电视、电影。此外，还有现象学进路——本书将在第7章详加讨论该进路。社会科学家运用该进路研究体育运动与休闲中的主体性及交互主体性，如在体验体育运动时，社会行动者的感知差异问题。

社会科学家可用解释型微观社会学理论，考察、理解体育运动中的各种社会意义、社会象征、社会身份、社会角色。例如，我们可用其考察在团队项目中，各队员被分配了不同的比赛角色。在比赛中，队员会用各种方式反复解释这些角色。个体比赛的方式，会受到"重要的他人"（特别是教练或队长）和"一般化的他人"（如一般的队友）的影响。乔治·赫伯特·米德是象征互动论的创始人。他认为可用游戏情形和团队思考解释以下现象：儿童因此而获得了个性，并成为"社会中的有机成员"；儿童在行动前，会学着考虑他人的态度，以"在有参照的前提下到达共同的归宿"（Mead 1934: 159）。选手、观众要懂得特定项目的意义、象征、角色、身份。例如，要想让棒球赛"有意义"，参与者就得了解各个选手的地位和角色，要懂得各种象征的意义（如裁判的手势），最好还能知道俱乐部的社会历史身份——这把俱乐部与球迷和相关共同体相连。不仅如此，我们运用解释学进路，可分析（"解码"）这个问题：大众媒体是如何展示体育赛事的？是通过出版报道、广播评论，还是通过对特定事件的电视报道？

大量对体育运动的社会学或人类学研究，都广泛运用了解释型进路。阿德勒夫妇（Adler and Adler 1991）采用田野工作的方法，研究了大学篮球队男子运动员社会化的过程。他们运用角色理论和象征互动论，发现在大学

23

系统里，很多年轻的学生运动员都经历了"角色吞噬"——运动员角色变得"贪得无厌"，控制了其他角色，甚至控制了学术角色。即使如此，运动员还是醉心于"光荣角色"，面对公众的吹捧，他们也飘飘然，不能自拔。虽说运动员的角色强调忘我，但有些运动员的"光荣自我"却变得更为醒目。当大学运动生涯结束后，有些人适应了退役后的生活，并在其他领域获得了成功；还有些人仍然在体育运动中保持着"光荣自我"。很多在大学后退役选手对此都有正面的评价，认为他们"以少数人才会经历的方式触摸到了荣誉"（ibid.: 230-231）。用大学运动员的角色控制理论，也可解释其他专业人员如何为其专业角色所吞噬。反过来说，似乎那些属于"文艺复兴"类型的个体——他们有各种各样的文化兴趣、文化角色、文化身份，在现代生活中变得越来越边缘化了（ibid.: 228）。

唐纳利和杨（Donnelly and Young 1988）运用社会互动论视角，研究了体育运动亚文化中的社会身份建构。他们主要以登山者和橄榄球选手为研究对象，建立了进入运动项目亚文化的生涯模型。模型分为四个阶段：

- 第一阶段，社会化之前的阶段。这时，潜在成员从各种渠道获得该亚文化的各种信息。
- 第二阶段，挑选征募阶段。当这些个体对这种亚文化更熟悉的时候，可能会被邀请参与其中。

- 第三阶段，社会化阶段。个体学习亚文化的价值及其看问题的视角，建立自我的新身份。
- 第四阶段，接受／排斥阶段。亚文化评价个体是否接受其核心价值，能否进行关键的实践。

对其他各种项目亚文化，该模型也同样适用。

微观社会学研究者有兴趣研究运动项目亚文化，这说明他们视野宽阔，对很多社会边缘群体、异常群体都进行了实质性的研究。例如，从 20 世纪 20 年代起，社会学的芝加哥学派就运用城市民族志方法研究以下对象：无家可归者、玩电子乐的、黑帮、不良团体、贫民区街坊、其他边缘群体。解释型进路随之高度影响了犯罪（及其他社会异常现象）研究，对体育运动中异常的亚文化，社会学研究者也有所涉猎——如波尔斯基（Polsky 1969）对台球骗子的研究，又如阿特金森（Atkinson 2000）对球票黄牛的研究。

社会人类学与微观社会学关系密切，无论在核心主张方面，还是在核心方法方面。特别在以下情况下，社会人类学运用深度定性方法进行研究，以理解各种运动项目亚文化或运动项目共同体。例如，阿姆斯特朗（Armstrong 1998）运用城市人类学方法，对英格兰足球流氓群体，进行了长期的民族志研究。反过来，这些研究实践又为这些研究对象的意义、价值、身份做了持久可信的记录。沿着解释型传统，对体育运动群体所做的人类学记录还有很多，如克莱因（Klein 1991，1993）论健美亚文化及拉丁棒球，戴克（Dyck 2012）论北美儿童体育运动，凯利（Kelly 2004）论日本棒球迷，卡特（Carter 2008）论古巴棒球身份，豪（Howe 2001）论威尔士英式橄榄球联合会中的伤病。

就体育运动文化进行的解释型研究，最著名可能要数美国人类学家克利福德·格尔茨（Clifford Geertz）对巴厘岛斗鸡的研究。格尔茨站在解释型立场上。他主张："逼问生活的意义，这就是人类存在的主要目的，也是人类存在的基本状态。"格尔茨认为：一切人类行为都有符号价值，都是象征行为，可将其理解为文本。他将巴厘岛斗鸡理解为"深度表演"。斗鸡的时刻，也就是鸡主和赌客的个人地位（而不只是钱）经受考验的时刻。斗鸡最能说明巴厘岛人的地位关系，斗鸡甚至"关乎生死"；斗鸡让巴厘岛人"看见自身主观的维度……在斗鸡中，巴厘岛人探索并形成了自身的性情，整个巴厘岛社会也是如此"（ibid.: 451-452）。要理解斗鸡，格尔茨主张研究者必须为研究对象（相关群体）提供"深描"，并要"阅读"斗鸡这个巴厘岛文化文本，虽说这类"阅读"只能通过观察社会行动者而进行下去。

尽管解释型进路并未被体育运动社会学忽视，但严格的解释型进路却因以下原因而受限。这些原因有：田野工作太费时间，太费钱，要与其研究的社会群体共同相处、一起生活。从理论上说，很多体育运动社会学家转向

其他进路，特别是新马克思主义和后结构主义，而不是象征互动论等解释型框架。新马克思主义和后结构主义有助于探索体育运动中的权力关系及结构条件，让研究者发现更多的细节。不仅如此，很多体育运动社会学领域的重要人物接受过跨学科训练，如运动科学或体育学（运动机能学），这会导致他们甚少探讨解释型理论和解释型方法。

可以说，在体育运动社会学领域，当与其他研究视角相结合时，解释型微观社会学进路才能发挥最大的影响。在此意义上，新韦伯进路或新解释型进路的地位最为重要。在文化研究进路中，成本效益解释学方法成效显著。例如，研究大众媒体如何报道体育运动中的女性、少数族裔、LGBT 共同体（see Douglas 2005; Messner, Dunbar and Hunt 2000; Sartore-Baldwin 2013）。在用解释型的、立足田野的方法研究运动亚文化时，大可结合文化研究进路，后者可对结构中的重要权力关系进行理论化（see Sugden 1987; Foley 1990）。利用后现代或后结构主义方法，有助于把社会互动研究与社会批判分析结合起来，进行社会实践、社会话语、身体文化等方面的批判。例如，在广泛深入的田野工作的基础上，我把米歇尔·福柯的理论和社会互动论相结合，用于研究苏格兰足球支持者：在 1990 年的意大利世界杯期间，苏格兰足球支持者如何在不同的国际观众面前，构建并投射特定形式的国家认同（Giulianotti 1991）。总之，解释型微观社会学进路要在体育运动社会学研究中保持影响，就

得和其他理论进路积极互动，用原创的方法解释社会现象。

理性化与体育运动

韦伯的解释型进路既强调研究社会中的交互关系，又开拓了社会层级与理性化等研究领域。韦伯（Weber [1922] 1978: 48-56）研究权力关系和社会分层是如何为经济、文化、规范所支撑的。韦伯特别把权力与阶级、地位群体、党派相联系。在社会阶级方面，韦伯的观点和马克思有两大不同：一是韦伯认为现代社会里阶级种类更多，而不只是资产阶级和无产阶级二分，他以所有者阶级、商业阶级、小资产阶级取代马克思的阶级二分；二是韦伯用更多的条件去定义阶级，如人生机会、在劳动力市场的收入机会、是否拥有财产或货物。韦伯把地位群体理解为"无定形的共同体"，如族群、宗教群体、青年人群体。在这些群体中，关键因素常常是荣誉、尊敬、共同生活方式。党派是正规的、现代的组织——一般存在于政治领域，但在社会、文化、经济领域同样存在。党派以理性、有计划的方式追求特定的目标。

韦伯理论有助于我们理解体育运动中的权力关系和社会分层。例如，在阶级方面，可用于考察家财万贯的"有产者"阶级是如何与职业"商业"阶级互动，从而主导了欧洲及北美的精英职业体育运动的。还有很多人之所以要成为职业体育运动俱乐部的所有者，他们的动机就是追求当地、国家、全球的荣誉和地位，以便与社会文化领域的重要机构产生关系，甚至最终控制那些机构。根据社会心理学家的说法，大家之所以支持运动队，常见的动机就是追求地位：球迷公开地支持获胜球队，那么这些球迷也就与胜利沾上了边，这就是"沾光效应"，这有助于球迷提升自尊、提升地位、获取荣誉；假如球队输了，那不少球迷就会"撇清与失败者的关系"，避免与失败状态相联（Wann and Branscombe 1990）。就党派而言，可以研究体育运动组织是怎样合作以实现特定目标的，如俱乐部组成联赛以便更好地赢利，又如体育运动管理机构联合起来游说政府，以获得场地设施。

我现在转而讨论韦伯所关注的问题：理性化过程及科层化过程。我还会讨论这些问题对体育运动社会学的影响。韦伯认为：理性化驱动着现代性。现代社会生活由理性的筹划所构成，强调工具理性和技术知识，而不重视对政治问题或道德原则的反思。韦伯认为：科层制统治着现代生活。与其他形式的社会组织形式相比，科层制具有"纯粹的技术优势"，具体表现为"熟悉档案，精确地分配档案，具有连续性，审慎一致，保证严格的上下级关系，能同时降低材料成本和人事成本，能减少摩擦"（Weber [1922] 1978: 350）。不过，正如韦伯众所周知的观点，科层制让经验大为祛魅，特别是产生了过度理性化的"铁笼"，由此而囚禁了人性。因此，有些受到韦伯观点影响的社会学家研究了以下课题：社会生活的理性组织形式及理性化进程，是如何让社会行动者失去人性的。

有学者用韦伯的理性化论题分析现代体育运动。弗里斯比（Frisby 1982）发展了韦伯的进路，用于研究加拿大志愿者的体育运动机构。他发现这些机构遵循了以下九大原则：正式的程序规则、分散决策、无关个人的工作关系、决策中的专业主义、专门化、职业稳定、机构规模大、职员比例高、重视科技。

古特曼（Guttmann 1978）在解释身体文化的现代运动化转型时，大量运用了理性化论题。他定义了理性化的七大方面，把现代理性化的西方体育运动与早年的运动消遣进行比较，以说明其中各方面：

- 世俗化：现代体育运动独立于宗教机构（或信仰系统）。与之不同，在早期文明，在现代社会之前的社会，体育活动和宗教庆典是互相交织的。

- 精英化：体育运动推进公平竞争，这是由体育道德所决定的，与参与者的社会身份无关。与之不同，现代社会之前的体育运动是高度排外的；在古希腊，没有公民身份的人基本无权参加体育运动，尤其是妇女和奴隶。

- 专门化：现代体育运动就像其他产业，有越发复杂的劳动分工，个体必须学习专业技术并适应专门的角色。美式橄榄球这类团队项目就有图文并茂的战术手册，并有许多专门的比赛位置。在现代社会之前，参与者并没有什么特别的角色，只要能实现集体的"目标"，他们想怎么做就怎么做。

- 理性化：为了实现确定的目标，工具理性成为最有效的手段。现代体育运动的特点就是理性地准备、理性地组织、理性地竞赛，特别在运用运动科学方面，以尽可能提高选手的成绩，让获胜的概率最大化。在现代社会之前，当时游戏的准备既没那么全面，也没那么科学。

- 科层化：对韦伯而言，"日常生活的整个格局都被裁减了，以适应"科层制的框架（引自 Giddens 1971: 160）。在体育运动管理机构的管理下，体育运动为愈加复杂的统治机器所控制。统治机器包括各个部门、单位、委员会、次级委员会。这套框架极其庞大，被分为当地、国家、大洲、全球等层面。运动赛事为裁判所控制。这些裁判能够得到任命，不是因为关系，而是因为能力。与之不同，在现代社会之前，并没有游戏管理机构，体育运动比赛的组织和裁判也不够正规。

- 定量：通过统计资料测量运动表现，现代体育运动变得愈加实证。例如，在北美棒球领域，"棒球统计学"被用于测量球员各方面的表现。要引进新球员，这类数据就是决策的基础。[4] 而在现代社会之前，极少有这类统计记录：在古罗马，没人记录双轮战车在比赛后少了多少车辐。

- 追求记录：现代奥林匹克运动会的格言

是"更快、更高、更强"，这促使运动员赢得比赛并打破纪录。而在现代社会之前，没有现代计时技术，所以运动员把全部精力都放在如何在比赛中获胜。

古特曼的分类法简洁而全面地阐释了韦伯的进路，为体育运动研究者提供了七点有用的启示。要不然，他们会觉得理性化只会出现在某些特定的运动项目中。

我们可以从三大方面批判考察古特曼的分类法。首先，在理论方面，他的模型并没有完全运用韦伯的进路。他对体育运动中的理性化的态度相当积极，所以韦伯关于现代铁笼的悲观主义论调就被忽视了。体育运动的理性化将导致异化或祛魅的体验。如果我们把这个问题考虑在内，该模型就会更加完善。例如，只专注于可测量的表现和比赛结果，这就会减少参与比赛的乐趣，减少体验运动的快乐。不仅如此，运动员还系统化地服用禁药，以最大限度使他们的运动表现更好。这种现象反映了极端的工具逻辑，这不仅体现在运动表现方面，也使体育运动参与者失去了人性（Hoberman 2001）。

其次，古特曼大概也提到了理性化论题的缺陷，因为，该论题在某些方面解释不了体育运动现象。例如，理性化论题忽视了体育运动中的审美因素，也忽视了用体育运动进行道德教育、构建共同体的可能（Loland 2000; Lasch 1979; Walsh and Giulianotti 2001）。我们或许可以有以下主张：就像表演艺术，体育运动也有一些即席发挥，比赛中也不乏充满创造力的

时刻，"这反抗着理性化、科层化的审美观"（Blake 1995: 201）。

30

最后，古特曼的论题可能包含着经验主义的缺点。按他所说，好像理性化已经统治了体育运动。例如，在世俗化方面，我们可以看到体育运动中依然不乏宗教实践：运动员赛前祈祷，用幸运符，还有球迷的迷信。在精英化方面，我们也会发现：深层结构因素依然起着强大的决定作用，决定着个体能否参与体育运动并取得成功。毕竟，要想在奥运金牌榜上占据一席之地，国家就得在体育运动方面投入大量经济资源，用于修建运动设施，支持运动训练；而游艇等昂贵项目，就基本为社会上层所垄断。

除此之外，我们不妨关注以下现象：反主流文化运动反对或重塑了体育运动的现代特征。比如，极限运动优先考虑参与运动时的身体快感，而不是破纪录或专门化等现代价值。按某些教育哲学的观点，应推进全面包容、全民参与的路径，以对抗现代体育运动理性化。要不然，社会只会把顶级运动员的比赛表现放在首位。

为了批判性地应对理性化的消极体验，有些运动参与者打算"复魅"他们的运动项目。纽莫拉图（Numerato 2009）在捷克航海俱乐部里发现了该过程：俱乐部为了对抗祛魅的趋势，如志愿者心态变化、大家更关注法律问题而不是运动项目，采用了一些策略以复魅，如举办更多的社会航海赛事，召唤航海共同体的集体记忆，并让新媒体发挥更大的作用。因

此，总而言之，科层化、理性化、祛魅的过程并不是绝对的，也不是不可逆的；对体育运动中的组织和行动者而言，还有很大的空间去探索新的过程，发现新的可能。

当代理性化：瑞泽尔的麦当劳化论题

韦伯的理性化论题已随着时代发展，因美国社会学家乔治·瑞泽尔（Ritzer 1993）的"麦当劳化"论题而有了新应用。瑞泽尔认为：现代社会的理性化基础就封装在麦当劳（美国快餐连锁店）的组织逻辑中。麦当劳化基于四大组织原则：

- 效率：简便快速地提供服务，这点是最重要的，也即"找到实现目标的最佳手段"（Ritzer 1996: 443）。例如，麦当劳有高度理性化的劳动分工，还有免下车窗口等设施，便于把产品快速地销售给开车的人。

- 可预见："没有惊喜的世界"让风险最小化。麦当劳确保消费者在全世界的任何一个分店，都能够得到相同的产品、相同的服务、相同的味觉体验。

- 数量重于质量：强调产品的（大）分量，而不是强调其美食价值、复杂工艺、卓越品质。

- 自动化：只要有可能，就尽量用无人生产代替人工劳动。这样生产会更可靠、

更高效。麦当劳用高度自动化的方式烹饪，基本不需要培训员工。

结果很明显：这种理性化的快餐生产销售方式大为成功，树立了范式，因而被同行竞相效仿。在现代生活的很多领域，无论是金融服务，还是高等教育，麦当劳化的组织原则都取得了巨大的成功。瑞泽尔（Ritzer 1993: 121）还往韦伯模式里加了新内容，也即麦当劳有祛魅、异化、非理性的后果："无论是在麦当劳工作的人，还是在麦当劳接受服务的人，都被麦当劳否定了基本的人性及人类理性。"麦当劳让就餐体验丧失了人性的温暖，同时还忽视了美食艺术的文化价值。

瑞泽尔注意到有些机构想要"去麦当劳化"——通过复魅，抵抗祛魅。不过，"去麦当劳化"在表面上经常显得有些非理性，因为麦当劳为了留住消费者，发展了一套高度理性化的措施。例如，麦当劳可能在本质中就包含了：快餐店那些五颜六色的装饰，还有那些随餐附送的廉价玩具。这儿有个类似的例子，也即科恩和泰勒（Cohen and Taylor 1976）所讨论的"派拉蒙现实"。有些现代人力图逃离祛魅的"派拉蒙现实"，而想让他们的生活复魅，不再拘泥于固定的角色和例行的工作。这帮人虽然想逃离"派拉蒙现实"，但无论是通过体育运动，还是通过赌博、性爱、暴力、吸毒、旅游、幻想，都无法成功地逃离现实；他们不仅没有逃离，还成了这个精心组织的现代社会的一部分，因为能提供给消费者的，也只不过是例行的休闲而已（ibid.: 222）。

瑞泽尔的麦当劳化论题有助于解释现代体育运动的机构结构。以美式橄榄球队的机构为例：在效率方面，球员被分配了专门的位置和角色；在可预见方面，大家指望球员好好扮演这些角色；在数量重于质量方面，人们根据长期的统计数据来评价球员；自动化在使用科学设备训练球员方面体现得非常明显，而体现得没那么明显的就是强调队形或战术安排，意在让球员在场上像时钟一样精确地发挥作用。"去麦当劳化"，或曰复魅，好像说的是球队营销，还有球队媒体，以无法预见的方式，关注顶级运动员。不过，就算这些看起来"独一无二"的才华，也被整合到体育运动复杂的劳动分工当中去了。球队仍然会以结果评估生产效率，评估劳动价值。

尽管瑞泽尔的模型对理性化过程的描绘富有成效，但该模型还是有些缺点不容忽视。首先，无论是"麦当劳化"，还是"去麦当劳化"，这些都无法证实，也无法证伪：我们无法证明它们是错的，但也没法证明它们是对的。

其次，瑞泽尔过度强调了麦当劳化的文化层面，而对其政治经济特色却轻描淡写。最重要的是，要理性地组织快餐生产，根源是经济利润最大化，而不是文化的理性化。在体育运动领域，拥有更多经济资源的机构，会比其对手更有效地实行麦当劳化。我在讨论古特曼和理性化时说过一些观点，在此复述一下：在体育运动方面的表现，不同的俱乐部、国家、社会组织为何差距如此之大？因为那些最富有的

俱乐部、国家、社会组织能够负担得起最先进的运动设施，有能力雇佣专业人员。瑞泽尔或可指出麦当劳化会引发更多的灾难后果，如环境恶化、食物质量变差、整个社会出现严重的饮食健康问题。对大公司来说，和利润增长、公司发展、股东收益等目标相比，这些非理性的后果就是次要的了。在体育运动中，麦当劳化也包含着类似的成本，特别是运动伤病、环境恶化、对贫穷共同体的社会排斥。但和取得好成绩、增加市场价值、提升相关运动机构利润相比，这些也都是次要的。

瑞泽尔建议我们通过个体行为（躲避）来对抗麦当劳化。不过，这样问题又来了。在体育运动领域，这意味着躲避自动检票机；意味着赛前要在私密的餐厅就餐，而不能选择快餐店；意味着要批评可预见的技术，而称赞自发的、有风险的比赛方式。在日常生活的层次，以上例子中的行为或许值得称赞，但以个人主义为基础的消费主义并没有组织集体批评的能力，体育运动的理性化仍然稳固如初。

最后，有必要比较一下瑞泽尔和古特曼的韦伯式进路。简而言之，瑞泽尔指导我们在体育运动领域识别"深度理性化"；古特曼的论断则更有说服力，能帮助我们发现"浅表理性化"。瑞泽尔认为：理性化就意味着现代文化的同质化，去麦当劳化只能有限地抵消其影响。古特曼的观点更加审慎。他确实也承认：不同的社会可能会以极其不同的方式解释、组织、进行体育运动（Guttmann 1994: 186）。例如，在巴西这样的国家，理性化、现代化与特

定的传统价值、既存的权力结构，形成了复杂且辩证的关系。这就会造就独特的、混血的体育运动文化：一方面，这为现代理性化原则提供了港湾，现代理性化原则的核心就是规则、美德、成绩、测量；另一方面，传统的价值仍然具有影响力，其核心是特权、赞助、个人关系。这两种文化符码相互影响，塑造了巴西足球和巴西社会（DaMatta 1991: 154-155; Gaffney 2013）。因此，浅表（多样）理性化显得比深度（统一）理性化更加重要。

结论

要用社会学理解体育运动，韦伯式进路虽说洞见非凡，但也有些明显的缺点。解释型立场有助于解释运动员社会化，有助于解释参与运动项目亚文化后的身份建构。解释型立场还能让体育运动社会学使用人类学视角，特别是在做民族志研究的时候。关注理性化的进程，有助于分清体育运动的祛魅之维。尽管还有些不足，但古特曼把韦伯的理性化论题用于解释体育运动，其成果思想深刻，材料详尽。瑞泽尔的麦当劳化论题为深度理性化进程定位，深度理性化进程也即现代生产消费流程。我们可将之用于解释体育运动。在体育运动研究中，关注浅表理性化进程，而不是深度理性化进程，最终的成果会更有说服力。

我们大概会思考这个问题，理性化和入魅（或祛魅）的关系如何？这个问题过于复杂，

用以上理论解释不了。确实，当代精英体育运动有很多入魅根源于理性化。例如，定量，在体育运动的理性化中，占据重要地位。但是要让体育运动有意义，要让大家情绪饱满地参与体育运动，量化也是必不可少的。打破纪录会吸引全世界观众的目光，如尤塞恩·博尔特（Usain Bolt）多次打破男子 100 米、200 米的世界纪录。要让运动赛事富有意义，要让观众真正地体验比赛的紧张气氛，统计资料至关重要，例如，在板球队跑动得分或击中三柱门时，或在棒球比赛中，成功率高的投手和击球员面对面时。因此，我们大概得承认，理性化在这些方面反而加强了运动体验中的入魅。

韦伯式进路有助于理解体育运动的社会文化意义，还可解释体育运动中的理性形式。但要考察社会身份、社会实践、社会进程背后的权力关系，这套进路就没那么有效了。因此，韦伯式进路能够让我们识别"一般化的他人"在形成行动和身份时的作用，但却没办法帮我们系统地确定以下问题：这些"他人"到底是谁？其中谁的影响更大？这些"他人"又是怎样进入权力关系中的？与之类似，韦伯式进路揭示了理性化中非人性、"非理性"的成本，但却没有要求我们研究那些在此异化过程中获利最丰的群体。此外，如我在谈论瑞泽尔论题时所说过的，对理性化的消极面，韦伯式进路本身并不鼓励我们集体回应并做出反抗。以上对韦伯式进路的批评，源于对体育运动中统治与征服关系的认识。对这些议题，我们将在下一章详述。

讨论题

1. 对于参与者和观众来说，体育活动如何才能有意义？人是如何在体育运动中社会化的？体育运动如何创造（塑造）社会身份？

2. 体育运动通过哪些方式经历了理性化？体育运动中的理性化带来了哪些好处？又带来了哪些坏处？

3. 体育运动参与者和观众能如何挑战理性化的进程？

3 马克思主义和新马克思主义的体育运动理论：资本主义、异化、阶级斗争

短短几十年来，体育运动的商业化发展愈加迅速，相关产业的经济规模也越来越大。2011年，有一项研究认为"全球体育运动产业"总产值高达 4 500 亿欧元。[5] 在世界足球领域，欧洲规模前二十位的俱乐部在 2012 至 2013 赛季收入超过 50 亿欧元。这些收入大部分来自电视转播合同。例如，美国橄榄球联盟（NFL）在 2011 年和美国电视网签订了 9 年共 270 亿美元的转播合同；美国大学生体育协会（NCAA）与美国哥伦比亚广播公司（CBS/ Turner）签订了 14 年共110 亿美元的男子篮球转播合同。

在探究体育运动的商业化现象时，马克思主义和新马克思主义的视角尤为重要。马克思主义进路与马克思理论的核心部分，尤其是其阶级斗争理论关系紧密。新马克思主义进路也涉及其他的理论家和理论框架，如弗洛伊德心理学、韦伯社会学。可从五方面指出他们对体育运动社会学的贡献：第一，勾勒马克思的社会理论要点并简述其对资本主义的解读；第二，简要讨论一下马克思主义和新马克思主义在体育运动及大众文化中的位置；第三，探求新马克思主义对体育运动社会学的贡献；第四，讨论法兰克福学派对体育运动的独特视角；第五，说明为何新马克思主义视角有助于理解体育运动的商品化现象。总而言之，我们可用马克思主义与新马克思主义阐明体育运动的商业化现象。这也让我们进一步认识了新型社会机构的作用，并思考社会行动者反身应对的方式。

马克思对资本主义的批判

马克思于 19 世纪后半叶在英国写成了大部分著作。他自然见证了资本主义工业不断扩张、日益强盛的历史。马克思是这样理解资本主义的：资本主义是先进的、以市场为基础的体系；在这个体系中，资本被用于投资，而投资于商品生产。资本主义生产关系的特点是：有两大阶级，而这两大阶级的利益针锋相对。一方是占据统治地位的资本家阶级，也即布尔乔亚，他们拥有或控制生产资料（如土地或机器）；另一方是无产阶级，也即普罗列塔

利亚，他们只有自己的劳动力可资出卖。资本家从无产阶级那里购买劳动力，并拥有生产出来的产品；用产品价值减去用于生产的资本花费（包括工人工资），剩下的就是"剩余价值"，那由资本家享有。因此，资本主义社会制度建立在阶级剥削的基础之上——资本家剥削工人，尽可能压低工资并提高劳动生产率，因为那样才能获得最多的利润。资本主义导致人的"异化"——对工人而言尤其如此：工人争相售卖自己的劳动力，而无暇开发个人的潜能。

按照马克思的历史唯物主义理论，控制生产资料的阶级也将控制社会的其他方面。在资本主义制度下，资产阶级就是统治阶级。如此，国家也就是"为整个资产阶级管理各种事务的委员会"——其实，国家也就是资产阶级用来统治无产阶级的工具（Marx and Engels [1848] 1998: 44）。统治阶级同时塑造了占据支配地位的观念体系（亦称"意识形态"）。[6]资产阶级随之向无产阶级鼓吹这些支持资本主义的"虚假意识"，这样无产阶级就没法发现他们受剥削的真相，也就更不可能去搞什么无产阶级革命了。资本主义进而产生了虚假的"商品拜物教"，人的特性被投射到物品上，而物品隐藏了商品生产中真实的压迫关系，由此产生了隐藏压迫关系的意识形态效果。卢卡奇（Lukács [1923] 1967）提出了"物化"概念，以说明在资本主义制度下，剥削关系通过物化实体的方式，而得到了虚假的表现。

马克思的视角根植于革命式的承诺：改变世界，而非单纯地解释世界（McDonald 2009:33-34）。他预见到资本主义制度终将崩溃，这源于资本主义与生俱来的矛盾与缺陷：资本家会不断地互相竞争，这会让他们人数越来越少；而无产阶级的人数会越来越多，他们不得不忍受低工资，遭受失业的打击，并忍受其他苦难，这会降低劳动者购买产品的能力；反过来，经济衰落会愈演愈烈；最终，无产阶级会摆脱资产阶级意识形态，成为拥有"自为"意识的阶级，继而发动革命，推翻资本主义制度。马克思（Marx [1875] 1938）预见到，在资本主义制度被推翻后，社会主义"革命的无产阶级专政"会首先接管国家；到了共产主义社会，无论是国家，还是资产阶级意识形态，都将消亡。大家到时候会建立全新的社会，而这个社会的信条就是："各尽所能，按需分配"。

马克思的理论得到了各种各样的解释，这些解释各不相同。马克思的理论在政治中最强有力的运用，就是苏联的创立。苏联是首先由列宁领导的社会主义国家，遵循马克思列宁主义意识形态。列宁（Lenin [1902] 1998，[1916] 1997）认为：资本主义是个帝国主义体系，在这个体系中，最有革命潜力的是那些最穷的国家；这些国家的共产党将推动阶级斗争，共产党具有代表工人利益的认受性。斯大林是列宁的继承者，他重塑了"马克思列宁主义"，以便让苏维埃国家的统治获得承认，并以此掩饰那些以斯大林的名义及以苏联的名义所犯下的暴行。

马克思因以下原因而饱受批评：他预言了全球共产主义（但这从未成真）；他对阶级体系的分析过于简单（资本主义社会比他的两阶级模型要复杂得多）；还有他的"经济主义"——经济基础将决定所有的"上层建筑"（比如文化活动并非总是由经济利益或经济压力所决定的）。

确实，马克思想象中的共产主义制度尚未出现。不过，某些批评倒也严重低估了马克思思维的深度。就社会中复杂的分层及变化多端的斗争形式，马克思有过深刻的分析。例如，在论及 1848 年路易·波拿巴在法国夺权时，马克思（Marx [1852] 1934）研究了不同阶层的社会关系，这些阶层有大地主、工业资本家、金融资本家、无产阶级、农民。在理论方面，他也摆脱了"经济主义"的指控，因为他把人类结构与社会行动同时置于哲学的中心，比如他说过："人们自己创造自己的历史，但是他们并不是随心所欲地创造，并不是在他们自己选定的条件下创造，而是在直接碰到的、既定的、从过去继承下来的条件下创造。"（ibid.: 10）该论断在社会结构与社会行动中取得了关键的平衡。对马克思而言，这也说明了政治、司法、文化的上层建筑并不简单地仰仗经济基础或物质基础（Hall 1977: 60）。如果忘了人的能动性及上层建筑"相对自治"等观点，那就没法理解之后的那些马克思主义理论了。

马克思、列宁论体育运动

马克思、列宁是如何看待体育运动的呢？在写作《资本论》时，马克思（Marx [1867] 1999）认为体育运动根植于经济处境，只有共产主义革命才能让体育运动摆脱商品化及异化。马克思认为：如果工人通过休息娱乐恢复了体力，那就会让资本主义更有效率地运行下去；与此同时，工人在休闲娱乐时，也会感到就像"在自己家里"一样轻松自如（Marx [1844] 1973）。尽管如此，马克思认为阶级社会将抑制人类发展进步。因此，应把那些由资产阶级所控制的体育运动看成让社会倒退的意识形态力量。对马克思而言，只有实现了共产主义，人类才能真正自由地休闲娱乐。

和马克思不同，列宁对体育运动劲头很足。他参与的项目主要有滑冰、自行车、登山。列宁推崇体操锻炼，认为那能强身健体。在俄国革命之后，列宁认识到体育运动可以在多个领域服务国家，比如增强军力，比如提高工业生产能力（Riordan 1976）。苏联的体育运动为共产党所控制，并与马克思列宁主义意识形态相交织。体育运动被视为推动国际无产阶级斗争的重要手段。苏联不仅借体育运动反对资产阶级规范，而且相信体育运动有助于实现共产主义的宏伟目标，如卫生保健、军事训练、妇女解放、政治教育（Rigauer 2001: 37）。随后，在斯大林治下，"群众体育运动"成为国家建设计划的内容，而吸引众多观众的那些运动项目则经常受到国家的干预（Edelman

38

1993: 124）。尽管经常遭到干预，但在动员市民支持党和国家方面，苏维埃观众型运动项目还算不上是强大的动员工具（ibid.: 245）。二战之后，精英国际体育运动成了冷战政治的剧场：苏联及东欧集团对上了西方国家。苏维埃集团在奥运会、足球方面的成绩特别好，主要因为这些国家拥有由国家驱动的体育运动发展计划。

在苏维埃集团之外的体育运动领域，工人阶级体育组织和政治动员两者的影响相差甚远。在二战快要爆发的时候，欧洲工人阶级的体育运动不断发展，抵消了一部分法西斯主义的影响。1932 年，美国共产党资助了芝加哥反奥林匹克运动会组织。他们想给洛杉矶奥运会制造麻烦，但既没引起什么注意，也没有影响运动员的表现。那届奥运会还因反种族主义而为人所称道。1936 年，大家计划在巴塞罗那召开一场和平、解放、反法西斯主义的人民的奥林匹克运动盛会，但因西班牙内战而被迫取消（Baker 1992）。二战后，左翼政治运动加上左翼产业运动让工人的体育运动有了更大的发展。在欧洲很多国家，都是如此。比如，意大利就有意大利全民体育运动联盟（UISP）。这也算是"全民体育运动"政策的先声。20 世纪 70 年代以来，欧洲多国政府都采纳了该政策。不过，和精英职业体育运动或商业体育运动相比，这些社会大众参与型体育运动的位置愈加边缘了。职业体育运动和商业体育运动也就成了新马克思主义主要的批判对象。

新马克思主义者对职业体育运动的批判

有不少社会评论家以及社会学者，尽管他们理论水平不同，但都站在新马克思主义的立场，分析了体育运动，尤其是精英体育运动。按照他们最为直白的解读，体育运动也就是个由资本主义统治、由资产阶级控制的竞技场。职业体育运动就是资本主义工业。在这个行当里，"运动员就是制造者，而观众就是消费者"（Rigauer 1981: 68-69）。因此，运动员和其他被异化的工人没什么两样，他们都得放弃对自己劳动力的所有权：即使是冠军运动员，"也全然为其教练所控制，教练就是工头，其唯一目标就是提高运动员的生产率"（Brohm 1978: 105）。就像资本主义工厂的生产者一样，精英运动员不在乎比赛时能否展现创造力，他们只对比赛结果感兴趣。特定的劳动分工和固定的生产体系迫使体育运动劳动者按照给定的指令行动：去完成高强度的重复作业，而不是在游戏中尽情地创新实验（Vinnai 1973: 38）。与此同时，当运动员被商品化，也即在运动员把自己的身体变成那些大公司的广告牌时，异化及堕落也就无法避免了。确实，有很多工作不如当职业运动员那么挣钱。逃离了那些工作，职业运动员大概会为之庆幸。但在体育运动领域，并无行业自治可言："在相信自己自由了的幻想中，运动员也给自己的牢房上了锁"（Guttmann 1988: 183）。

阿罗诺维茨（Aronowitz 1973: 410-411）指出：在资本主义社会，那些观众众多的项目具有转移群众视线的意识形态力量。运动员"依然是异化的劳动者，但他们却创造出'为观众而比赛'的气氛"。只要那些由工人所组成的观众依旧沉溺于体育赌博，或者继续忙着为自己的球队或选手争吵不休，那么"这个系统还是能继续运转很多年的"。阿罗诺维茨主张返回早年那些工人阶级休闲方式，他特别提到了在小酒馆的休闲方式。在小酒馆，工人可以讨论政治，可以传播当地新闻，还可以重温兄弟情谊——而在上班的时候，那些都是不可能的。

对资本主义制度下的体育运动，法国社会学家让-马力·布罗姆（Jean-Marie Brohm）做出了类似的诊断。他声称奥运会只不过是让群众愚乐的"鸦片"，用以确保"不同阶级在各个层次上的团结协作"（Brohm 1978: 108）。体育运动锦标赛让电视"洗脑"成为可能，如此就能"不断增加甘为奴隶的群众"（ibid.: 114）。体育运动号称裁判中立，号称公正无私，号称体现出了超越球队的运动员精神，而那些只不过是纯粹的意识形态。这类意识形态推进了符合资产阶级利益的神话，确保了"资本家与劳工的伙伴关系"，并让这个系统时刻不停地高效运转。布罗姆一贯主张：奥运会已被用于促进资本主义国家一体化，法国共产党甚至还充当了幕后推手。幕后的训练体制让运动员变为服药的竞技"野兽"，变为"自动控制的机器人"，他们"被监禁、被灌输、被管制、被压迫"（ibid.: 112）。这些论断直接为另

一位法国知识分子佩雷尔曼（Perelman 2012）所吸纳，他把体育运动和群众的无脑消费联系在一起——那些群众在看球时歇斯底里，在政治方面糊里糊涂。

怎样解决这些问题呢？美国马克思主义者保罗·霍克（Hoch 1972: 212）认为：在"社会主义和法西斯主义"之间，在"全球人类解放和野蛮主义"之间，我们面临着艰难的抉择。比米什（Beamish 1993: 205-207）的著作在理论上更加精巧。他承认体育运动中的阶级关系是非常复杂的。比如，他提到加拿大的体育运动受老派业余主义原则的影响更大，而不是为雇佣关系所支配。运动员缺少基本行业权利，他们得通过去法院告状来获取集体议价的地位，争取最低工资、加班工资和节假日工资。就如何消除体育运动的弊病，里高尔（Rigauer 1981: 103-105）提出了最为系统的新马克思主义解决方案：

- 不再把体育运动当成工作，取消相关的组织、让理性化不再被压制、放弃对运动成绩的迷恋。
- 消解盲从守旧，促进民主进步。
- 显示体育运动的政治化特色，反对以往那种"体育运动与政治无涉"的错误观点。
- 破除意识形态，让体育运动促进自由进步、促进教育发展。

里高尔（Rigauer 2001: 45）在之后的著作中主要关注以下问题：在涉足其他社会学范式

时，马克思主义体育运动社会学如何"开放并拓展"自己的范式。

法兰克福学派

布罗姆、里高尔、维奈批评体育运动，意见尖锐。他们受德国法兰克福学派影响甚大。法兰克福学派于 20 世纪 20 年代诞生于德国，主攻社会哲学。霍克海默、阿多诺、马尔库塞、弗洛姆是学派的卓越代表。法兰克福学派创立了"批判理论"，把马克思主义和其他智识体系（特别是心理分析、韦伯理性化理论及祛魅理论）相结合。法兰克福学派理论兴趣广泛，主要致力于以下主题：批判理性之启蒙原则、智识发展与美学发展、科学进步、人类解放。法兰克福学派认为现代资本主义工业社会否定了以上主题，主要通过科学理性之异化、"工具理性"之异化（在此可见韦伯的影响）、因现代高雅文化服务于商品导致的文化降格（Adorno and Horkheimer [1944] 1979; Poster 1990: 34-35）。把目光放远些，我们就能发现法兰克福学派促使新马克思主义思想家转移了关注点：从最初关注经济，到关注 20 世纪中叶以来现代工业资本主义的文化、社会、政治。"文化工业"（电影、电视、音乐、流行媒体、体育运动）被法兰克福学派定位为强有力的意识形态工具，资本主义借此让群众远离政治异议和政治解放，沉溺于无谓消费的梦境中。如此，资本主义才能得以延续。

阿多诺（Adorno 1982，2001）对很多法兰克福学派思想家的观点做了总结，认为：现代体育运动一来属于异化的工作领域，二来服务于资本主义意识形态围堵。这代表了大多数法兰克福学派成员的看法。阿多诺认为体育运动可能"寻求重建身体，因为机器剥夺了身体的某些功能。不过，这样做也只是为了让人更好地服务于机器"。体育运动复制了手工劳动的体力消耗，而那些异化的运动员还得"学着乐在其中"（Adorno 2001: 194-195）。体育运动就是"虚假实践"。体育运动拥有规则，模仿了资本主义市场上那些血腥的竞争。运动赛事就是"极权主义群众大集会的模型"，不能解放那些"无力的观众""鼓掌的流氓""球场上咆哮的球迷"（ibid.: 91; Morgan 1988: 818）。"明星"运动员和好莱坞名人一样，他们也时常听从组织安排，向狂热的群众推销某些虚假的个人特性，如自己与众不同的发型，或是某个情场新欢。

在更大的语境下，法兰克福学派将体育运动视为文化工业的组成部分，而文化工业"妨碍独立自主的个体清醒地选择判断"（Adorno 2001: 106）。在电影、音乐、体育运动中都充斥着流行文化产品，这些文化产品缺乏高雅艺术（如伟大的文学作品和音乐作品）的批判特性及超越维度。流行文化产品被工具性地标准化，被打包成商品。这些商品提供"虚假的个性化"，以转移群众的视线。如此，群众也就发现不了自己"受奴役"的状态了。在马尔库塞（Marcuse 1964）看来，发达资本主义工业创造了"单向度"的人：靠着"虚假需求"（如消费文化），群众获得了"不幸中的迷醉"；群众也就不再反思现实、不再批判社会，由此背离了人类解放大业。[7]

之后，还有学者研究大众消费文化，他们也关注这些带有批判色彩的主题。詹明信（Jameson 1979，1981）是位新马克思主义文学理论家。他认为大众文化的本质就是意识形态：因为真实的情感和欲望在资本主义压迫关系里无法得到满足，所以需要大众文化去呼唤那些情感和欲望。[8]斯克莱尔（Sklair 2001: 149-150）纵览全球，发现西方跨国公司把"消费主义文化意识形态"强加给发展中国家和地区，由此他使用了术语"劝诱需要"（而不是"虚假需求"）。"劝诱需要"的功能就是去指导个体及社会团体追逐消费品。现代的、职业的、商业的体育运动就是大众文化的组成部分（因其满足了群众情感上的需求，又因其让群众远离了政治批判）。既然体育运动受到了资本主义的外部渗透（如赞助商或运动装备提供者），自然可能在国际上协助传播这些劝诱需要和虚假需求。

英国文化理论精英和法兰克福学派在同样的时间做着同样的工作。阿诺德、埃利奥特（Eliot）、利维斯（Leavis）这些人鄙视劳动阶级那些上不了台面的大众文化。他们对英国的美国化颇多怨言，对英国的文化乱象大为不满。他们对体育运动进行道德评判，认为大可用阶级来解释体育运动的身份地位：摔跤等"平民"消遣应被取缔，因为这些消遣是反智

的，看了简直让人反胃；而板球等运动项目则饱含智慧、富于美感，所以理应得到推崇。[9]

法兰克福学派对大众文化的批判是广泛而深入的——如霍伯曼（Hoberman 1984: 244）所言，他们"只把体育运动当成病态的复合物，其中既有病态的态度，也有病态的冲动"——尽管如此，我们还得从他们的立场中分辨出细微而重要的理论区别。和之后的新马克思主义者布罗姆、里高尔等人不同，阿多诺和霍克海默在写作时，尚无后来那些社会学方法或社会学进路（如解释学或符号学理论）可资利用。不然，他们利用那些方法或进路，还能进一步解码流行文化（Poster 1990: 34-35）。此外，阿多诺（Adorno 2001: 195-196）对消费主义的立场确实有所软化。他提到大家在消费产品和话语时"带有保留"，说消费者对那些消费话语也"不会尽信"。[10]阿多诺认为公众在观看体育运动时带有"双重意识"：既有理性的享乐，也有明显的担忧。摩根（Morgan 1988）设身处地，对阿多诺的理解富有洞见。他认为阿多诺视体育运动为倒退或复原：在个体层面，体育运动是自发的、类似儿童的玩耍；在社会层面，体育运动则显示了回到自然统治人类时的状态。儿童的玩耍看起来有些愚蠢幼稚，但在阿多诺看来，这才是真正的"无用"，如此才能远离工具理性。按照这番解读，体育运动应当终结于自身，应为"有利于我们自我理解及自我发展"的那些卓越标准所定义（Morgan 1988: 831-832）。就像艺术一样，体育运动中既有"有用的工作"，也有"无用的玩耍"。这两

者和谐无碍地交织在一起（ibid.: 833）。通过以上对阿多诺作品的解读，可见摩根对体育运动的未来发展还持相对积极的态度，这和他对现代工业资本主义下体育运动的批判大为不同。这些对玩耍的看法既有心理学的意义，也有社会学的意义。让我们想一想有多少体育运动的大众参与者就是"民间英雄"：他们在玩耍时像儿童一样投入，勇于展现自我，尽情享受运动的乐趣。在公众日常谈论体育运动时，大家经常拿这些参与者跟那些工具化的运动员、运动队相比，并积极评价这些参与者。工具化的运动员、运动队受到了更好的训练，比赛时更有效率，继而生产了那些无趣的奇观。

新马克思主义对体育运动商品化的批判

就体育运动的商品化主题，新马克思主义的解释颇有价值。体育运动商品化的历史其实远早于现代资本主义：希腊语"运动员"一词也即"为奖品而竞争"的人，罗马运动场上那些视野较好的座位也常被富有的主顾买下（Miller 2006: 11）。在 19 世纪末 20 世纪初，现代资本主义遍布主要工业社会，男子精英体育运动就变得越发职业化、商品化了。为了让收入最大化，很多团队项目都组织了联赛；同时为了更好地安置付费观众，大量的运动馆也拔地而起。职业运动员很快就在大众媒体撰文，为产品背书。至于是坚信运动员应该遵

守业余规则，还是应该把运动员当成文化企业家，这在某些项目上有过长期的争论，比如多数的奥运会项目（最终于 1988 年职业化）、网球（自 1968 年开启职业化的"公开赛时代"）。只要职业运动员获得了成功，他们本人及其参与的项目就会更全面地融入一般文化工业。

自 20 世纪 60 年代起，精英体育运动的商品化进程就更夸张了。20 世纪 80 年代以来，在收费电视网蓬勃发展后，情况更是如此。从那时起，英国精英职业足球更关注以下两点：一是项目的"娱乐"价值，二是明星球员的场外活动（如与时尚、电影和音乐工业相关的活动）（Taylor 1971）。自 20 世纪 80 年代末，英国和其他西欧国家的足球界出现了过度商品化的情况。足球俱乐部的巨额收入有这几个来源：出售相关商品、给别的企业打广告、在股票市场上转让俱乐部股权，特别是呈几何倍数增长的电视转播收入（Walsh and Giulianotti 2001, 2007）。英格兰足球顶级联赛的电视转播收入从 1984 年的 260 万英镑增长到 2016 年的 17 亿英镑。电视也是北美体育运动过度商业化的推手。在"业余"大学体育运动那儿，NCAA 篮球联赛的电视转播收入在 1985 年是 4 000 万美元；到了 2011 年，就像吹气球一样猛增至 7 亿 7 000 万美元（Sperber 2000: 36, 216; *USA Today*, 22 April 2010）。我们结合马克思主义思考一下体育运动的商品化进程，就会发现股份公司操纵了体育运动的政治文化。如果体育运动中有什么不合其口味，那么这些势力强大的股份公司（领头的就是那些主要电视

公司）就会通过自身的影响加以改变，以实现利益最大化。英国和澳大利亚的橄榄球联赛为那些领军的媒体股份公司所拥有（或控制）；20 世纪末 21 世纪初，联赛得到重组，有些俱乐部关张谢幕，有些俱乐部横空出世。那些新开张的俱乐部迎合商业电视台的喜好，好在大城市的"目标市场"里发现新消费者／观众。在北美、澳大利亚的团队项目那里，联赛管理机构也建立了盈利颇丰的卡特尔商业模式：其实这些联赛只向某些受邀的成员开放，只有那些成员获得了"公民权"。与此同时，那些商业化色彩最浓的精英联赛或锦标赛被打上了品牌的烙印。NBA、NFL、一级方程式赛车都完成了商品化转型：从体育运动竞赛，发展到全球"商业符号"，和迪士尼、微软、耐克等品牌并肩而立（Andrews 1997）。

在体育运动过度商业化的进程中，领军俱乐部不再是"当地企业"，不再"在单一的地理区域开动单一的生产线"（Hardy 1986: 22-23）。纽约洋基、达拉斯小牛、皇家马德里、曼彻斯特联队等俱乐部的运作模式更像是跨国公司：一是有来自世界各地的员工（运动员）；二是借助国际营销，售卖各种各样的产品（从衣服、食品，到保险、旅游）（Giulianotti and Robertson 2004, 2009）。越来越多的精英俱乐部受控于身家亿万的卡特尔——在北美体育运动领域，2013 年就有 47 位控制俱乐部的亿万富翁。这些富豪偏爱那些没有升降级的联赛，这样俱乐部就会永远拥有联赛成员身份，便于盈利（Forbes, 3 June 2013）。虽说有些富豪

主要追求控制俱乐部的地位及因控制所带来的乐趣，但还有些富豪在不同项目的俱乐部都持有大量股份，著名的有约翰·亨利（John Henry）领导的芬威体育集团（波士顿红袜队、利物浦队），曾由马尔科姆·格雷泽（Malcolm Glazer）领导的格雷泽家族（曼彻斯特联队、坦帕湾海盗队），由迪特里希·马特希茨（Dietrich Mateschitz）创立的红牛集团（在足球、冰球、摩托车等俱乐部都持有股份）。

精英运动队的拥有者大多按商业模式经营俱乐部，以获取利润，提升资产价值。在 2008 年、2009 年那两年，就算美国职业棒球大联盟（MLB）表现最差的球队，如佛罗里达马林鱼队或匹兹堡海盗队，也都在压缩预算，以确保盈利（New York Times, 23 August 2010）。在英格兰足球领域，精英俱乐部所有者意在追求利润，并在 2005 年左右进入新阶段。当时美国商人用"杠杆收购融资"的模式分别获取了利物浦和曼彻斯特联队的所有权。按这种模式，他们购买俱乐部，大部分钱是先向金融机构借的，所欠的债再转回到俱乐部头上，然后用电视转播收入、球票收入及球员转会收入等俱乐部收入还债（The Guardian, 22 February 2012; The Telegraph, 9 October 2010）。

站在规范的新马克思主义立场上来看，体育运动的商品化进程有可能损害体育运动的尊严，因为商品化把体育运动变成了电视娱乐节目（see Lasch 1979: 106-107）。比如，美国转播体育运动节目时，比赛常为无谓的暂停所打断。这么干，纯粹是为了腾出时间来播放广

46

告。在 20 世纪 90 年代早期，欧洲冠军杯改制为"欧洲冠军联赛"，后者也成了新品牌。这么干，主要是为了让那些豪门俱乐部获得更多的电视转播收入。板球也离经典的比赛模式越来越远了。早年，板球赛要打上几天。如今，为了迎合电视台、赞助商等金主的需要，比赛时间越来越短了：起先是在 20 世纪 60 年代出现了"一天"比赛；自 2003 年，20/20 赛制大为流行，按这种赛制，比赛时间只有三四个小时。如果用法兰克福学派的视角来审视这些现象，我们认为板球项目商品化的结果是：板球丧失了很多复杂的战略、精巧的技术、高妙的审美；当年随着比赛的进行，击球员与投手还会有些微妙的对抗，如今这点也无处可寻了。

在商业压力下，还出现了其他有损体育运动尊严的事，比如操纵比赛这类腐败案件。这类丑闻包括比赛操纵（决定整场比赛的结果）、局部操纵（操纵比赛中的某一节）、削分（在一定范围内限制得分）等。操纵比赛也总是体育运动的一部分：无论是古代世界的田径比赛；还是起源最少可追溯至 19 世纪的那些现代早期体育运动项目（板球、赛马、拳击）；抑或是现代职业体育运动（如 1919 年棒球世界大赛"黑袜"事件、意大利足球丑闻、世界板球丑闻）。近些年来，大家越来越关注国内或跨国卡特尔在操纵比赛中的角色，特别关注卡特尔操纵欧洲足球、板球、美国大学生体育运动（橄榄球、篮球）的现象（Hill 2010; Sport Accord 2011）。操纵比赛就是为了在那些赌博市场（无论是否合法）上获利。这些行为背后的经济总量是巨大的：有项报告估计每年全球赌博的市场价值为 2 000 亿至 5 000 亿欧元，其中有超过 80% 涉嫌非法赌球，而亚洲市场更是重灾区（ICSS/Sorbonne 2014）。

不仅如此，顶级体育运动管理机构也常爆出腐败丑闻。国际足球联合会（FIFA，简称国际足联）是世界足球最高管理机构。在 20 世纪 90 年代，国际足联卷入了 1 亿美元的贿赂案；而就卡塔尔获得 2022 年世界杯举办权中的腐败情况，媒体也有大量详尽的报道（*The Guardian*, 30 April 2013; *The Sunday Times*, 1 June 2014）。俄罗斯反对党声称政治寡头及其盟友窃取了 2014 年索契冬奥会的预算资金，说他们从 500 亿美元预算里窃取了 250 亿到 300 亿美元（*The Telegraph*, 30 May 2013）。因在 2010 年英联邦运动会中涉嫌腐败，有 10 个印度体育运动领域的高官被起诉，包括赛会组委会主席（*Wall Street Journal*, 4 February 2013）。站在新马克思主义的立场上审视这些现象，我们发现跨国腐败案及其他经济犯罪越来越多，这表明体育运动扩展了自己的界限：从特定领域的文化实践，转型成了交换价值不断膨胀的商品。

本着马克思主义的精神，就阶级问题及体育运动中的商品化现象，我在此指出其中可能爆发的冲突。冲突大致有这三类：

第一类，直接的劳资冲突。当职业体育运动"工人"/运动员从雇主那儿争取更多的工资、更好的条件时，就会爆发劳资冲突。当然，这些"工人"也没法斗争到全然控制体育运动的程度。比如 MLB 从 1972 年到 1995 年经历了 8 次罢工或停摆，其中包括让 1994 赛季提前结束的纠纷；北美冰球联赛（NHL）从 1992 年到 2013 年经历了 4 次停摆，其中 2004—2005 赛季就整个被取消了。在职业网球方面，很多顶尖运动员想进一步控制年度巡回锦标赛，他们于 1990 年成立了国际男子职业网球协会（ATP）。美国大学体育运动——号称"业余"，实为价值亿万美元的产业——西北大学橄榄球运动员赢得了组建工会的法律权利。他们其实已被确认为职业运动员了（*New York Times*, 26 March 2014）。

第二类，因体育运动用品公司涉及血汗工厂而引发的抗议。这类冲突从 20 世纪 90 年代早期就开始了，涉及耐克、阿迪达斯等大公司，血汗工厂大多建在东南亚地区。清洁服装运动、反血汗工厂学生联盟、反匮乏组织都是反对血汗工厂的组织（cf. Giulianotti et al. 2014b）。

第三类，球迷及当地社区反对体育运动商品化的运动。他们反对如下事项：俱乐部营销人员把"支持者"归类为"消费者"；俱乐部老板涉足体育运动，却只为了赚钱；北美主要联盟俱乐部老板向政府施压以获得减税优惠，他们还逼政府为俱乐部新建运动场馆买单（Giulianotti 2005; DeMause and Cagan 2008）。

以上冲突表明，在体育运动的商品化之下，存在重大的社会分化及社会断裂。不仅如此，第二类和第三类经济利益冲突不仅发生在生产关系领域（涉及运动员及其他体育运动工人），也存在于消费关系之中（涉及体育运动观众和当地社区）。总之，在面对体育运动的商品化及过度商品化问题时，或许只有马克思主义和新马克思主义的体育运动社会学，才提供了最有说服力的解释。

结论

有些社会学家受马克思影响甚大。他们主张：在现代资本主义社会，体育运动已为商业利益所宰制，成了异化、统治阶级意识形态、商品化的混合体。在这些新马克思主义社会学家看来，现代资本主义下的体育运动已为工具理性所定型，是控制群众意识形态的重要工具。因此，需要重塑体育运动，让其成为无关工作、自由玩耍的领域。要进一步发展这些论断，我们先得承认这一点，即从 20 世纪 80 年代至今，精英职业体育运动进入过度商品化阶段。过度商品化阶段和之前的商业化阶段属于不同的范畴。无论是在生产关系（如运动员罢工）中，还是在消费关系（如那些涉事观众和当地社区）中，都爆发了阶级冲突。总之，马克思主义和新马克思主义对体育运动社会学贡献甚大，其种种论断让体育运动社会学在理论上更为精巧，更有经验基础。对体育运动的组织形态，他们也提出了更为公正的替代方案。

马克思主义和新马克思主义进路也有些特定的短板和缺陷。对马克思主义者而言，首要的批评就源于马克思的预计：资本主义因无法调和自身的内在矛盾而终将崩溃。不过，很多马克思主义者和新马克思主义者也回应了批评，他们解释了资本主义社会何以自19世纪晚期延续至今。有几个历史事件很是关键。例如，从19世纪末到20世纪，欧洲资本主义社会通过帝国主义扩张避免了经济危机；在帝国主义扩张时，体育运动也随之传播扩散。如今欧美体育运动体系奉行新帝国主义，通过从那些贫穷落后的国家进口顶尖运动员，以充实自身。西方没有爆发社会主义革命，其中原因很多。一大原因就是西方盛行消费主义、遍布大众媒体，而消费主义和大众媒体是意识形态控制的手段。同时，劳工运动为工人争取到了更好的劳动条件，使工人的福利待遇提高。在遭遇政治危机时，国家也会镇压革命群众，采用种种安保措施。体育运动领域也有这些特征，表现为精英体育运动中无所不在的商业广告，还表现为精英运动员通过司法途径斗争，以获得更高的收入。至于体育运动领域的"工人"福利，则表现为公共供给体育运动设施——在北欧尤其如此，那儿社会主义及中间偏左的政治运动影响深远。国家安保体现在体育运动中，就是使用大量警力及安保技术控制看球群众。此外，民族国家和政府间国际组织（如欧盟、联合国、世界银行、国际货币基金组织）保护并推进资本主义利益，特别是在出现危机时。例如，自2007年起世界经济下行，这些政府和组织把千亿美元泵入世界经济体系，同时接管或输血给那些债务深重的私营金融机构。在体育运动领域，政府和组织通过这类干预，让商业联赛的市场环境保持稳定。此外，

政府部门在这些方面为私有的体育运动俱乐部提供了大力支持，如协助修建运动场馆，修建重要的周边设施（比如新建交通运输系统），提供安保（特别是提供警力），教育俱乐部的雇员。在马克思之后，工业资本主义之所以能够生存发展，以上因素都起到了重要的作用。随着工业资本主义四处传播，现代商业体育运动也传播到了世界各地。

新马克思主义体育运动社会学家则因坚持"左翼功能主义"而遭到批评（Hargreaves 1994: 17; Gruneau 1999: 140n）。在这儿遭受批评的论断和上一点批评是正好相反的。新马克思主义者认为资本主义总有办法维持自身。例如，霍克和布罗姆就认为一切社会结构（包括与体育运动相关的结构）都在"发挥功能"以维持资本主义。这儿的问题是，持有该观点的人在智识层面占据了制高点。他们主张知识领域凌驾于其他社会领域之上，并认为知识分子能看到旁人根本看不到的东西。例如，法兰克福学派成员觉得只有他们才能穿过意识形态迷雾，洞察资本主义剥削的本性。我们很难为该智识二分法辩护，因为这贬低了其他社会组织和个人的重要作用，只把他们当成了无脑的消费者。当然，我们可以认可这点：在资本主义社会中有强大的、实际上是主导的意识形态，这些意识形态在整个资本主义社会中运作，在体育运动的领域也不例外。不过，体育运动及其他文化领域也遍布冲突、反抗和对立，这些反抗是由贫弱阶层发起的，是针对强大的统治阶级的。如马克思主义政治历史学家拉尔夫·米

利班德（Miliband 1977: 52-53）所指出的：支持某支球队是一回事，阶级意识觉醒是另一回事，我们没必要假定两者是水火不容的。奥里阿德（Oriard 1993）指出：新马克思主义者给出了体育运动的"围堵模型"，但他们却不能解释以下现象，即体育运动有时会产生（而不只是散播）攻击情绪，而这类情绪可能是以无序且不可预见的方式表现出来的；如此，与其说体育运动是发挥功能以保证现代资本主义顺利运行，还不如说是让其出现了更多的运行障碍。例如，我们会想到那些大规模的观众失序与观众暴力，想到遍布世界的足球流氓亚文化，想到北美运动项目决赛后出现的城市骚乱，涉及的项目有棒球（底特律 1984）、篮球（洛杉矶 2000, 2009, 2010）、橄榄球（丹佛 1998）、冰球（蒙特利尔 1993；渥太华 2011）。

此外，马克思主义进路因"经济决定论"立场而遭受批评。"经济决定论"认为经济因素决定了其他社会结构，特别是文化和政治。与之相对，我们可以列出新马克思主义者、新韦伯主义者、新帕森斯主义者的观点，他们认为现代社会的社会结构是不断分化的。因此，应将各类文化结构（含体育运动）视为与经济基础相分离，而不是仅仅依赖着经济基础。承认这点，不是说要忽视过度商业化给体育运动带来的冲击，而是要承认体育运动中还有很多其他与商业无关的结构、文化、实践。比如，运动员和粉丝就有各种各样的亚文化，他们借此产生独特的认同和实践，这并不是简单地依赖于体育运动的商业化领域。体育运动蕴含着独特的美感——精巧、优雅、赏心悦目的玩耍形式，当然不能将之解释为工业资本主义的主导意识形态。不仅如此，体育运动能带来单纯的快乐，还有自身纯粹的形式及逻辑。例如，我们的日常生活已从无谓的障碍中解放出来，但体育运动中却有很多人为的障碍，如禁止手球、禁止阻挡、禁止前传等比赛规则。这让游戏者乐在其中，也让比赛宜于观赏（Morgan 1993: 44-45）。

总之，新马克思主义对体育运动有种种解释，其中最让人信服的观点大概就是：在商业化的体育运动王国里，社会行动者依然拥有批判力和解释力。我们需要采用更为政治化的解释主义立场研读马克思的著作。例如，马克思 *52* 认为：种种因素共同导致了法国波拿巴主义的复杂形势。因此，下一章要讨论的文化研究路径，就显得更加成功了。

讨论题

1. 在何种程度上，精英体育运动属于让选手异化的工作形式？

2. 我们如何论证体育运动推进了支持现代资本主义的意识形态？

3. 体育运动中的过度商品化进程表现如何？

4. 从新马克思主义的视角，体育运动中出现了哪些重大的社会冲突？

5. 沿着马克思主义或新马克思主义的进路，应如何对现代体育运动进行根本的改革？

4 体育运动的文化研究进路：统治、抵抗、越界

文化研究是跨学科的理论研究范式，也是体育运动研究领域影响力最大的研究范式。为了用社会科学解释战后的那些大型文化斗争，文化研究应运而生。那些大型文化斗争有：北美民权运动、国际女权运动、青少年反主流文化运动、亚文化运动、环境保护运动、法国1968年5月的政治骚乱。文化研究进路修订了马克思主义和新马克思主义的理论，用于解释愈发重要的"文化政治"。"文化政治"源于边缘、臣属的社会群体，并根据阶级、年龄、性别、民族/种族而划分为不同的社会阶层。

文化研究传统肇始于理查德·霍加特（Hoggart 1958）和汤普森（Thompson 1963）论英国工人阶级文化的著作、雷蒙德·威廉斯（Williams 1961, 1975, 1977, 1981）论现代文化史的著作、斯图亚特·霍尔（Stuart Hall）领导下的伯明翰大学当代文化研究中心（CCCS）的工作。欧陆理论也对文化研究有深刻的影响，比如法国学者路易斯·阿尔都塞（Louis Althusser）的结构马克思主义、罗兰·巴特（Roland Barthes）的符号学理论、意大利学者安东尼奥·葛兰西（Antonio Gramsci）的那些理论洞见。

在广阔的学术领域，文化研究都在迅速发展。这些学术领域有社会学、政治科学、历史学、地理学、文学批评、语言学、符号学、新闻传播学。文化研究对很多研究领域的产生和发展，都起到了关键的作用。这些研究领域如性别研究、性学研究、种族研究、民族研究。这类研究领域发展迅猛，在20世纪70年代的北美，尤其如此。体育运动社会学，以及整个体育运动研究，也受到了文化研究跨学科传播很大的影响。

在本章，我将就与体育运动相关的文化研究，列出核心主题；在之后几章，我将会考察文化研究在性别、民族、身体等方面产生的广泛而深刻的影响。本章的讨论将分五个部分。在第一部分，我将介绍文化研究出现时的情况，还会介绍一些文化研究的核心研究主题。

在第二部分，我要批判性地考察葛兰西的领导权理论，并考察该理论在体育运动方面的应用。在第三部分，我将评估文化研究的核心主题——"抵抗""越界"，还将评估相关主题——"狂欢化"。在最后两部分，我将讨论用文化研究分析体育运动的两条路径。我在第四部分讨

论规范分析路径，该路径从德国批判理论传统而来，并被尤尔根·哈贝马斯发扬光大。我在第五部分简要讨论另一条路径："身体文化研究"（PCS）。近年来，有一群体育运动社会研究者运用文化研究进路，创造出术语"身体文化研究"。最后，我还对文化研究对体育运动研究的贡献，做了批判的反思。

文化研究：根源及其核心主题

文化研究着眼于文化斗争，而文化斗争在统治群体（该群体生产官方正式文化）和被统治群体或臣属群体（流行文化——包括大量流行体育运动文化——的创造者）之间进行。按照新马克思主义的观点，流行文化的本性就有些自相矛盾：一方面，被统治群体创造了流行文化，但所用的物质资源和象征资源本是为统治群体服务的；另一方面，流行文化也可以反对统治群体，并挑战既有的社会秩序。例如，观众的流行文化实践包括买票观看球队比赛，购买运动商品；不过，球迷在运动场也会挑战强大的群体，比如发出嘘声，嘲笑运动权威。球迷还发展了一套独有的支持方式（有的会唱些闹哄哄的歌，还有的会做出过分的举动）。他们还会用博客等社交媒体，反对俱乐部的管理层，反对运动项目的管理层。有些新马克思主义者（如法兰克福学派）认为：社会行动者是流行文化相对消极的消费者。与之不同，文化研究认可马克思的观点，相信被统治群体是

积极的行动者：这些群体在特定的历史背景（"历史节点"）下，塑造并重塑了自己的身份与实践。格罗斯伯格（Grossberg 1988: 22）解释了马克思的观点，认为：对文化研究者而言，"就算人民创造了历史，他们也得在具体的历史条件下创造历史，但他们并没有创造那些历史条件；文化研究就要探索那是如何在文化实践中产生的，要探索这类实践在特定历史构型中的位置"。

早先，马克思主义文学理论家雷蒙德·威廉斯（Williams 1958, 1977）对文化研究贡献甚大。威廉斯坚信文化（如现代文学、表演艺术等"高雅文化"）不是精英的，而是"寻常的"，是人民在日常生活中创造的。早期的文化研究学者认为：正是这类普通文化，才需要学术研究；而普通文化中的工人阶级共同体文化，则更是如此。威廉斯（Williams 1977: 132-133）认为：普通文化源于"深度共同体"，还得有强大的"情感结构"去维系工人阶级成员。和意识形态不同，情感结构既不是正式的，也不是系统化的。尽管如此，在情感结构中，包含着共同体成员所共有的信仰、预设、表达方式、言行方式、归属感（Williams 1961: 62-67）。

情感结构经常会影响工人阶级共同体的运动仪式和运动实践。霍加特（Hoggart 1958: 85）注意到：英式橄榄球联盟中的球队是工人阶级地区"群体生活中的重要元素"。罗布森（Robson 2000）考察了米尔沃尔足球俱乐部强大的情感结构。这家伦敦东南部的工人阶级俱

55

乐部，在比赛时能为工人阶级共同体提供强烈的归属与协同。可将"深度共同体""情感结构"等概念用于解释其他俱乐部，只要这些俱乐部的球迷也有强烈的共同体认同。对工人阶级球迷来说，他们的认同尤其强烈。

威廉斯（Williams 1977）考察了这种文化政治，提出了有价值的模型。该模型指出：无论在哪个历史节点，各种统治势力、残存势力、新兴势力都会互相竞争。残存势力和新兴势力分别代表了过去的势力和未来的势力。残存势力还不同于"古代势力"：古代势力源于历史，但若未被"复兴"，就无人知晓。尽管残存势力也源于历史，但在现存文化中显然还占据一席之地（ibid.: 122-123）。与之类似，新兴势力站在统治势力的对立面，是统治势力的替代者；而"新奇的"部分只不过拓展了统治文化。阶级结构变迁可以重塑历史上形成的那些政治关系。

可用现代奥林匹克运动会解释威廉斯的模型。现代奥林匹克运动会创立于19世纪晚期，也是为了复兴古希腊的"古代"竞技比赛而产生的。如今，现代奥林匹克运动会的统治文化是男性文化，是资产阶级文化，是西方文化。现代奥林匹克运动会也看重以下意识形态：国家主义、国际主义、职业主义、可测的竞赛胜利、资本主义、消费主义（特别要通过赞助商来实现）。残存的奥林匹克文化反映了老旧的价值观，折射以往的政治影响，如业余主义（特别为上层及中上层社会力量所支持），还有往日那些和奥林匹克官场、法西斯运动的联

系。奥林匹克主义中新奇的部分，如科技创新（药检），又如国际奥林匹克委员会（IOC）承认的新项目，如极限运动。奥林匹克运动中的新兴势力，如1994年社会新力量要求在奥林匹克主义中加入环境保护条款；还有非政府组织和社会运动的压力，要求奥林匹克运动会正式接受"人权"。[11]

威廉斯（Williams 1961）让我们批判性地考察：商品化进程是如何改变我们的社会身份和社会关系的。他主张，无论是个体，还是社会群体，和文化机构的关系都可划为以下三种："成员""顾客""消费者"。在个体和机构间，"成员"不考虑经济互惠，不考虑义务对等；"顾客"要更功利一些，他们虽说忠于机构，但仍然希望机构能够满足他们特定的需求；"消费者"和文化机构及其产品间，就只剩下纯粹的、市场导向的工具关系——消费者只是在文化市场上购物，得到他们想要的东西。

克里彻（Critcher 1979: 170-171）用以上分类，解释了英格兰足球观众及球员的身份变迁。他发现在球迷中，"顾客""消费者"身份大为增长，而基于工人阶级俱乐部情感结构的"成员"身份，就相应地降低了（但依然"残存"）。或许可以断定，这种情况在欧洲和北美的精英职业体育中更为明显。那儿的球员在整个职业生涯里经常更换俱乐部；那些窝在扶手椅里的球迷也会不断改变身份——他们看谁赢了球，就去支持谁，而不是一直追寻当地球队；在球迷于比赛日看球时，俱乐部营销官员会在球队身份方面做文章，好去推动球迷消费

（如购买商品）（cf. Alt 1983: 100）。

可能还是伯明翰大学当代文化研究中心，在研究流行文化时，把文化研究理论应用得最为广泛，获得了最大的影响。该研究中心专门考察了这个问题：那些身在被统治群体（如工人阶级、少数族裔）中的年轻人，如何借用、改编现代消费文化中的日常元素，从而创造了青年亚文化（Hall and Jefferson 1976）？与此同时，这些年轻人也面临着一些个人的、集体的问题。这些问题既和结构的统治关系有关，也和他们自己的"父母文化"有关。"父母文化"反映被统治群体中老一辈的喜好，而他们自己也很快就要加入这个群体。因此，文化研究学者如此解读青年亚文化：既是处于被统治地位的青年群体对生活经验的"真实"表达，又是他们在面对结构问题时采取的"魔术般"的暂时解决办法。赫伯迪格（Hebdige 1979, 1988）认为：在青年亚文化与统治群体规范及社会习俗之间，出现了符号冲突或记号战争。例如，朋克那些时尚附件（衬里、安全别针等）和喧闹的音乐，都是青年协同的象征。他们借此暂时逃脱沉闷的现代教育、例行的产业劳动、打包的休闲，以此挑战占据统治地位的文化符码，如衣着、音乐、"文明"行为。

显然，那些有越界意味的亚文化，那些挑战主流的文化实践，并没有推翻社会秩序。法国马克思主义者居伊·德波（Debord 1984）认为：在20世纪60年代，那些危险激进的实践被"复原"了。这复原的进程不仅"平安无事"，还因大众传媒而有了商业价值，随后更

被纳入文化系统之中。与之类似，文化研究学者发现了以下现象：青年亚文化既经历了"去融合"（去除激进的或"容易得罪人"的内容）的过程，又经历了"扩散"（向大众媒体的观众售卖）的过程（Clarke 1976: 185-189）。因此，朋克发展成了虚无主义的地下亚文化。很多朋克品牌时尚被音乐工业和时尚工业预先定调，然后再售卖到大众市场。与此同时，也有很多朋克老炮一直在反对"售卖""他们的"亚文化。

可用这个解释青年亚文化的模型来解释体育运动中的亚文化。例如，滑雪板运动、冲浪运动，最初都是年轻人抵抗主流运动文化的方式。但时过境迁，这些运动亚文化早被那些大公司、运动管理机构收编了，其抵抗的立场也被体制化了。[12] 例如，早年的滑雪板爱好者模仿朋克，追求"自由自在、自我释放"，反对把他们的亚文化商业化。不过，他们却被当成消极因素，被当成反文化的"异类"，被当成"危险的流浪者"。很多滑雪机构、滑雪公司都持那种观点；很多滑雪公园禁止他们入内（Humphreys 2003: 407-408）。反过来，尽管有很多滑雪板老炮不忘初心，坚决反对，但滑雪板运动中的个人主义、激进主义还是被弱化了。冬季体育运动公司、冬季休闲服饰公司采用商业化的方式，重新包装了滑雪板运动，再把其产品放到大众消费市场上卖钱。在对滑雪板运动的政治控制方面，也出现了类似的冲突：国际滑雪板联合会（ISF）是代表早先滑雪板爱好者意愿的机构，该机构遭到国

际滑雪联合会（FIS）的致命威胁，后者决定在2002年冬奥会将滑雪板运动吸纳进来（结果，国际滑雪板联合会就没了影响，也没了经费，在2002年曲终人散）。国际滑雪联合会表示：对新观众和新选手而言，该举措会把滑雪板运动"带上新台阶"。但有很多滑雪板爱好者认为：国际滑雪联合会因政治经济背景，攫取并"售卖"了滑雪板运动，而这个机构只不过是对政治经济殖民扩张感兴趣。这件事有标志性意义：挪威世界级滑雪板选手泰耶·哈肯森（Terje Haakonsen）拒绝参加冬奥会，声明滑雪板运动与"国家、政治、金钱"无关。因此，他创立了新联赛——北极挑战赛，意在激发竞技兴趣、保护环境、拥抱户外生活（Humphreys 2003: 421; Thorpe 2012: 88-89）。哈肯森等人抵抗了被"售卖"、被"掌控"的滑雪板文化，这预示着在强大的经济政治势力之下，体育运动中的亚文化活动仍将继续下去。

在冲浪领域，也出现了类似的商品化进程；同样，也有抵抗该进程的活动。极速骑板、里普柯尔、枯水（Billabong）、耐克、霍利斯特等大公司，把冲浪变成了产值数亿美元的产业。但这些公司获取最多利润的地方，却离海滩有千里之远：在购物广场，把这些潮品卖给那些不冲浪的消费者。这类商业上的成功，在很大程度上靠的是这些品牌和原生冲浪亚文化的关系。例如，这些公司会招募世界级的冲浪运动员，为自己的产品背书；让自己的产品和冲浪亚文化身份相联系（特别针对悠闲

自在的"灵魂冲浪者"，把他们和东方文化、东方环境相联系）；霍利斯特还编造了一整套公司史，好让公司和早先的冲浪文化相关联。（与此同时，这些冲浪公司的行为又与自己宣扬的文明精神相矛盾——为了赚取更多的利润，这些公司在南亚或东南亚开设了大规模的工厂，那些工厂没有工会，劳工则是低工资、低技能的。）因此，冲浪公司为大众市场打包了这些反叛的幻想，而很多冲浪老炮压根儿没想过要穿它们的服装（Laderman 2014: 150）。

滑雪板运动、冲浪运动的实例告诉我们：在运动项目亚文化中，存在文化政治；在文化政治中，存在统治和反抗的关系。在领导权理论中，这类主题将得到更多的讨论。我现在转入领导权理论，该理论受文化研究学者影响很大。

领导权理论

领导权概念，最早是由安东尼奥·葛兰西提出的。领导权理论是文化研究中的重要内容。领导权是指：一套流动的权力关系、权力方法、权力技巧，统治群体用之确保自己的地位，并获得被统治群体的意识形态认同，而不是通过物质高压的手段。当被统治群体被说服，他们会认为剥削的社会秩序是"自然的"，而剥削就是"常理"；他们就会接受自己的地位，在每天的生活中，都"生存在臣属的状态里"。这时，领导权就起到了最大的作用。统

治群体还建立了"领导权集团",采用一些和解的策略,用于消除被统治群体的反抗。尽管如此,领导权还是经常引起争议。因此,也就出现了反抗领导权的构型。在各个社会领域(政治领域、工商业领域、体育运动等文化领域),都确立了领导权关系,关系各方(不同的社会阶级或阶层)也都在不断地斗争。如果能充分考虑语境差异,充分观察经验细节,灵活运用领导权理论,我们就能在日常生活的层面,极其有效地解释权力关系。无论是讨论社会关系,还是讨论休闲、艺术、娱乐,都要求社会研究者"如其所是"地理解文化传统,观察文化实践,了解文化关系(Williams 1977: 110-111)。

60 　　无论是国家关系,还是公民社会关系,都能塑造或确立领导权。[13] 在发达国家,公民社会是高度复杂的"超级结构",包含着很多社会协会和社会机构,这些协会、机构并不是由经济状况所预先决定的(Gramsci 1971: 235)。虽说国家力图在整个公民社会的范围内维持现状,但领导权还是经常被重新定义,并不断遭到反抗。正是那些"全国流行"的东西,展现了关键的战场:各个阶级都在此寻求意识形态领导权,以获得全国的、普遍的利益(ibid.: 421)。葛兰西承认所有人都是知识分子,但又主张:只有其中一类——"有机知识分子"——能够推进臣属阶级的革命利益。斯图亚特·霍尔认为:文化研究就得靠那些致力于社会解放运动的知识分子(Bennett 1998: 31)。

　　领导权理论显然不同于其他朝向经济决定

论的马克思主义理论,并得到了各种方式的发展。例如,拉克劳和墨菲(Laclau and Mouffe 1985)扩展了葛兰西的理论,以论证"激进民主"的基础就在于"差异"——对各种政治文化身份全面的承认与赋权。

　　法国结构马克思主义者路易斯·阿尔都塞与葛兰西类似,进一步推动了文化研究。阿尔都塞主张:意识形态国家机器的作用就是镇压人民,以维持社会统治(cf. Gramsci 1971: 12);意识形态国家机器包括教育系统或大众媒体,将在 20 世纪中叶的发达资本主义国家发挥愈加重要的作用。阿尔都塞(Althusser 1971: 174)使用"询唤"这个概念来解释意识形态运作的方式;在被询唤后,人就会以特定的主体身份"应声",以构建特定的意识形态主体性及个人身份。例如,电视转播的那些运动赛事上充斥着广告(其中既有信息,也有形象),那些广告就在让观众关注消费,促使他们以"消费者"的身份应声。此外,媒体里的体育解说也询唤着主体性与社会身份,这类主体性与社会身份根植于资本主义社会的专业分工,这套专业分工继而再生产着这套身份。例如,观众会根据自己的身份(性别、国籍、种族)而应声。

　　阿尔都塞还有个理论要点,也即他是如何摆脱"经济主义"的指控的。阿尔都塞借用了葛兰西的说法:社会中的政治上层建筑和意识形态(或"文化")上层建筑是"相对自 *61* 治"于经济基础的。因此,无论在体育运动领域,还是其他社会领域,经济力量都不能预先决定领导权斗争的结果。尽管如此，阿尔都塞（ibid: 136）又说：经济结构还是能"在最后一刻"起到决定作用的。这样，他的说法也就多少有些自相矛盾。

可将领导权理论广泛用于解释体育运动中的统治关系、对抗关系、斗争关系。历史上，或许可以这么说，英国体育运动文化在19世纪、20世纪出现，就是各种领导权集团推动的结果。这源于两大阶级间流动的权力平衡：上层阶级（他们大多关注业余主义，这在英格兰南部尤为盛行）和中产阶级企业主（他们大多在英格兰北部，对有组织的体育运动竞技，他们大多支持商业化，支持职业主义）（cf. Hargreaves 1986: 206）。以下阶级在运用意识形态领导权：新成立的体育运动俱乐部的老总、体育运动管理机构的头目、中小学校长。他们以"知识分子"的方式行事，把体育比赛当成不列颠帝国"正常""符合常识"的文明德行（Mangan 1986: 22）。在英国统治阶级管理殖民地时，体育运动是他们实现领导权战略的重要工具。他们通过体育运动来灌输"肌肉基督教"的意识形态，这套意识形态经常与当地文化价值、信仰体系有直接冲突。例如，那些印度婆罗门本不愿多加运动，也不想和他人有皮肤上的接触，但他们还是被驱入那些"展现男性气概"的球场中（ibid.: 182-186）。要是那些运动项目是"全国流行"的，那还有助于统治群体谋取领导权利益。在国际比赛时，当媒体、政客、体育运动官员都在为"全国价值"喝彩时，拥有领导权的群体会把他们自己

同成功的、受欢迎的国家队选手相联系。我们可以用奥运会开幕式进行个案研究，以此对"全国流行"有一些独到的认识。2012年伦敦奥运会，丹尼·博伊尔（Danny Boyle）导演了开幕式。在开幕式中，由国家资助的国民医疗服务机构也有庆祝活动。这就表达了强烈的象征意义：反对在医疗领域的新自由主义或"自由市场"政策。

谈到具体的运动项目，或许可用领导权理论解读板球的历史发展。在19世纪、20世纪，这项英格兰经典运动传遍了整个帝国，充当了"大众失意时的无害排遣"，并促进了：

> 价值传播，如尊重权威（特别要尊重 62
> 白人权威）、延迟享乐、团队精神；有助
> 于灌输规则，如对权威人士（特别是白人
> 权威）的决定，要不加质疑地接受——有
> 句老话"这不是板球"，就体现了这种精
> 神；便于殖民者用神话骗人，比如说殖民
> 者天生高贵，而被殖民者天生低劣，又如
> 他们把球棒当成权威的象征——这也是白
> 人想当击球员的原因所在。（St Pierre [1995]
> 2008: 79）

身处当地精英社会群体的人士，如属于高种姓的印度人，如果成了板球俱乐部会员，就常享有这类文化领导权。在西印度群岛，板球俱乐部按照种族严格分层，黑人球员被排除在国家队队长人选之外。

无论如何，就像葛兰西的理论所说的，反领导权的力量兴起了，有机知识分子也出现

了。在西印度群岛板球方面，那些有色人群处于臣属或属下的地位。C. L. R. 詹姆斯（James 1963）是板球爱好者，是西印度群岛马克思主义历史学家。詹姆斯支持有色人群，挑战体育运动及整个社会中的统治关系。大多数黑人都支持用板球创造"全国流行的集体意志"。无论在场内，还是场外，他们都支持用这独特的项目亚文化传递集体意志。英格兰白人把持着项目领导权，制定了项目惯例，而黑人就经常违背项目惯例。例如，西印度群岛的板球观众和白人资产阶级观众大为不同：前者善于创造狂欢气氛（滥饮、玩音乐、讲黄段子），还喜欢辱骂白人、辱骂权威人士；而后者遵循的规则就是安静文明地观赛（Manning 1981）。全部由黑人组成的西印度群岛球队两次以5:0（1984、1985-1986）的比分大胜英格兰队，球迷庆祝自己"黑洗"了以前的殖民宗主（Beckles and Stoddart 1995）。

不过，领导权和反领导权的相互关系也是流动的，经常会出现重叠的情况。英格兰的机构和媒体经常诋毁西印度群岛板球文化——比如禁止加勒比球迷在英格兰场地上展现特定的支持风格；又说西印度群岛的球队上了四个快投手，这背叛了板球的精神（Williams 2001: 131-134）。但讽刺的是，在西印度群岛某些地方（特别是巴巴多斯），殖民之后的当局保留了一些英国政治符码及文化价值，而很多英格兰比赛道德也被有意保留下来了（Sandiford and Stoddart 1995: 56-58）。

要把领导权理论应用于体育运动，印度板球就是个相对新近且有趣的例子。按阿帕杜莱的说法，板球在印度历经了广泛的"印度化"：当地人"抢劫了这项游戏，让之摆脱了英格兰惯习"，并创造了新比赛风格、新支持者文化、新流行意义（Appadurai 1995: 46）。从此，在世界板球领域，印度成为拥有领导权的国家力量。无论在政治方面［全球板球管理机构（ICC）就设在印度］，还是在经济方面［印度板球超级联赛（IPL）能够盈利］，都是如此。一方面，这种"后西方化"指向了新政治领导权，也即后殖民国家转而统治了一项全球化的运动项目。另一方面，类似的领导权力量依然存在，即便IPL是高度商品化的联赛，也吸引着印度不断壮大的中产阶级。但在印度板球队里，出身于精英种姓的社会上层球员，还是在球队里占大多数（cf. Rumford 2007）。

总之，领导权理论有助于我们考察体育运动中涉及统治群体和被统治群体的文化政治。我现在转而讨论这些概念：抵抗、越界、狂欢化。之后，我将用这些概念进行批判研究。

抵抗、越界、狂欢化

抵抗

"抵抗"是文化研究中的关键概念，表示拥有独特文化实践的被统治群体，抵抗统治群体的统治。文化研究学者将抵抗确定为：对统治群体的规则和惯例，有意无意地反抗及抗议

63

（Hall and Jefferson 1976; Fiske 1993; Grossberg 1992; McRobbie 2005）。

在体育运动中，有运动员就其属下地位或臣属地位，进行了有意识的反抗和抗议。对此，我们已经见证了很多醒目的例子。在"种族"方面，或许最有力的例子就是在1968年墨西哥城奥运会上出现的黑人权力敬礼事件；还有些事件也涉及黑人运动员［如板球选手维维·理查兹（Viv Richards）、澳式橄榄球选手尼基·温马尔（Nicky Winmar）、足球选手马可·佐罗（Marco Zoro）等］，他们公开反对运动员同行或观众的种族虐待。在日常生活的层面，几乎没有什么引人注目的抵抗形式，抵抗仅仅局限在体育运动的文化政治当中（cf. Wren-Lewis and Clarke 1983），如公众反对修建新运动场，或观众抗议俱乐部管理失职。

尽管如此，还是会有问题。有些新马克思主义和沿袭文化研究传统的学者，这样解释个体或社会群体的行动：那是源于隐蔽的、潜在的、无意识的抵抗，而抵抗的是他们的社会边缘境况及被统治的状况。如果文化研究学者提出了此类解释，他们就有可能主张：这类抵抗在流行文化中，就算没有可信的数据，"实际上也无所不在"。比如，可用社会行动者的言论予以证明（Gruneau, quoted in Donnelly 1993: 141）。反过来说，如果我们在不同的亚文化中进行经验研究，那么我们往往会发现，这些亚文化的成员受到很多动机的影响，他们的行动也夹杂着多重意义。其中有些动机和"抵抗"没什么关系，而更多地和亚文化身份的其他方面有关，比如内部地位比拼，或者享受亚文化活动中那些让人感官愉悦的内容（see Rojek 1995: 23-24）。

为了进一步解释以上观点，我们可以用英格兰足球流氓作为例证。对足球流氓，早先有种解释，把那当成年轻支持者对商业化含混的"抵抗"（Taylor 1970, 1971）。之后的研究显示，足球流氓并没有这种动机；其实，除了享受暴力，他们主要的动机还是在自己的亚文化中争权夺势（see Armstrong 1998; Giulianotti and Armstrong 2002）。

越界和狂欢化

"越界"是个人类学概念，比"抵抗"的解释力更大，可用于替代"抵抗"。可以用之解释那些显然损害了社会秩序的实践，同时这些实践又缺乏确实源于内在的或有意识的抵抗形式（Bale 2000: 154）。越界意味着穿越边界，尤指违反道德规范或科层符码。抵抗意味着源于内在的社会反抗，而越界则关注行动的后果。因此，就算足球流氓没有反对体育运动商业化的潜在动机，他们的暴力行动也越过了社会秩序、社会惯例、社会规则的界限。而正是这些秩序、惯例、规则，主导了现代职业化、商业化足球。

经常能在"狂欢化"实践中发现越界行为，"狂欢化"实践出现在公众狂欢、街道聚会等民间节日或大众活动中。此外，和日常生活常规不同，狂欢化活动往往赞美"低级身体"（性感的身体、玩乐的身体、表意的身体，甚至是怪异的身体），而不是"高级身体"（拥有智慧或思维的身体）。因此，在历史上，狂欢化活动往往会损害资产阶级"值得尊重"的行为符码或行为惯例。比如聚会还有些额外的内容：玩游戏，讲笑话，开始喝酒，然后喝多，先来点性爱，再搞搞赌博。不仅如此，狂欢化还涉及对社会科层的象征越界或象征颠覆。中世纪狂欢节有时会出现这些场景：群众选举男孩做一天当地的主教，或在游行唱歌时，嘲笑当地的精英（cf. Brophy 1997）。[14]

可以在现代体育运动赛事中定位这些狂欢化的元素。在历史上，有很多现代运动项目，比如赛马、板球、摔跤、拳击、足球，都大致是从民俗游戏发展而来的。群众也在过节时玩这些项目。这些项目明显保留了民俗文化的特色，比如那些观众经常滥饮、赌博、唱些闹哄哄的歌，还爱嘲笑实权人士。甚至那些参与大众项目的名人（"民间英雄"），就是靠"出格"的行为，才博得了声名（Giulianotti 1991, 1995; Pearson 2013）。

在体育运动领域，越界和狂欢化的文化政治往往涉及以下两者潜在的斗争：一方是占统治地位的社会力量——他们想改造"民俗"节庆，限制其中的越界行为；另一方是被统治群体，他们想让聚会更加自由。在精英体育运动赛事中，场馆及俱乐部官员都想"恢复"比赛日的狂欢。他们在观众中制造虚假的狂欢节娱乐气氛，比如通过公开演讲系统进行领唱；同时，观众又被安保人员严密地监视着，以防出现冒犯的、过分的行为。那些业界领先的体育用品公司有这种打算：把运动亚文化中的狂欢化能量和狂欢化身份殖民化、商业化，以便让他们的产品获得忠于运动的外在形象。例如，在自家广告上打满球迷欢庆时色彩缤纷的形象，向观众传递以下信息：咱们公司对体育运动可是热爱得无以复加了。观众亚文化则与之不同，比如欧洲足球中的"球迷镜头"，镜头一般给男性球迷，但也会给重要的女性球迷，这样可以烘托整个球场的狂欢化气氛。具体的镜头如展现支持者间非正式的联系，拍摄烟花燃放，揭示体育运动中关键且幽默的政治信息。对改造运动实践、改变运动身份的做法，镜头采用了批判的立场。此外，在"自上而下"的狂欢（由俱乐部或公司主导）和"自下而上"的狂欢（由支持者主导）之间，有时会存在紧张关系，比如俱乐部和运动权威打算禁止以支持者为基础的活动。

总之，既然抵抗的概念包含着有意识的抗议和反抗，那么越界和狂欢化这类术语更便于文化研究学者考察解释（更多地采用人类学、历史学的方法）以下社会行动和文化实践：这些行动破坏或扰乱了占统治地位的社会惯例，但社会行动者未必声明他们有确定的意图。在最后两节，我转而讨论两条研究路径。文化研究学者要想批判性地研究体育运动，这两条路径均可采用。

66

文化研究中的规范聚焦

在宽广的文化研究领域中，有一块较小但重要的区域。该区域以新马克思主义和批判理论为基础，发展了一套对体育运动的规范分析理论。摩根（Morgan 1993, 2002, 2004）对此贡献非凡。他是全球顶尖的体育运动哲学家，其观点受德国批判理论家尤尔根·哈贝马斯影响甚大。为了解该进路，有必要略加解释哈贝马斯的立场。

哈贝马斯师从阿多诺和霍克海默，是20世纪70年代以来法兰克福学派影响最大的人物。他的社会理论的前提就是要保卫现代性，要把现代性当成未完成的历史事业。因此，他对以下价值大加提倡——理性、进步、科学、启蒙、人类解放，并强烈批评后现代主义、后结构主义社会理论（Habermas 1987a）。哈贝马斯（Habermas 1989）呼吁建立真正民主的"公共领域"——这是公开的、非排他的、不问参与者地位的领域。在这个领域，公民可以自由地讨论社会问题，决定政治行动。与之相关，他还打算保护并加强日常"生活世界"。在日常"生活世界"，大家可以探索发展自己的身份、实践、规则，并获得共同的理解。

有人反对创造现代的、真正民主的、有伦理的社会，哈贝马斯批判这种观点。哈贝马斯特别反对工具理性，认为工具理性缺乏规范因素（Habermas 1970）。他一直关注公共领域中的民主沟通论辩，但他担心这类沟通论辩会因媒体误导而被扭曲败坏，而日常"生活世界"

也会因工具"系统"自上而下地"殖民"而失去价值，如庞大的科层系统、大公司、强大的政治机器会用金钱、地位、选票来展示权力（Habermas 1987b）。尽管如此，他还是认为"现代性事业"有能力战胜以上工具系统，并建立"防扭曲"的公共领域。"防扭曲"的公共领域能够避免部门利益和部门意识形态。在那儿，大家依据理性的论辩做出决定，而不是根据发言者的身份或财富进行定夺。

摩根在考察现代体育运动的当前情况与未来发展时，具体解读了以上批判的规范论据。体育运动长期为工具理性所统治，而不是依据规范的反思和行动。这可从以下情况得到证明：选手暴力及观众暴力；体育运动官场中的腐败；在某些运动项目里，还有系统化服用禁药的现象（Morgan 2004）。不仅如此，体育运动领域的管理为以下工具媒介所控制：金钱、部门间的讨价还价、通过公关来操纵辩论。因此，体育运动中的政治严重缺乏民主沟通、大众参与、批判辩论、道德反思。体育运动共同体中的生活世界也受到理性化力量及企业势力的威胁。例如，共同支持者的身份在日常生活中得到生产和再生产，工具性的体育运动广告和市场营销将之塑造或殖民为商品，用以吸引更多的消费者，增加销量。现在社交媒体也对此做了进一步的解读：球迷及其他共同体都会在脸书、推特上发布信息，展现鲜活的社交"生活世界"，这就是体育运动中的公共领域；与体育运动相关的公司，也会挤入这个公共领域，并用公关、市场营销等手段来殖民这个领域（McLean and Wainwright 2009）。

为了解决这类问题，摩根（Morgan 1993: 234-237）发展了哈贝马斯的模型——启蒙的、民主的"实践共同体"。摩根的观点和雷蒙德·威廉斯、美国哲学家迈克尔·沃尔泽（Michael Walzer）一致。他主张：体育运动共同体本就拥有"内在的善"，而这点应当由"实践共同体"的成员所共享。摩根一直觉得体育运动中的实践共同体只由运动员组成。不过，为了和哈贝马斯公共领域非排他的原则相一致，实践共同体也应包括运动员之外的人，比如支持者、雇员、官员（Walsh and Giulianotti 2001, 2007）。该实践共同体应由高度成熟的公共领域所构成。在此，参与论辩的人士"来到竞技场，他们只带着自己的论证，而不考虑任何源于其他领域的头衔、好处、地位"（Morgan 1993: 242）。不过，摩根倒是很认同"游戏中的理性权威"，这些权威往往和项目中的新手有师徒关系，这会导致实践共同体中出现更多难以控制的政治权力。此外，这类批判的对话和反思，或许对我们有所启发。比如，在既存的男子气概符码及惯例之外，找到发展体育运动的新路（Morgan 2015）。

总之，摩根的哈贝马斯式模型为体育运动民主改革，建立了意义重大的规范原则。在日常生活的层面，该模型也有助于形成更民主、更符合共同体价值的体育运动及体育运动机构。但在哈贝马斯式的政治观点中，也存在一些紧张关系。在体育运动中，摩根推崇共有的成员所有权模式，要求精英俱乐部的所有权和控制权属于非排他的共同体球迷，而不是富有的个体或公司。现实中也有一些例证，比如一些在西班牙和德国的足球俱乐部、NFL 绿湾包装工队、AFL 和 NRL 的一些俱乐部。这些所有权形式并没有消除扭曲的沟通，也没有去除俱乐部政治中的腐败——例如，南美有些足球俱乐部就由成员所有，但还是出了腐败大案。尽管如此，要在体育运动机构中真正实现民主论辩和民主治理，该模型中有些设想依然有助于建造坚实的地基。

身体文化研究

在体育运动领域的文化研究中，一大进展就是出现了身体文化研究（PCS）。身体文化研究事业最早是由体育运动社会学的几位领军人物所开创的，如英厄姆（Ingham 1997）、哈格里夫斯和维尔金斯基（Hargreaves and Vertinsky 2007）。但身体文化研究要想正式登上舞台，还得等到之后的一批学者。他们主要在北美，为戴维·安德鲁斯（Andrews 2008; Andrews and Silk 2011, 2015）所领导。安德鲁斯（Andrews 2008: 55）就该进路提出的定义如下：

身体文化研究推进了对身体文化的批判分析及理论分析，无论在哪个方面……身体文化研究力求以语境为基础理解肉体实践、肉体话语、肉体主体性；研究在社会权力运行中，活跃的身体如何被组织、被表达、被体验。因此，身体文化研究确认了文化研究在再生产（时而冲击）社会关系中的作用，这类社会关系如阶级、民族、性别、能力、代际、国家、种族、性别规范与性别差异。通过发展并有策略地传播赋权的知识和见识，身体文化研究意在解读并干预身体文化中的不公。

支持身体文化研究的人士主张该进路由几大关键因素所驱动，包括：突破以往只研究有组织的体育运动的局限，而把研究对象拓展至舞蹈、锻炼、休闲、康复；拓展传统社会学的界限，以获得跨学科、跨理论的成果；充分回应体育运动社会学中的"身体转向"，充分回应其他学科（特别是文化研究、性别研究、伦理研究）学者对身体文化愈加浓厚的兴趣。他们还主张：身体文化研究由集体的、民主的、多样的学者共同体所构成；他们热心于对话，不断学习；身体文化研究是体育运动社会学的补充，而不是对手（Andrews & Silk 2015）。他们努力让身体文化研究拥有更大的社会影响："影响更大的社会世界，并让社会因此而不同"（Andrews 2008: 56, original emphasis）。

迄今为止，身体文化研究的发展大致以北美为中心，这也部分地反映在其支持者独到的解释技巧及散漫的修辞手法中。有些身体文化研究的支持者强烈主张：身体文化研究拥有光明的前景，理应在学术界得到有策略的推进，以培育强大的集体身份认同感；还要建立冠名的研究中心，组织相应的研究团队，以示和宽泛的体育运动社会学有所区别。

虽说身体文化研究对拓展研究领域志向远大，但该进路仍然有待成熟。身体文化研究者还需要十年或者更长的时间，进行研究，发表论著，以得出坚实的结论，展现该进路的优越之处。同时，就身体文化研究的构成与未来发展，或许可以提出四大问题。

我们首先得问：在何种程度上，身体文化研究代表了与其他学科（包括体育运动社会学）的断裂？要探讨这点，我们先来关注身体文化研究中最突出的问题、最重要的分析技巧、最醒目的写作风格。在身体文化研究进路正式宣告出现前，这些问题、技巧、风格早就有了（例如，可见于安德鲁斯那些早期杰作）。在这个阶段，与其把身体文化研究当成包罗各种范式精华的根本原则，还不如当成文化研究这种重要进路在体育运动社会学中的新品牌。此外，很多被身体文化研究确定为自己批判研究的对象的主题，也早就是体育运动社会学或社会学本身的中心问题。这些主题有：发掘权力关系和社会分化，在不同的学者群中培育建设性的对话，增强"社会学的想象力"，在研究中采取反对相对主义的立场，寻求被统治社会群体和社会发展变迁中的赋权。和某些身体文化研究者的主张不同，无论在理论影响和理论方法方面，还是在与其他学科交流合作方面，当代社会学都显示出其愈发多样化的学科特点。体育运动的社会学研究者已经充分地运用了这些范式，并取得了丰硕的成果。多说一句，体育运动社会学研究者所要做的，不是远离主流社会学，而是更多地接触主流社会学。

其次，身体文化研究实际的名称中有"身体"一词，这也不太让人信服。这儿有个问题，因为"身体"在身体文化研究或体育运动社会学的很多研究领域，并不是个重要的研究对象。这类和身体无关的研究领域如：体育运动中的媒体话语研究，体育运动大赛中的演出，体育运动的商品化，体育运动的全球化。此外，也许还应该问一句：在多大范围内，人文社科领域出现了"身体转向"？答案是它肯定没有和其他的智识"转向"（如后现代转向、全球化转向、风险转向、流动转向）一样的影响力；同时，身体文化研究并没有包含所有的身体研究，很多在体育运动领域研究身体的社会学家、人类学家，并没有依照该进路进行研究。回想一下对"身体"的社会学研究，我们会发现，在社科领域，有很多研究身体的世界级学者，如布莱恩·特纳（Bryan Turner）、麦克·费瑟斯通（Mike Featherstone）、克里斯·希林（Chris Shilling）、麦克·赫普沃思（Mike Hepworth），但他们并没有为自己创造类似身体文化研究者的身份；他们仍然把自己定义为社会学家，同时，他们也与其他学科的研究者通力合作。

再次，我赞许那些致力于身体文化研究的学者，因为他们敢于"弄脏自己的手"。也即，他们对不同的社会群体，做了实在的经验研究，以期对社会政治有切实的影响。为了实现上述目标，我们或可期待未来身体文化研究者会将研究建立在大量的资料收集上，而资料搜集显然也要通过定性方法（如民族志、参与观察法、访谈法、视频资料法）。尽管看起来有些敌视科学的实证主义，但这并不是说定量方法就不能在此得到充分的利用。确实，有很多批判的社会科学家，在权力关系和社会进步发展方面，取得了和身体文化研究者类似的结论。此外，如果身体文化研究当真要追求重大的社会政治影响，那么我们可以预见其以后的工作：传播学术的比例将会减少，而会更关注参与的行动研究（如在共同体层次的介入，说服被统治群体的工作），更关注制定公共政策并说服公众。

最后，身体文化研究者致力于推进智识多样性，这点也值得称赞。对方法论多样性的追求是所有理论范式健康发展的前提。对身体文化研究来说，或可从三方面推进多样性：确保各位学者，尤其是青年学者，得到充分的鼓励，发出他们自己独特的声音，发展自己的写作风格、自己的方法和理论框架，最终做出自己的研究贡献；让身体文化研究最大限度地"全球本土化"，这样身体文化研究就成了跨国的研究进路，可为不同国家、不同地区的学者所采用；和其他的理论范式充分接触，发展出混血的或"新身体文化研究"，以产生新问题、新概念、新分析框架、新方法论。这种拥有多重声音、全球本土化、混血的身体文化研究必定会增加该进路的影响；这种新身体文化研究也将会为我们提供更多的理论立场，我们可借此对体育运动进行批判的社会学研究。

71

结论

在体育运动社会学研究中，文化研究进路是影响最大且种类最多的研究范式。文化研究清晰地拓宽了马克思主义和新马克思主义的视角，强调了流行文化（含体育运动）的批判意义，凸显了统治群体和被统治群体的权力关系和冲突。为了便于分析，文化研究进路使用了一系列非常有用的概念，如共同体、情感结构、领导权、全国流行、抵抗、越界、狂欢化。在体育运动领域，文化研究有两条发展路径：身体文化研究和哈贝马斯批判理论。这两条路径（尤其是后者）都在体育运动研究领域拓展了规范分析，并指向激进的理论转型。

不过，文化研究进路依然需要批判的反思，以便进一步发展。在此，我列出了四个方面。

第一个方面，文化研究对共同体的理论化表现就是协同和共睦态。累以时日，被统治的社会群体也会形成协同和共睦态。不过，我们仍然要对共同体概念进行批判的反思，更新这个概念，再将之投入运用。首先，和文化研究进路通常的预设不同，很多共同体都有社会排他的情况，成员关系并不是那么紧密，共同体内部也并非铁板一块。共同体内部或许也会有"阴暗面"，比如骚扰迫害共同体中的少数群体或"异常"群体，逼他们就范。20世纪80年代以来，受新自由主义政策的影响，重工业消失了，很多历史悠久的产业工人共同体不断式微，甚至四分五裂。当代的"共同体"，其成员的流动性和多样性（特别在族裔构成方面）都在不断增长。

在体育运动领域，可用以下情况解释这些社会进程。在俱乐部中，同性恋选手或球迷被边缘化；有些俱乐部位于贫穷的、去工业化的地区，这些俱乐部成员流失，球员流失，没钱添置运动设施；由于当地人口不断变动，有些设立在伦敦、纽约等大城市的俱乐部，只维持了很短的时间。此外，戴克（Dyck 2012）对儿童的体育运动进行了民族志研究。该研究显示，很多共同体内的体育运动既有积极的作用，也有消极的影响。积极的作用就是，儿童在此能得到锻炼，获得社会化，并提高技术水平。消极的影响就是，这也意味着父母的压力，过度竞争，还有因为成本而形成的排他性。

第二个方面，文化研究进路需要与时俱进，充分考虑全球化进程的长期影响。特别要注意在文化身份、文化实践、文化共同体当中的"去领地化"或"非嵌入化"（cf. Giddens 1990; Tomlinson 1999）。"想象的共同体"是个很有影响的概念。该概念指出：世界各地的人都会共享集体的身份，并拥有强烈的集体协同感，这并不需要实际见到所有的"共同体"成员（Anderson 1983）。与之类似，我们或许可以更新葛兰西的"集体国家流行意志"概念，在体育运动及其他流行文化语境下，去研究"集体跨国流行意志"是如何生产的。例如，很多精英俱乐部中的"想象的共同体"越发具有跨国特色，往往在世界各地都有自己的支持者。同时，IOC、FIFA 等体育运动管理机构也在不断地发展"集体跨国流行意志"，其核心内容是紧密联系跨国资本主义，但传递的信息是：宽容、发展、和平。

第三个方面，我之前批评过文化研究的研究取向：以粗暴的方式使用"抵抗"概念，用以解释个体、群体、亚文化中各种类型的实践。"越界"和"狂欢化"这两个概念有助于解释那些跨越了社会界限的实践，而不需要考虑这些实践是否像抵抗和反抗一样，需要当事人有意为之。此外，有些讨论抵抗的理论成果，可能夸大了亚文化反抗的范围，因为有些亚文化也受到商品化的影响，从而进入流行文化领域的领导权集团。例如，20 世纪 90 年代，英格兰出现了"疯狂陆军"板球迷亚文化，他们在看比赛时精神亢奋，吵吵闹闹，营造了狂欢化的气氛。他们故意反抗安静文雅的观众文化，而这种观众文化一度统治着英格兰板球赛场。"疯狂陆军"发展成了职业商业组织，其创始成员开办了旅游代理点和商品销售机构。这些商品和服务都打上了"疯狂陆军"的注册商标，还获得了企业赞助。因此，在研究体育运动亚文化时，要使用抵抗这个概念，我们可能还得更细心些。

第四个方面与宏观理论方法相关。文化研究进路的确推动了理论发展，也提升了方法意识。该进路强烈关注规范分析，这种视角来自当代批判理论，特别来自哈贝马斯的遗产。此外，有些文化研究存在一大缺陷，就是过度解读了社会行动。甚至在没有足够实证细节、没有充分收集分析数据的情况下，就要"解码"媒体报道等文化"文本"。要对当代体育运动进行更好的解释型分析，文化研究学者就得重拾 CCCS 的那些老方法：与不同的、下属的课题组一起研究，要强调实质的、细致的定性研究。

以上调整建议有助于进一步发挥文化研究的力量，让各位学者更好地研究批判的体育运动社会学。毫无疑问，在体育运动社会学领域，文化研究视角依然会有很大的影响，这反映在两大核心"文化政治"领域："种族"/民族，性别/性。我将在下面两章分别讨论这两个问题。

📑 讨论题

1. 体育运动在哪些方面反映了工人阶级共同体的"生活方式"？

2. 在体育运动中能找到哪些亚文化？这些亚文化是怎样反抗公司和体育运动管理机构的控制的？

3. 如何用"领导权"概念描述在体育运动领域，各个社会群体寻求或挑战控制权的现象？

4. 在现代体育运动中，可以找出哪些越界或狂欢化的例子？

5. 在改革体育运动管理机构时，如何运用"实践共同体"观念，以让其更为民主？

5　体育运动中的"种族"与民族：反对种族主义

体育运动，就像其他社会生活领域，其社会关系也经常免不了沾染种族主义。在历史上，"种族"一词有和现在不同的意义（Banton 1988: 16-23）。现代意义上的种族主义，按大家一般的理解，聚焦于肤色差异；再由肤色差异，导向不同人群间有生理差异的判定或假定。至于"种族逻辑"的历史，至少可以追溯到欧洲殖民时代，那时这个星球的大部分地方都已经被入侵了，土著人群遭到了系统化的镇压和消灭。现代的"后殖民"世界仍然大致为这些后果所塑造，特别体现为不同人群在生活机遇、生活水平方面的巨大差异。那些遭受种族压迫的人群为了社会平等和社会承认而斗争，这些斗争也在很大程度上定义了现代历史。总之，"种族民族研究"这个学术领域的核心主题就是：殖民主义和后殖民主义、种族分化、抵抗的身份、抵抗斗争。体育运动经常为斗争提供重要的舞台。

以开头四章的批判洞见（尤其是文化研究）为基础，我在本章考察了体育运动中有关种族主义和种族偏狭的五大领域。第一，就运动表现和"种族"的关系，我将对相关历史学、心理学争论进行社会学批判。第二，我在四种关键语境下勾勒了体育运动和种族主义的历史——美国、非洲（尤其是南非）、澳大利亚、英国；在阅读这些段落时，可结合阅读之前在第4章对西印度群岛板球的讨论。第三，就社会分层主题，我考察了种族和体育运动的关系。第四，我探讨了有关种族的文化议题、意识形态议题、审美议题。第五，我把讨论拓展开来，思考如何用扩大了的、超越"颜色符码"的种族主义定义，去考察不同少数族裔在体育运动中遭受到的不公平对待。

"种族"、竞技与运动表现

几乎在整个19世纪和20世纪，"科学种族主义"理论都在西方大行其道。这类理论利用伪科学"证据"（现在那些东西完全不可信了），把各个人群都纳入了"种族"范畴或"种族"科层。在19世纪50年代，法国伯爵阿瑟·戈宾诺（Arthur de Gobineau）鼓吹这个论题：白人种族，无论在体力上，还是在智力上，都优越于"美国奴隶"，优越于"黑鬼"，优越于那些"对疲劳毫无忍耐力"的人群（Miller 1998: 126; Carrington 2010）。不久之后，查尔斯·达尔文通过自然选择理论、"适者生存"理论，解读了物种进化。这些源于自然世界的理论被某些"社会达尔文主义者"攫取，并被用来错误地解释人类社会。那些"社会达尔文主义者"以此主张：西方国家及其人群比其他大洲的人群更为先进——无论在技术方面，还是在道德文化方面，自然也在种族方面。这类种族主义意识形态统领了其他殖民观念，把西方帝国主义和军国主义政策正当化，尤其在西方国家殖民"低劣"的有色人群时。这类意识形态还警告大家：为了西方文明的未来，要深刻认识到种族杂交的危险（Hawkins 1997）。"科学种族主义"还经常把消极分类扩展到白人少数族裔，如认为在种族科层中，爱尔兰人或犹太人低于盎格鲁－撒克逊人或"盎格鲁－条顿人"。

对西欧殖民者而言，要建立并再生产他们的"种族"权力，体育运动的作用是非常重要的（Carrington 2010）。对英国而言，尤其如此。他们认为体育运动促进了他们种族的发展，并用体育运动展示他们在身体及道德上的优越之处。最初，有色种族被排除在体育运动之外，因为殖民者存在这种预设：有色种族天生缺乏道德基础，头脑也不灵光。但当有色种族争取到了参与比赛的权利后，他们很快就在体育运动上出类拔萃——特别在 20 世纪早期的田径、拳击比赛中。那些占统治地位的白人群体还得用"种族逻辑"去解释这些令人尴尬的事，于是他们又创造了一门伪科学，翻转了体力和智力的关系。这样一来，盎格鲁－撒克

逊人就宣称自己的思想道德比身体技能更为先进；而那些从非洲抽取来的社会群体，他们的情况恰恰相反。换言之，就算有色选手能跑得更快、跳得更高、打得更猛，他们也理解不了体育运动中的精妙策略和道德教育。在很多现代体育运动组织文化中，甚至在整个社会中，这种"种族逻辑"仍未消亡。

种族主义对有色选手竞技能力的"解释"，要么基于粗糙的神话，要么基于对达尔文理论荒谬的简单化。有个美国篮球教练是这么说的：黑人比白人跑得快，那是因为在非洲，"狮子和老虎，要追上那些跑得慢的动物"（Roberts and Olsen 1989: 45）。"中间通路"神话则是这么说的：只有那些最强悍的非洲人才能够在捕猎、运输、奴役下生存，然后婚配，并养育了盛产超级奴隶或超级运动员的小种族（Hoberman 1997: 78, 194-195; Miller 1998: 135）。当然了，这类神话缺乏历史证据支撑。而黑人运动员能获得成功，也有很多社会原因（如早期选材、专项训练、精英教练），这类神话对此则视而不见。这类神话无法让人信服，因为这没法用到白人身上——几个世纪以来，残酷的战争、大规模瘟疫、气候灾难都重创了白人群体，那按以上神话，白人也该在盎格鲁－撒克逊幸存者中产生自己的超级种族。

就美国非裔的竞技能力，塞尔斯（Sailes 1998: 190-196）总结了其他的虚假预设，包括以下方面：

• 母系氏族理论：如果黑人家庭里"缺少

父亲"，那体育运动就成了男孩发泄敌意、回应挫折的途径；教练就成了替代父亲的角色。相反的研究认为，年轻的运动员对教练有些怀疑，甚至惧怕教练，而教练也常为父母双全的家庭所拥戴。

- 曼丁哥理论：有个体育记者是这么说的，黑人之所以在体力上先进，是因为获得了奴隶主精心的养育（Wiggins 1989: 179）。相反的证据显示，多数奴隶选择了他们自己的配偶；奴隶主通常会强奸女奴隶，或以其他方式与女奴隶发生性关系；那么，在 20 世纪早期，那些获得养育的奴隶的基因库就已经丢失了。

- 心理学理论：美国非裔缺乏领导素质，无论在智力上，还是在情绪的自我控制上。这个神话创造了自足的预言，即美国非裔被排除在领导层之外，正是因为白人体育运动官员受到了该神话的影响，制定了不利于美国非裔的招募政策。

- 蠢货健将理论：美国非裔靠着当运动员，才得以接受更高层次的教育。他们在学术水平上，无法与那些没当运动员的学生相比。相反的研究显示，与不是运动员的学生相比，学生运动员的成绩还要好一点；有些美国非裔选手成绩较差，主要是因为他们在接受早期教育时缺乏资源。

此外，还有钟形曲线理论。该理论认为：美国非裔的高生育率（可能与他们生殖器官较大有关）压低了美国人的智力水平，美国非裔就转入运动竞技领域，以抵消他们在智力上的基因缺陷，提高族群的"自尊"（Herrnstein and Murray 1994）。该理论用到了新保守主义、种族主义预设中的证据，而那些证据根本站不住脚。所以，该理论也被正当地批驳了（Hoberman 1997: 3-4）。

电视新闻记者乔恩·恩廷（Entine 2000）发展了特定"种族"运动表现的基因理论。他认为：特定的人群（"种族"）拥有独特的基因特征，让他们在特定的项目上拥有生理优势。按恩廷的观察，那些有西非背景的人群（包括美国非裔、非裔加勒比人）统治了短跑，东非人和南非人统治了长跑，欧亚混血的白人在田赛项目和力量项目上出类拔萃，而东亚人则在体操方面首屈一指。

如果只是简单认定以上说法是"种族主义"而予以拒斥，那也不是从事跨学科研究的正确态度（Wiggins 1989: 185）。尽管如此，当我们仔细审视这些有关基因的论据时，会发现这些说法尚不能令人信服。基因遗传可能导致美国非裔在体能上碾压高加索人；在篮球领域，有 27 个黑人，才有 1 个白人。此外，诸如篮球、短跑、棒球（尤其是投手）、网球、排球都需要类似的"生物动能学"，但美国非裔只统治了前两个项目。因此，用社会因素，而不是用身体因素，来解释不同种族民族在运动表现方面的差异，才会更有说服力一些（Hunter 1998: 97-98）。基因遗传方面的解释没有充分考虑到以下因素：教练、科学家、机构、训练、精英运动员力求完美表现的精神。在各个种族中，都有比肤色更重要的变量，影响着运动能力（Harpalani 1998: 118）。精英运动员本身就是卓越的表演者；因此不能以他们为依据，对整个人群做出一般化的总结（Koppett 1981: 205）。

79　　为了详细解说我们对体育运动中的"种族"和民族的理解，我以简短的国家/地区案例研究为基础，考察特定的种族主义、民族偏见、文化斗争的历史。这些历史也涉及各个社会部门，这些部门还互相交叉。这里特别涉及性别，涉及把女性边缘化、把女性排除在外的问题。

种族主义与体育运动：国际简史

美国

在体育运动中对美国非裔进行种族压迫，这在奴隶制时代就开始了。例如，种植园主让奴隶打拳击，在赌拳上花大钱。内战之后，奴隶制被废除。但特别在南部各州，"吉姆·克劳法"（Jim Crow Laws）——黑人隔离法体制化了种族划分和种族隔离。当时，美国非裔经常被隔离，无论在公园，还是在运动场馆。例如，在运动竞赛领域，他们组织了自己的棒球联赛："黑人联赛"。

在体育运动及其他社会领域，美国非裔都在为社会公平、为参与政治而斗争。在 1908 年，在世界重量级拳击冠军赛中，杰克·约翰逊（Jack Johnson）战胜了吉姆·杰弗里斯（Jim Jeffries）（"伟大的白人希望"）。这损害了白人优越论的意识形态，引发了全美反对美国非裔的骚乱（Harris 1998: 5-6）。在 20 世纪 30 年代，拳击手乔·路易斯（Joe Louis）和田径选手杰西·欧文斯（Jesse Owens）这两位美国非裔，成了最早受白人拥戴的国家运动英雄。和约翰逊的遭遇不同，白人女性愿意为这两位选手花钱，还向他俩投怀送抱，他俩也乐在其中。这两位都知道自己在白人眼中的位置：他们是代表美国参赛的冠军。欧文斯统治了1936 年柏林奥运会。他击败了希特勒的"主人种族"代表队，因此大受欢迎。但之后，这位选手却经历了多次财务危机。

在团队项目中，美国非裔也在为打破隔离而斗争。在 1947 年，杰基·罗宾森（Jackie Robinson）加入了布鲁克林道奇棒球队，这对冲破"颜色线"有很大的象征意义。尽管罗宾森不是最好的美国非裔棒球选手，尽管他参过军，上过大学，但这也没能平息白人种族主义者的愤怒。之后，废除种族隔离的进程就放缓了。波士顿红袜队在 1959 年招募了一名美国非裔，这是最后一支招募美国非裔的棒球大联盟球队。直到 1962 年，华盛顿红人橄榄球队才出现了黑人球员。在篮球领域，因为对球队 80 组成人员有很多人为的限制，所以直到 1966

年，NCAA 决赛球队中的球员还都是白人（Reiss 1991: 121; Roberts and Olsen 1989: 39-45）。在那些不进行种族隔离的俱乐部中，美国非裔选手的合同条件、食宿条件都会更差，他们还会遭受教练的虐待测试，据说白人选手也会虐待他们，所以他们还得做好受白人虐待的心理准备。

在 1968 年墨西哥奥运会上，美国非裔公民权利运动也在体育运动领域爆发了。当时，短跑冠军乔·卡洛斯（Joe Carlos），还有汤米·史密斯（Tommie Smith），在颁奖仪式上，做出了著名的"团结"敬礼。在这届奥运会前，由社会学家（也是葛兰西所说的有机知识分子）哈里·爱德华兹（Harry Edwards）领导的奥林匹克人权项目公布了剥削黑人运动员的情况，还主张抵制这届奥运会（Edwards 1969; Spivey 1985）。

对美国非裔共同体而言，体育运动的意义有些模棱两可。自 20 世纪 70 年代起，美国非裔就在某些运动项目中占据了统治地位。这既激发了共同体的荣誉感，也招来了诋毁之词（Boyd 1997: 132-133）。在体育运动中，美国非裔依旧遭受着严重的职业隔离，没有多少黑人能够成为重要的决策人员，如大学运动队的助理教练（Cunningham 2012）。同时，像迈克尔·乔丹（Michael Jordan）、泰格·伍兹（Tiger Woods）这样的明星选手，超越了美国非裔背景，他们其实把自己"洗白"了，以赢得白人观众。反过来，他们也不愿面对社会上的种族主义问题（Andrews 2001; Carrington

2010; Cashmore 2008; Leonard and King 2011）。

体育运动与种族主义的关系也影响了其他北美少数族裔。欧洲文明系统化地毁灭了美洲原住民的文明，还吞并了他们的家园。尽管白人把棍球游戏发展成了现代袋棍球，还发展了冰球运动，但加拿大的美洲原住民还是遭到了体制化的种族歧视，依然不能全面参与体育运动。在美国几大体育运动联盟中，有几支球队（如华盛顿红人队、亚特兰大勇士队、克里夫兰印第安人队）用了"伪印第安"吉祥物和象征，以此贬低美洲原住民文化，让美国社会中的土著人群依然处于下层的位置（Staurowsky 2000）。

非洲

非洲在殖民地时期，其体育运动是为英国的帝国使命服务的，也即被用于塑造种族化的男性身份模范：让全世界的男孩都成为"汤姆·布朗——他忠诚、勇敢、真诚，是位绅士；如果可能的话，他还得是一名基督徒"（Mangan 1998: 18）。

在殖民进程开始前，很多非洲社会也发展了丰富的身体文化或运动文化。在肯尼亚成了殖民地后，无论是瓦图西人的跳高，还是马萨伊人的长跑，这些文化壮举都让早期英国移民震惊不已。然而，这类身体文化还是被现代体育运动强行取代了，后者是理性化的（测量时间、距离、成绩），是科层化的（在运动官员及运动教育者的管理下），是"文明化"的

（表现在男子气概、服从管理、遵守规则上）。这样，殖民者就把当地人的注意力，从"色情"习俗和政治动荡上，转到了体育运动上（Bale and Sang 1996）。

英国殖民地上的白人精英热爱体育运动（特别是橄榄球、板球）。他们对这些项目的热情比英国人还高。与之相反，非洲男孩看重学业，而不看重运动。他们觉得学习好才能让他们获得社会流动和政治自治（Mangan 1987: 164-165）。尽管如此，在非洲的城镇，最受欢迎的还是那些容易上手且"文化中立"的项目，如拳击和足球；足球队也获得了当地身份，独立于教会和国家（Martin 1995; Ranger 1987; Giulianotti 1999: 7-8; Alegi 2010）。

在反殖民斗争和支持独立的运动中，体育运动构建了重要的文化空间。这在南非体现得最为明显。南非最早在1948年为白人精英所建立。南非的种族隔离政策根植于系统化的隔离与压迫。体育运动竞争意识内化在南非白人的身份中。因此，反种族隔离运动施加了强大的压力，让南非队不能参加国际体育运动赛事，尤其是在20世纪七八十年代（Guelke 1993: 152-153）。种族隔离政权的回应是组织"叛徒"板球及橄榄球巡回赛，以国外"雇佣兵"球员为球队组成人员，但反抗的群体却掀起了更大的分裂浪潮（Booth 1998）。与此同时，纳尔逊·曼德拉（Nelson Mandela）等民族主义领导人被种族隔离政权关在监狱里。他们在狱中组织足球赛。这样足球就不仅是个人的休闲，还起着凝聚集体抵抗精神的作用（Korr and Close 2009）。

种族隔离系统在1994年崩溃了。非洲国民大会赢得了竞选，曼德拉宣誓成为总统，南非重回国际共同体。体育运动为种族隔离之后的南非创造了重大象征时刻。人所共知的事件就是：在庆祝1995年世界杯决赛胜利时，纳尔逊·曼德拉穿上了南非橄榄球队的球衣——而这件球衣以往只有白人才穿。有色选手［像 82 阿什韦尔·普林斯（Ashwell Prince）、哈希姆·阿姆拉（Hashim Amla）、切斯特·威廉斯（Chester Williams）］成了南非队明星；南非在足球、橄榄球、板球等领域，也成功举办了全球大赛。不过，尽管黑人中产阶级的人数不断增加，但社会上还是存在深刻的种族划分：在2011年，黑人家庭收入只有白人家庭的16%，有40%以上的南非人（他们几乎全是黑人）生活在贫困线以下（Hofmeyer 2012）。在日常生活中，白人依然控制体育运动资源；白人也依然占据很多国家队的位置。不仅如此，主办体育运动大赛还推进了新自由主义的城镇发展政策，这让白人及黑人中产阶级获益，但却让贫穷的黑人共同体受损，比如他们会被赶出家园，也无法获得基本的社会服务（Merrett 1994: 115; Cornelissen 2011）。

在整个后殖民语境中，很多非洲国家都遭受了极端的困苦。撒哈拉沙漠以南的非洲国家在联合国《人类发展指数》（*Human Development Index*）中处于最低的位置（United Nations 2014）。很多非洲国家都有以下问题：因战乱、饥馑而遭受了重大的创伤；与发达国家及其公司、产业有依附关系；有沉重的债务——主要因为借钱太多、政治腐败、政局不稳，还因为错误的发展策略；国际货币基金组织和世界银行的自由市场政策，又加剧了社会不公。

这些强大的政治经济进程无疑会影响非洲体育运动（Armstrong and Giulianotti 2004）。非洲的精英职业体育运动深嵌在全球体育运动系统中，为其他富裕地区供应廉价球员。例如，法国、比利时等欧洲俱乐部雇用廉价的非洲足球运动员；先低薪招募肯尼亚赛跑运动员，再让他们代表美国大学参赛，或让他们改变国籍（如卡塔尔、巴林），去为这些新国家征战（Bale 1991b; *The Economist*, 28 August 2003; Giulianotti and Robertson 2009）。非洲的精英足球俱乐部艰难度日，往往得靠国外转账和私人慈善，才能在财务上维持下去；而当地的球迷大多因电视转播，去看英格兰等欧洲地区的联赛了。

鉴于非洲存在深刻的结构问题，还经常出现人道主义灾难，国际管理机构（如联合国、英联邦秘书处）、国家政府、非政府组织在整个非洲都开展了发展维和项目。就像我在第12章中讨论的，体育运动可以为社会发挥重要的调停作用。例如，体育运动有助于在分裂的社会中建立正常的社会契约，有助于发展儿童教育，有助于改善年轻人的健康习惯，如预防艾滋病。这些行动的长期效果如何，现在还无法确定。但可以肯定的是，真正的解决方案

必将远远超越体育运动，而得去直面那些让非洲人民不断遭受剥削的根本问题。

澳大利亚

现代澳大利亚社会的形成，是建立在对澳大利亚原住民（澳大利亚土著）的种族灭绝和殖民化之上的。英国殖民者先对澳大利亚土著实施灭绝行动，然后再把那些剩下的土著居民放到隔绝的"保留地"中，对他们实施"保护"控制。有些土著也被允许参与体育运动，但这种情况并不常见，结果也不同寻常。例如，有支土著板球队成立于1868年，还造访过英格兰。在19世纪，查利·萨缪尔斯（Charlie Samuels）是澳大利亚顶尖的全能选手。在两次世界大战之间，澳大利亚土著要想参与体育运动，要么得把自己伪装成毛利人或西印度群岛人，要么就得忍受澳大利亚白人极不公平的对待。就算这样，澳大利亚白人也会以土著的恩主自居。杰出的土著板球选手埃迪·吉尔伯特（Eddie Gilbert）被禁止参加公开赛。他要去白人社会旅行，还被要求带上行为监督人（Booth and Tatz 2000: 131-132）。澳大利亚政府还用以下方法控制土著居民：把土著儿童系统化地从他们父母身边带走，再交给白人监护人——这就产生了"被偷的一代"。就算土著选手成绩优异，进了田径队或橄榄球联盟，打上了拳击或澳式橄榄球，他们也得忍受种族排斥。在20世纪60年代，有些土著选手［尤其是足球运动员查尔斯·珀金斯

（Charles Perkins）] 被种族歧视的经历，引发了公众注意。这样，他们的个人遭遇就和深刻的政治问题结合在一起了。

要实现体育运动公平的目标，还要去除很多政治的、结构的障碍。在 1982 年英联邦运动会的准备阶段，昆士兰州政府通过了严刑峻法，防止土著抗议种族歧视（Booth and Tatz 1994）。在 2000 年悉尼奥运会期间，土著群体进行了有计划的人权抗议，但却被批评为想分而治之，这些抗议还承受了澳大利亚媒体和体育运动机构的压力（Lenskyj 2000: 77）。在澳大利亚国内的体育运动方面，反种族歧视运动有了进展，特别在澳式橄榄球领域。AFL 任命了一名主管"种族诽谤与宗教诽谤"的官员。但有些媒体解说员偏偏要把场上白人选手对土著的政治嘲笑，理解为他们在场上的"取胜计谋"，由此消解了反种族歧视运动的意义（Nadel 1998: 241-245）。在日常生活中，体育运动资源依旧按照"种族"进行分层。土著人要练习足球或板球，往往只能在缺乏标志且满是灰尘的小围场进行（Booth and Tatz 2000: 202-203）。

英国

欧洲以外的个体参与体育运动，这在英国有很长的历史。在 19 世纪 80 年代，亚瑟·沃顿（Arthur Wharton）是位短跑冠军，还是英格兰首位黑人职业足球选手。出身社会上层的南亚板球选手长期代表英格兰国家队参赛，

其中著名人物就是风靡 19 世纪 90 年代的库马·舍里·拉吉斯基（Kumar Shri Ranjitsinhji，拉吉 "Ranji"）。随着英帝国衰落，加勒比黑人，还有亚洲人，在 20 世纪 50 年代，满怀热情，移民到了联合王国。在体育运动领域，加勒比黑人选手在英国精英足球、板球、拳击、田径等领域成绩优异。20 世纪 70 年代以来，尤其如此。从南亚移民（抽取）的选手也在板球领域表现抢眼（Back, Crabbe and Solomos 2001; Malcolm 2013）。

毋庸置疑，加勒比黑人和亚洲人在体育运动生涯中，免不了遭遇种族主义。特别在 20 世纪 80 年代，观众爱用种族主义话语侮辱精英黑人运动员，这都成了他们的规定动作。像英格兰足球选手约翰·巴恩斯（John Barnes）、苏格兰足球选手马克·沃尔特斯（Mark Walters），都曾中招。后来黑人选手联合起来，一起声讨了这种行为，反种族主义运动才得以推进。如今这类种族主义行为被正式定为非法，但在日常生活中仍然存在。社会上还有根深蒂固的、体制化的种族歧视，对有色种族的结构排斥也依然存在。在足球等项目中，有色种族基本当不上决策人员。他们既当不上球队教练，也当不上球队的总经理（Bradbury 2013）。受种族主义刻板印象的影响，教师和教练还会反对特定的少数族裔从事某些项目，比如他们认为亚洲人不适合踢足球（Burdsey 2011）。在贫穷社区里的少数族裔观看精英足球赛和精英板球赛的比例较低，这里既有经济的原因（如高额的入场费），也有社会文化的

原因（如冷漠的社会环境）。

85 在英格兰板球领域，有关种族的文化政治表现得特别明显。在种族主义的黑暗时期，英格兰板球代表队屈服于种族隔离政策。在对南非的巡回赛前，英格兰队一开始没选巴西尔·德奥维拉（Basil D'Oliveira）——他是位杰出的有色板球选手；但有名球员退赛，德奥维拉再次被选入队，这遭到南非反对，比赛也被取消了。那些英格兰板球重镇，如约克郡，情况也一样。长期以来，约克郡都有大量少数族裔。但在招募南非黑人移民球员方面，当地俱乐部却并不积极。在 20 世纪 90 年代，保守党领袖诺曼·特比特（Norman Tebbit）（他后来成了勋爵）推行了"板球测试"，这为种族歧视加了把火。"板球测试"是针对移民的，其实针对的就是来自英国老殖民地的那些有色移民。如果有移民在看板球时为他们原来的国家助威，而不是为英格兰助威，那么他们就不被允许居留在英格兰（Marqusee 1994: 137-141）。同时，那些具有亚洲或西印度群岛背景的板球选手，如果代表英格兰出战，就会被指责缺乏爱国心、出工不出力（Henderson 1995）。这些根深蒂固的种族主义论调之所以存在，缘于他们没有认识到种族身份和文化身份是复杂的、多层的、流动的（cf. Burdsey 2006; Finn 1999）。例如，英国巴基斯坦裔拳击手阿米尔·可汗（Amir Khan）及其支持者就展示了混合的象征和身份：博尔顿（他的家乡）、英格兰、不列颠、巴基斯坦、穆斯林（Burdsey 2006）。

★ ★ ★

  如果在阅读以上简史时，结合第 4 章中讨论板球的内容，就能凸显文化研究进路在考察体育运动文化政治中的作用。一方面，体育运动中系统化的种族歧视，在拓展白人的文化统治方面，起到了重要的作用。白人根除了殖民地本土的身体文化或运动文化，不让土著人使用运动设施，再生产并加剧了社会不公。另一方面，对臣属的民族群体来说，体育运动也构成了大众空间。在这个空间内，可以进行身体休闲，可以进行公共参与，可以发起反对领导权的抵抗活动，他们以此获得社会承认和社会包容，探索并表达自己的集体身份。我现在转入对双重进程的讨论——体育运动中的"种族"统治及赋权。之后，我还要就社会学的核心议题——社会分层及文化意义，在细节上多说几句。

体育运动、"种族"与社会分层

86

  讨论社会分层，能够让我们更好地理解这两个问题：在体育运动中，体制化的种族歧视是如何出现的，体制化的种族歧视又有哪些历程。

  首先，我们可以考察这两个问题：体育运动与整个社会分层的关系如何，体育运动与社会流动机会的关系如何。北美的社会事实就是：职业体育运动提供不了什么流动的空间。例如，尽管在NBA当中有很多黑人，但美国非裔男性青年只有1/135 800的机会升到这个级别（LaFeber 2002: 92）。在贫穷的社区，年轻人追求体育运动事业，可能反映出他们在劳动市场没什么流动的机会。美国非裔小学生偏爱体育运动，而不是提高学习成绩（Cashmore 1982: 98-109）。

其次，不同民族参与体育运动存在差异，这也反映了"种族"与阶级、性别间的深层结构性交集（Carrington 2010; Crenshaw 1989; McCall 2005）。北美社会学泰斗威廉·朱利叶斯·威尔逊（Wilson 1978, 2009）认为：是阶级，而不是"种族"，对美国非裔的生活机会和生活经历，造成了更大的影响。对穷人来说，更是如此。在体育运动领域，阶级和"种族"互相交织。这在航海、高尔夫、奥运马术等精英运动项目中体现得最为明显。在那些项目中，基本看不到什么优秀的黑人选手。这也解释了以下现象：出身工人阶级的美国非裔参与棒球运动的比例越来越低，原因是以前棒球是免费收看的，而现在则要缴费才能收看。同时，在贫穷的社区，也没有太多训练场地。

性别与"种族"存在交集，这说明来自少数族裔的女性经历着双重压迫，无论在体育运动领域，还是在其他社会领域。来自少数族裔的女性会受到男权主义意识形态的压力，男权主义不鼓励她们参与体育运动。社会阶级同样与性别、"种族"交织在一起，导致体育运动中出现社会排斥。在发达国家，黑人妇女占有很少的体育运动资源。在新自由主义的背景下，公共体育运动设施出现了商业化或封闭化的情况，这对黑人女性产生了不利的影响。在北美的教育系统中，在体育运动领域，也有反对性别歧视、促进性别平等的法律措施。但这些法律措施帮助的主要是白人，而不是少数族裔。因此，非裔美国女性参与学校体育运动的比例较低，几乎在所有的校际赛事中，她们所占的比例都非常低（*New York Times*, 10 June 2012）。在发展中国家，特别在非洲，按性别、"种族"、阶级划分了物质和意识形态，这在体育运动领域表现得极为明显（cf. Shehu 2010）。因此，为了应对这个问题，在发展中国家，大量与体育运动相关的工作，其重心就在于如何帮助女性获取运动权利（Hayhurst 2013）。在精英体育运动方面，在北半球发达国家，成功的黑人女性选手往往得不到太多公众欢呼，她们获得的商业报酬一般也比较少。种族主义偏见看起来受到了质疑，其他形式的象征统治却又加强了。例如，媒体在报道已故美国选手弗洛伦斯·格里菲思-乔伊纳（Florence Griffith-Joyner）时，凸显她的性别化特征，而她的民族身份就没那么醒目了（Vertinsky and Captain 1998: 552-523）。

最后，我们可以思考民族群体在不同运动项目中的展现与分层。特别是在几大项目中，能当上决策者（主教练、执行官、总经理）的少数族裔相当有限。在欧洲足球方面，就算俱乐部所在地拥有高度多样的文化，也只有不到1%的行政人员或白领职员来自少数族裔。明显的种族主义基本上是看不到的，但在领导层聘用条件的背后，隐藏着种族主义的刻板印象。招聘方会用"在文化上无法适应"的说法，把来自少数族裔的应聘者"过滤"掉（Bradbury 2013）。在北美的体育运动领域，每年大联盟和大学招聘的"成绩单"说明：少数族裔（特别是美国非裔）在关键岗位上的比例严重不足。[15]

有一项研究的主题就是"堆积"。在精英运动队，"堆积"展现了体制化种族歧视中的重要形式。"堆积"意味着以种族刻板印象为基础来分配运动员的场上位置。白人选手一般被分到中央的位置，这些位置要求头脑敏捷、有决策能力、有领导能力、冷静、可靠。而有色选手则被分配到周边的位置，那些位置要求选手有很强的爆发力（特别在速度方面），要求选手的动作出其不意。社会学研究显示：这种先天"堆积"的情况在体育运动中相当普遍。洛伊和麦克艾沃格（Loy and McElvogue 1970）在美国的研究显示：在强调身体素质的位置上，美国非裔选手比例过大，如棒球里的外野手，又如美式橄榄球里的攻守后卫。与之类似，在橄榄球联盟或澳式橄榄球联赛中，澳大利亚土著被"堆积"在非核心的位置。在新西兰橄榄球比赛中，波利尼西亚人被认为头脑不够冷静，这会影响到他们的位置分配（Hallinan 1991; Miller 1998: 138）。在英格兰足球方面，没几个黑人球员能当上中场核心，他们的位置往往是边锋，以发挥他们速度快、善于过人的特长（Maguire 1991）。巴西国家足球队输了1950年世界杯决赛，黑人门将莫阿

西尔·巴尔博萨（Moacir Barbosa）非常不幸地背负了主要的骂名。50多年来，在世界杯比赛中，巴西再没把这个中心位置交给黑人球员（Goldblatt 2014）。

体育运动中的"堆积"现象与种族主义意识形态息息相关，但其他的结构要素也会起作用。例如，"技术发展失衡"理论认为：少数族裔年轻人，特别是那些出身下层阶级的，缺乏发展关键技术的重要资源，这让他们不能胜任要求"头脑敏捷"的位置，比如棒球里的接球员或投手。这类资源包括高质量的运动设施、专门设备、职业教练、组织完备的运动赛事（Sack, Singh and Thiel 2005: 313-314）。

在解决以上问题方面，现实中也取得了一定的进展。在美式橄榄球领域，2003年出现了"鲁尼规则"。该规则要求所有的NFL球队，在面试主教练和高级管理层岗位时，要给来自少数族裔的候选人提供面试的机会（Duru 2011）。不过，这项规则的作用还不够明显。很多来自少数族裔的面试者认为：他们只是被当成了"纸上的候选人"。此外，规则还应该扩展到其他的职位，如NFL球队的助理教练职位，又如大学球队里的主教练职位。要得到NFL的顶级职位，必须做过助理教练或大学教练。

文化争议、意识形态争议、审美争议

体育运动中的种族问题，有当代文化、意

识形态、审美等方面的内容。这些内容是复杂的，可用批判的文化研究方法研究分析。在此，我把种族主义划分为明显的种族主义和隐微的种族主义，并就体育运动中的少数人群身份及审美问题，探讨与统治和抵抗相关的复杂争议。

明显的种族主义与隐微的种族主义

尽管反对种族主义的事业获得了很大的进展，但仍有些少数族裔精英运动员遭到种族歧视。首先，尽管在体育运动中，明显的种族主义表达越来越少了，但还远没有绝迹。公众、媒体、赞助商、体育运动当局对种族歧视的态度，比 20 世纪 80 年代以前要严厉得多。在高尔夫球领域，泰格·伍兹在 1997 年以创纪录的分数赢得了美国大师赛冠军。著名高尔夫球手福兹·佐勒（Fuzzy Zoeller），对美国非裔的饮食习惯发表了一番种族主义言论；佐勒之后道歉了，但还是失去了几位赞助商。唐纳德·斯特林（Donald Sterling）是 NBA 洛杉矶快船队的老板。在 2014 年 4 月，他对女友说了些话，那些话有强烈的种族主义色彩。斯特林受到了政治的、公众的、媒体的、赞助商的批评，最终被罚终身禁赛。

近几年，在欧洲足球领域，特别在南欧、东欧，观众惯于嘲笑黑人选手，喜欢对黑人选手发出嘘声。2013 年，在意大利，AC 米兰黑人球员凯文 - 普林斯·博滕（Kevin-Prince Boateng）和凯文·康斯坦特（Kevin Constant）

都在比赛（并不是同一场比赛）时走出球场，以抗议观众的种族歧视。2012 年，圣彼得堡泽尼特队最大的支持者团体要求球队只招收异性恋的白人球员。在英格兰足球领域，切尔西和英格兰双料队长约翰·特里（John Terry），因"用语言侮辱对手"（特别是这个短语"该死的黑婊子"）而被罚款并停赛四场。2012 年，利物浦射手路易斯·苏亚雷斯（Luis Suarez）也因在种族方面辱骂对手而被罚款并停赛八场。随后，欧洲足球管理机构 UEFA 宣布：球员或官员若被发现涉嫌种族歧视，将面临最少禁赛十场的处罚。

社交媒体（推特、脸书、信息服务、博客）发展迅速，这为运动迷散布种族主义言论提供了即时工具（"twacism"就指在推特上传播的种族主义）。例如，2012 年，NHL 华盛顿首都队黑人球员乔尔·沃德（Joel Ward）在对阵波士顿棕熊队时得分，将本队送入季后赛。他在推特上遭受了大量种族主义侮辱。在精英足球领域，也能见到这类侮辱球员的例子。在精英橄榄球、精英板球领域，也是如此。

其次，出现了在形式上隐微的种族主义，这被称为"开明的种族主义"：白人观众看起来像是积极接受了有色明星选手或其他有色名人，但如果这些有色选手在体育运动或其他方面"失败"了，那么这些白人观众就会用特定的"种族逻辑"去解释这些结果（cf. Jhally and Lewis 1992）。例如，英格兰足球教练和退役球员往往在评论帕特里克·维埃拉（Patrick Vieira）、西奥·沃尔科特（Theo Walcott）等少数族裔球员时，使用种族主义的话语：说他们"过于冲动"，说他们"没踢球的脑子"，所以不能在场上做出正确的决定（Rosbrook-Thompson 2013: 12）。

再次，我们不妨思考这个问题：体育运动中的"白人性"是如何构建的？白人性指的是"白人用强力建立的特权，既是白人的嗓音、白人的形象，也是白人想象的共同体"（Hylton 2008: 90）。在体育运动官员和解说员用"白人性"时，他们特指有色选手的民族特性，而不是指其他选手的白人身份；其实，后者的"白人性"是沉默的，是理所应当的，并为精英体育运动树立了"标准"（Long and Hylton 2002）。此外，在某些项目（如滑雪、游泳）上，存在"白人领导权"。这种"白人领导权"也按"种族"线进行隔离，在经济文化方面进行限制，不让有色人群参与这些项目（Harrison 2013）。对体育运动中体制化的种族歧视问题，"批判的种族理论"有两点贡献：关注"白人性"，关注"开明的种族主义"。

最后，我们得承认精英选手的公众意义不是单一的，而是多义的。也即，不同的个体、不同的社会群体，会对这些选手进行各种各样的解释。例如，对美国非裔拳击手穆罕默德·阿里（Muhammad Ali），不同的观众会有不同的认识：拳击高手、愚勇斗士、民权战士、自吹自擂的人、商业蠢蛋、性爱男权主义者、人道主义者、有身体障碍的人。但可以确定的是，对阿里这样的选手，种族主义的解释占据了统治地位。然而，如果我们认可精英选

手的公众身份是多义的，那对这些消极表达或种族主义表达（包括"开明的种族主义"或"白人性"），就有了质疑、争论的基础。

"种族"意识形态和体育运动审美

社会学还可以讨论下面这个问题：体育运动中与"种族"相关的审美问题。在此，我们不妨回想一下文化研究对流行文化的定义：流行文化是处于不利地位的、被压迫的人群，用从统治群体那里取得的物质资源和象征资源，所塑造的时尚。少数群体构建了体育运动中独到的审美实践、审美传统、审美符码。审美是赋权的方式，少数群体的审美经常能够挑战占统治地位的文化意义和文化习俗。例如，在北美棒球领域，"黑人联赛"中的球队和白人球队形成了鲜明的对比。在种族隔离的时代，"黑人联赛"之所以为人所知，就是因为比赛吸引眼球、娱乐性强。自20世纪50年代，美国非裔改造了精英篮球。他们把城区篮球或"街头篮球"那套玩法带入了 NBA 和 NCAA，让比赛节奏更快、技术含量更高、表现力更强。在足球领域，差不多整个20世纪，南美的球员及球队发展了一套不同于欧洲足球的技战术风格。巴西就是最好的例子。巴西球员（特别像贝利、里瓦尔多、罗纳尔迪尼奥、内马尔这类足球艺术家）为全球足坛带来了"精彩足球"。正如巴西社会学家、公共知识分子、政治家吉尔贝托·弗雷雷（Freyre 1964, 1967）所言：巴西成了"混合种族"，发展了"葡萄牙风格

的殖民地文明"；那些来自工人阶级的"黑白混血儿"球员创造了独特的技术和艺术，让足球成了展示这些文化的平台。

还有一种结构主义色彩更浓的文化研究进路，我们可以拿来和上面的观点比较。该进路认为：在体育运动的文化政治领域，统治群体的物质、象征、意识形态资源仍然为上层所掌握。因此，在体育运动的审美领域，"种族科层"依然拥有统治力量，即便出现了少数群体的赋权现象。例如，白人精英拥有并控制了北美顶级的篮球产业，观众也以白人居多。为了进行比较，我们可以这样看待美国非裔球员：他们被雇来在这些观众面前像"神奇的吟游诗人"一样表演（Gems 1995）。对北美棒球领域的黑人球员，或欧洲足球俱乐部雇用的拉丁美洲球员，我们也可以如此解释。此外，还有这种可能，也即有色选手把主流的种族刻板印象内化了，并用以解释他们"天然"的运动方式、运动特点、运动局限。如此看来，那些看起来是文化自我表达的内容，可能背后却是隐微的民族/种族刻板印象。

在体育运动相关的审美结构中，存在统治与赋权的理论张力。我们大概可以用"酷姿势"一词来做简要说明。"酷姿势"一词有双重含义。梅杰斯（Majors 1990）认为：酷姿势用身体动作赞颂了黑人男性气质——属于"表意型生活方式"的内容。酷姿势"让世俗变得崇高，让日常变得辉煌"。酷姿势也与黑人男性在体育运动中的特定风格有关（ibid.: 111）。不过，在文化上，酷姿势并不是没有问题的：

这可能会损害黑人男性求学的意愿，也不利于和女性搞好关系；此外，酷姿势似乎不能与占统治地位的种族话语划清界限，而正是那些话语建构了非裔美国男性的身份——这种身份也与特定的审美实践及身体实践相关。因此，尽管"酷姿势"这个表达方式的确充满创意，但却从来没有远离这种文化预设——白人统治机构及统治结构灌输给美国非裔的文化预设。这样，作为特定的文化身份及审美身份，酷姿势既表达了个人及集体的赋权，也进一步确认了统治的社会关系。

种族主义与民族性：文化偏见与文化偏狭

要讨论种族和体育运动，我们不能把问题局限在对有色人群"颜色符码化"的种族歧视方面。其实，"种族逻辑"有多种形式，可以指向大量少数族裔群体或民族共同体。例如，有一项对体育运动国际媒体话语的扩展研究。这项研究显示，可以将"种族逻辑"运用到很多国家和地区。按媒体话语，来自不同国家和地区的选手往往被描述如下：斯堪的纳维亚选手"冷静"，是理性且出类拔萃的白人；南欧人和"凯尔特种族"比较暴躁，他们喜怒无常，天生胆大；拉丁美洲人生性浮夸；非洲人天生"不讲科学，缺乏理性"。可用这些媒体话语解释球员在场上那些"自发的"，甚至"神奇的"表现（O'Donnell 1994）。

92

因此，广而言之，我们需要拓展对种族问题的批判分析，把多种形式的歧视、偏见、盲从、偏狭纳入讨论范围。按民族宗教、民族语言、民族国家划分，还有很多不同的共同体，正和那些非洲后裔中的少数族裔一样遭受歧视和偏见。无论是探索、表达集体身份，还是抗议边缘化、抗议压迫，体育运动都提供了流行的文化场地。

我们不妨以英国爱尔兰天主教徒为例进行说明。在北爱尔兰，对爱尔兰体育运动机构（尤其是足球俱乐部）的歧视反映了深层次民族宗教歧视。苏格兰格拉斯哥的两支球队有民族宗教世仇。一支是流浪者队，有清教及英国工会传统；另一支是凯尔特人队，有爱尔兰天主教传统。在这两队间，一般认为存在"宗派主义"争论。但有些人认为："宗派主义"只是个托词。之所以要用这个词，是为了掩盖对爱尔兰人的种族歧视（Finn 1990: 5-6）。体育运动，尤其是足球，为爱尔兰天主教徒提供了与英国清教共同体竞争的机会，同时也展示了苏格兰、爱尔兰天主教徒的"双重身份"。一些研究者认为：在这个没有军事敌对的社会，流浪者队球迷唱的那些反爱尔兰的歌曲，都属于古老的敌对仪式，其中谈不上有什么宗教歧视（Bruce 2000）。另一些研究者则认为：反爱尔兰的话语说明，苏格兰社会还有些至今未被认识到的问题（Finn 1994b; 2000）。近年来，苏格兰政府加强立法并加大公共宣传，以应对宗派主义问题。他们的工作重心就是解决社会歧视问题，而那些歧视都基于种族身份差异、宗教身份差异、国家身份差异。

在北美地区，体育运动有促进白人移民适应当地文化（美国化）的功能。在媒体话语和公众话语中，经常能听到对爱尔兰天主教徒、意大利人、犹太人、波兰人的歧视话语。在美式橄榄球领域，在 20 世纪 20 年代的圣母学院，克努特·罗克尼（Knute Rockne）集结了一支橄榄球队，队员富有天分，来自多个民族。这支球队经常被加上外号进行侮辱："战斗的爱尔兰人""可怕的爱尔兰佬""爱尔兰哑巴"。就算很多知名教练都认为波兰人是最好的橄榄球选手，但那些体育记者还是要给波兰球员起外号（Oriard 2001: 261-267）。对犹太选手和意大利选手，也都有明确的种族主义刻板印象。不过，他们用自己的成功，回击了这类性格描述。由美国犹太裔主办的报纸认为：本尼·弗里德曼（Benny Friedman）、萨米·贝尔（Sammy Behr），这两位美式橄榄球选手用行动驳斥了"犹太人胆怯柔弱"的种族主义描述。在两次世界大战之间，犹太选手被其他犹太人当成了反种族歧视的象征。犹太作家迈耶·利本（Meyer Liben）认为："他们是英雄，他们为我们而战——每次勾手、每次传球、每个篮板，都是一记反抗压迫的重拳"（quoted in Levine 1992: 272）。因此，正如以上简要论证所指出的：对体育运动中的种族主义，以及与种族歧视有关的文化争论，都应该在整个语境下进行思考，不仅要考察对有色群体的歧视，也要考察对白人群体的歧视。

结论

我在本章，对体育运动中的"种族"和种族主义，进行了批判社会学分析。我打算在第4章的基础上，用文化研究分析进路，分析各个"种族"和少数族裔在体育运动中的统治和抵抗。我考察了种族主义意识形态的现代史，发现"科学的种族主义"虽然破产了，但还在长期地影响着我们的生活。对特定国家和地区的简短文化史考察，说明在体育运动的全球传播中，存在民族主义、帝国主义、种族主义的根源。无论是反种族主义的运动，还是边缘种族共同体所获得的成就，都反映了体育运动中的文化政治。不过，种族主义还在以隐蔽的方式，影响着社会分层和文化实践，如运动队中的"堆积"现象，如流行文化观众的"开明的种族主义"，再如很多运动项目中的"白人性"。由于受自我种族歧视的影响，就算是黑人运动员，其审美的基础也不无问题。

在体育运动领域，用社会学解读种族主义，能够拓展种族主义的地理边界及知识边界。现在已经有很多讨论种族问题的体育运动社会学作品了。那些作品都把历史追溯至大西洋三角——在现代奴隶制早期就连接了英国、加勒比、美国的三角形线路。但这些作品都在很大程度上忽视了那个提供奴隶的大洲。对非洲（除了南非）、拉丁美洲、南欧、东欧的地理空间和社会空间，我们还没有进行足够的考察。

不仅如此，我们还应当深入思考种族主义的本是学根源，以理解当代种族主义的核心特征：不是"颜色符码化"的，也不是文化排他的，而是用偏见孤立其他社会群体。在发达国家，某些社会下层白人一直遭受着消极的对待——无论是北美的"白人垃圾"，还是英国的"傻帽"，在这些称呼中，都有明显的种族主义基调（cf. Wray and Newitz 1997）。

20 世纪 80 年代以来，在体育运动领域，有了越来越多的反种族主义运动，也有了更多的教育举措。这些行动往往是由少数族裔中的重要人物发起的。社会科学家也有机会为这些行动做出自己的贡献，比如呼吁体育运动治理结构转型，挑战种族主义、改变社会偏见。此外，在研究种族问题时，要进一步提升经验研究和理论研究的水平，以更好地发掘种族主义的社会根源。运用这些进路，可让我们不再拘泥于寻求技术的、渐进的解决方案，如只是拘留闹事的球迷，或简单地增加有色球员在中心位置的比例。只要我们还要面对事实上的"种族逻辑"，社会科学家就有必要重新定义体育运动，让体育运动免于种族主义和民族偏见的损害。

📑 讨论题

1. 在体育运动领域，有色群体因哪些种族主义神话而遭到了不同的对待？

2. 在体育运动领域，有色群体及其他少数族群是怎样为权利和认可而斗争的？

3. 在体育运动领域，有哪些种族"堆积"或社会排斥的现象延续至今？

4. 在体育运动领域，种族主义是如何冲击白人少数群体的？

5. 如何转变体育运动，以让其反对并最终消除种族主义或民族偏见？

6 体育运动中的性别与性：反抗男权制

现代体育运动一直是个带有批判色彩的文化领域。该领域构建并再生产了基于异性恋的男性身份。这种男性身份在体育运动领域占据统治地位。无论是精英体育运动机构，还是草根体育运动机构，都对女性及性少数群体全面参与体育运动，进行了种种正式或非正式的限制。不过，有些对体育运动所做的批判社会科学研究，还是强调这些社会群体具备对抗边缘化的能力。

为了探索这些议题，本章分为四大部分。第一部分，我勾勒了现代体育运动性别化的历史。第二部分，我就体育运动领域里女性的经验与潜力，提供了社会历史细节，发展了批判社会学理论。第三部分，我考察了性少数群体在体育运动中的地位。第四部分，我论述了与男性气质相关的体育运动社会学议题。

带有性别歧视的体育运动是如何产生的

在历史上，现代体育运动是个重要的男权领域，生产并再生产着各种各样的男权社会关系及男权社会身份。在男权制中，男性掌握权力，而女性从属于男性。早年的现代体育活动，通常属于喧闹的男性亚文化。例如，在英国、北美、澳大拉西亚，直到 19 世纪晚期，"捕鼠"、拳击等血腥运动，既伴随着豪赌、兄弟情等男性亚文化，也伴随着不同程度的暴力（Brailsford 1985: 126; Cashman 1995: 206; Gorn and Goldstein 1993: 70-75）。自 19 世纪下半 叶，英国的"游戏崇拜"愈演愈烈，这也为这种新男性理想提供了基础："肌肉发达的基督

教绅士"。这正是大英帝国主导意识形态的具身化：资产阶级意识形态、男权意识形态、帝国主义意识形态。在建设"肌肉基督教"的过程中，体育运动扮演了至关重要的角色。在运动场上，青少年被要求"展现斯多葛主义、吃苦耐劳、坚韧不拔"，要知道自己是附属于团队，并且是服务于团队事业的（Mangan 1986: 147）。而那些逃避体育运动的人就只能得到极其负面的评价。比如，别人会说他们道德失范、体格退化、性格懦弱。

在英国的殖民地及领地，"肌肉基督教"的理想广为传播；在世界的其他地方，尤其在欧洲和美国，那些喜好盎格鲁文化的精英人士也将这理想广为传播。反过来，这类基于男权制的体育运动意识形态得到了"全球本土

化"：为当地男性所改造，以应其所需，投其所好。例如，在澳式橄榄球领域，大家觉得真正的男人就该展现"勇气"，而那些批评这运动太暴力的家伙则被贬为"懦夫"或"老妇女"（Booth and Tatz 2000: 68）。在英式橄榄球领域，南非的荷兰白人孕育了独特的男性气质和国家认同，他们强调"艰苦、坚韧、坚强、果敢"（Grundlingh 1994: 186-187）。在美式橄榄球领域，耶鲁、普林斯顿、哈佛等顶尖大学把这暴力的游戏当成了重要的教学工具，并提供给那些追求职业领袖地位的年轻男性（Sammons 1997: 384）。还是在美国，棒球起到了塑造工人阶级男性身份的作用，具体集中在这些方面：女性和非白人少数族裔的神话、政治民主、阶级流动（Kimmel 1990: 64-65）。在法国，现代奥林匹克创始人皮埃尔·德·顾拜旦（Pierre de Coubertin）自英国旅居归来，就坚信体育运动能让上层阶级的疲惫学童恢复生气（Mangan 1981）。可能最震撼的事情，还是其他地区、其他文化接纳并改造了"肌肉基督教"的信条。例如，正因如此，才有了"肌肉犹太教"的兴起（Presner 2007）。

在这个时期，男权制意识形态基本上还固执地认为：女性应当被排除在运动之外。例如，顾拜旦就坚信体育运动会损害妇女的"固有命运"——做母亲及成为男性的伴侣。"受人尊重"的女性只会在私人场合锻炼，如封闭的网球场；社会大众绝不鼓励妇女抛头露面，认为这与出轨相关。因此，在19世纪末至一战前的和平时期，法国人认为女性自行车选手

患上了"圣母/情妇"综合征：她们要么是无性的老处女，要么"身体半裸、打扮妖艳、人尽可夫"（Holt 1991: 125）。总之，无论是现代体育运动之建立，还是其传播，都深受男权意识形态及相关假设的影响。

女性与现代体育运动

从起源到 1945 年

为了充分参与现代体育运动，女性经历了长期的斗争，而这些斗争还将继续。在塑造女性与体育运动关系的过程中，阶级分化和阶级意识形态起到了至关重要的作用。在英国维多利亚时期，虽说参与体育运动的女性人数稳步增长，但"基本局限在中产阶级"（Tranter 1998: 80）。在北美和澳大利亚，中上层女性先是接受了槌球、射箭等轻松的项目，继而打起了网球、高尔夫球（Vamplew 1994: 15）。如果老师允许，女生也有机会打一打曲棍球。但打曲棍球容易弄脏自己，而且曲棍球打法粗野、竞争激烈，因而被认为是"小姐不宜"的项目（Hall 2002: 34-35; C. Smith 1997: 67）。反过来，下层女性的体育运动则受限于资金、社会影响、精力（考虑到她们日复一日的劳作）；同时，也受限于富有阶级对下层阶级身体和性的规训。

在整个19世纪，女性的身体活动都受限于根据无所不在的性别意识形态而做出的大量

医疗指示。例如，维多利亚时期的中产阶级女性被塑造成了"精致女子"。医生建议她们只进行"轻柔的锻炼：做做医疗体操，再做点按摩"。这样做，也是为了保护她们的生育器官（Hargreaves 2002: 56-57）。无论在北欧，还是在盎格鲁世界，体操都成了年轻女性锻炼课程的重要内容，如德国的体操俱乐部，又如英国健美体操中的"瑞典体系"。这些身体活动中的政治张力体现在了马丁娜·伯格曼-奥斯特伯格（Madame Martina Bergman-Osterberg）夫人身上。她是健美体操领袖，想把女性培养得"更强壮、更健康、更纯洁、更真诚"，以提升"种族"的质量；不过，与此同时，她又是个"坚定的女性主义者，终其一生，都致力于消除女性发展的障碍"（Hargreaves 1994: 77; McCrone 1988: 109）。

女性倒也参与到了团队项目中——但依据男权规则，她们还是被男性严密地控制。例如，这就使篮球中产生了"女性化／小型化"的规则。这套规则为女性设立，意在限制她们的动作——但在实际比赛中，这些要求也常被忽视（Dean 2002）。在精英体育运动方面，有大量女性参加大赛；有些项目是性别隔离的，以防止娇柔的女性做出男性化的动作，如澳式橄榄球。在俱乐部，有些女性也担任着重要的管理职务（Hess 1998: 102-104）。

随着女性在法律、政治、民事领域所进行的斗争，女性也参与到了多种多样的身体活动当中。"第一波"女性主义产生于1850年，持续至20世纪30年代。这让女性获得了政治投票权，获得了教育机会，还获得了被雇佣的机会，并反抗她们在性方面的附属地位（Walby 1997: 149-152）。有些早年的女性运动员难免要去斗争，但其中多数人的斗争也很实际，其实就是为了寻求参加比赛的机会。

从20世纪早期到20世纪中叶，大量女性享受到了大量赋权。这反映在她们战时至关重要的角色上，反映在政治解放潮流上，反映在女性就业增长上，反映在女性在大众消费文化中的地位上。特别是在英国和北美，出现了独立的女性体育运动俱乐部及相关协会，主要为中产阶级女性，以及接受了资产阶级女性道德标准的工人阶级女性所控制（Hargreaves 1993: 138-139）。在国际精英体育运动方面，自1900年开始允许女性参赛，国际奥委会到1924年才勉强承认了女性赛事。在20世纪20年代，女性奥林匹克运动员人数翻番，1928年接近总参赛人数的10%，但赛跑、马术、曲棍球等项目仍禁止女性参与。当成功的女性运动员出现在公共场合，社会还是期望她们的举止符合传统的性别规范。因此，全能冠军芭贝·迪德里克森（Babe Didrikson）就被讥为"假小子"或"肌肉荡妇"，而网球冠军海伦·威尔斯（Helen Wills）这类"女性化"的运动员则更受欢迎（Guttmann 1991: 144-152）。

在性别与体育运动的关系方面，西方自由资本主义之外的社会强调了其中的文化延续和文化差异。社会主义社会发展女性体育运动，伴随着军事化的国家建设和两性职业平等运动。在中国，在共产主义者的推动下，1932

99

年开始了红色体育运动，以造就活跃的个体，练就"钢铁一般的身躯"，并让女性有了新职责（Hong 1997）。苏联要求女性运动员展现"勇气、优雅、技巧甚至力量，要在运动场上，为俱乐部、工厂、农场、民族、共和国赢得殊荣"（Riordan 1991: 199）。法西斯政权制定了社会政策，把女性贬为家庭苦工，但同时也利用女性体育运动的成就，彰显其国家主义。特别是纳粹德国鼓励女性锻炼身体，以协助女性生育、保证种族健康，同时也培养了一大批女性运动员。在1936年奥运会，德国派出了一大批女性运动员，以服务于国家宣传（Pfister 2002: 169-170）。[16]

女性与战后体育运动

西方自20世纪60年代早期，"第二波"女性主义兴起。这次女性主义意在挑战性别失衡，推进女性在以下方面的利益和权利：工作地、教育、私生活、身体政治。

与此同时，这些追求公民权利及公民平等的活动，也部分反映在体育运动中。参与体育运动的女性数量稳步增加，虽说她们的参赛项目主要是业余项目。女性奥林匹克运动员数量逐渐增加，从1956年占全体参赛者的12%，到1976年的20%、1992年的29%、2000年的38%、2008年的42%，到了2012年伦敦奥运会，差不多到了45%；女性参与项目的范围，也越来越广。在北美，法律和政治不断进步，这是女性体育运动蓬勃发展的重要前提。在美

国，联邦法律《教育法修正案第九条》（Title IX，简称"第九条"）于1972年6月通过，禁止在高校及高中的运动中搞性别歧视。这是体育运动性别平等的重要标志。当年，有六名纽约马拉松女性参赛者抗议女性和男性一起开跑，她们的抗议获得了成功。在1974年，小联盟允许女孩打棒球和垒球。这样，又有了各种各样的"首次"：印第安纳波利斯500英里汽车赛（1977）有了首位女性运动员；NCAA有了首位女会长（1991）；在美国高尔夫巡回赛里，也有了首位女球手（2003）。

不过，就算在规范或参赛规定上取得了进步，我们也需要变革结构、变革文化，以从根本上变革体育运动。然而，"第九条"属于矛盾的立法。在高校体育运动参与人数方面，男性仍然明显高于女性。高校依旧为男子顶级项目大把花钱，如美式橄榄球、篮球。为了符合"第九条"的要求，减少性别分化，高校花重金吸引女性参与运动。这样做，又难免让流行的男性项目预算减少。政治上的保守派坚持认为：要满足大家对体育运动的需求，就得废除"第九条"。而自由派辩称："第九条"的核心价值有利于打破长期以来性别失衡的状况（Eitzen 1999: 164; Gavora 2002）。尽管如此，"第九条"这样的立法要想继续运行下去，还需要更多的支持。例如，在教育领域，大学校长应该削减男子顶级项目资金，而女性应从小就努力参与运动。总之，历史记录了女性的斗争，她们越来越多地参与体育运动，并获得了越来越多的成就。在以下章节，我将讨论在体

育运动中，当代性别身份是如何构建的；我还将思考女性能采取哪些政治策略，以参与体育运动。

女性、体育运动、性别身份之构建

长期以来，女性的体育运动参与都为男权意识形态所塑造。男权意识形态是多样且多变的，塑造了女性身体、女性气质、女性的性。最明显的就是，通过体力消耗来增进肌肉是多数运动的关键内容；不过，这类机体之增进却和占统治地位的现代性别符码背道而驰。这套符码把肌肉和"男子气概"相联系，认为如果女性增加了肌肉，就没有了"天然的女人味"。

传统性别意识形态如今受到了强烈的冲击。在日常生活中，在多数西方社会，拥有肌肉型体格的女性要比 20 世纪七八十年代多得多。如哈格里夫斯（Hargreaves 2000: 151）所称：广而言之，"女性把身上的肌肉当成了身体资本。她们珍视身上的肌肉，羡慕那些强壮的女性"。女性锻炼的范围大为扩展，突破了以往的界限，如之前"需允许"才能参与的项目，还有那些认为女性不宜的"艰苦"项目。小时候的经历，可能对女运动员影响最大。有研究表明：要让女性形成不畏"艰苦"、挑战性别差异的竞技风格，在儿童时期，就开始培养，效果最好（Mennesson 2000）。

不过，占统治地位的政治经济势力和文化势力，还想妨碍女性在体育运动中进步，想让女性的地位回到从前。女性体育运动常被大力改造，以整合到产值亿万美元的消费文化及健身产业中去。那儿是作为领导权的男权制的规范基地，再生产着男人心目中理想的女性身材。因此，女性的有氧健身操意在推广这种女性身体："既结实又有型，既健康又性感，既强壮又苗条"（Markula 1995）。那些肌肉发达的女性也得证实她们的异性恋身份，以避开这种老旧的刻板印象：进行高强度锻炼的女人可能是女同性恋者（Hargreaves 2000）。

此外，女性参与日常体育运动，也遭遇了男权方式的社会封闭。有些精英体育运动机构，如名流高尔夫俱乐部，只向男性开放，而不鼓励女性参与。例如，佐治亚州的奥古斯塔全美高尔夫俱乐部举办过大师锦标赛。该俱乐部直到 2012 年，才首次纳入两名女性会员。在苏格兰，有一家只有男性会员的私人俱乐部。该俱乐部一直控制着缪菲尔德高尔夫球场，并定期举办公开赛。我们发现在许多俱乐部里，那些"志愿"的内务工作还是落到了女性头上，如准备食物、打扫卫生、洗刷运动装备（Thompson 1999）。

无论是体育新闻，还是赛事精华，电视上对女性体育运动的报道越来越多。不过，这些报道依然假定观众是异性恋男性。因此，对女性体育运动的报道常显得琐碎，这些报道也常常在凸显女运动员的性别特征（Duncan and Brummet 1989; Messner, Duncan and Cooky 2003）。那些吸引大众的女运动员获得了更多的报道。在纸质媒体方面，这种情况尤其突出。通过场外代言香水、内衣，女运动员获得

102

了商品化的包装，吸引着异性恋男性的目光。在体育运动的商品化包装方面，充满了性隐喻和性允诺。例如，自20世纪20年代，商家就如此描述男性的高尔夫假期：在球场内外，你都能"入洞得分"。运动赛事的转播镜头喜爱偷窥，总在女观众及女运动员中寻找"甜妞"。报道女性赛事的电视记者总会陷入"青春""貌美"的窠臼，总是紧盯着运动员的外貌，而不是去分析她们的场上角色。美国《体育画报》（Sports Illustrated）杂志每年照例会推出一期"泳装专号"，以迎合男性的目光；但除了这期，这本杂志极少用女运动员作为封面人物（Davis 1997; Weber and Carini 2013）。那些公开的软色情媒体，如《花花公子》（Playboy），花高价为运动明星拍照，而有些女运动员（如澳大利亚女子橄榄球队玛蒂尔达）则通过拍裸照来宣传她们的运动项目。这种把自己当成性对象的活动再生产了男权对女性的物化，这也是她们因绝望而孤注一掷的行为。她们想以此获得大众媒体的注意，并获得企业的支持。

103　体育运动中对女性的物化，发展成了系统化的性亚文化，包括男运动员和女性追随者间"完全不对等"的关系（Gmelch and San Antonio 1998）。对男运动员而言，这就是作为性福利的亚文化。在这种亚文化的边缘，强奸和性攻击屡见不鲜。例如，2013年美国俄亥俄州斯托本维尔高中案，两个青年橄榄球运动员囚禁并强奸了一名少女；在足球领域，谢菲尔德联队威尔士射手契德·埃文斯（Ched Evans）因强奸被判入狱五年。我们没什么理由认为体育运动和其他社会环境有所不同。在其他的社会环境，很多被强奸或被性攻击的女性不去报案，或报案后犯罪者还是逃脱了正义的审判（Westmarland and Gangoli 2011）。因此，这些事件说明在精英运动员和女性之间，还有大量未被发现的性虐待及性剥削（Benedict 1998）。

近年来，我们还发觉，对顶尖男运动员的妻子及女友，大众媒体有特殊的身份构建。在媒体上，他们的妻子及女友往往有双重身份。一种是被描绘成保守的性别角色——她们顺从、优雅、贤惠。媒体会在以下场合展现她们的形象，如欧美的高尔夫莱德杯赛、男子大型网球锦标赛、足球里的关键场次。另一种媒体身份显得更加消极，媒体把妻子或女友描绘成"情人"，她们是红颜祸水，威胁到了运动员的表现（Vaczi 2014）。这两种体育运动中的媒体构建，都没有提供正面的、被赋权的女性身份。

在体育运动参与的性别政治方面，无论在精英的层次，还是在日常生活的层次，都取得了进步。就算是高度保守的男权社会，也不得不提升女性在体育运动及整个社会中的地位。例如，在2012年和2013年，沙特阿拉伯的女运动员首次参加奥林匹克运动会。在沙特，女性不得开车（已于2017年9月26日解禁，于2018年6月24日生效。——译者注）；要有男性监护人，女性才能去银行开户、结婚、出国旅行。沙特女运动员获准在私人学校做运动，也获准建立受国家规制的俱乐部。

在精英的层次，越来越多的国际运动锦标赛为男女运动员提供同等奖金。在网球方面，美国公开赛是首个这样做的大赛——那是在 1973 年，随后其他三大赛事也同样如此（2001 年的澳大利亚网球公开赛、2007 年的法国网球公开赛和英国温布尔登网球锦标赛）。足球及美式橄榄球等运动项目，也允许女性执法顶级联赛。

在某些国家，如果体育评论员发表了明显的性别歧视言论，就会遭到猛烈的抨击。英国 BBC 评论员约翰·因弗戴尔（John Inverdale）评论了 2013 年温布尔登网球冠军玛丽昂·巴托莉（Marion Bartoli）的外貌，然后 BBC 就收到了 700 多条投诉，其中很多来自政客、记者、体坛人士。2011 年，有两位足球解说员离开了天空电视台，因为他们的场外评论被泄露给了公众。

对自己在体育运动及身体文化中的地位，女性做出了回应。她们的回应既表现为抵抗和越界的行为，还表现为矛盾的心理。人种学研究解释了这点：一方面，女性认为消费文化中理想化的女性身体是荒唐可笑的；另一方面，她们又乐于在集会中自我解放，乐于在运动中自我释放（Markula 1995; Real 1999）。针对体坛色情，有些女性共同体同样采取了行动本位的进路（cf. Guttmann 1991, 1996）。例如，在 LPGA 锦标赛周围，会有女同性恋者的激情狂欢。这说明，体育运动领域中的色情和消费主义，还不只是男权社会关系或男权意识形态那么简单。各个臣属的共同体都得越界，以挑战

"异性恋规范"。要不然，异性恋规范就会横扫所有的运动赛事。

自 20 世纪 90 年代后期，"第三波"女性主义兴起。这波女性主义超越了上一波女性主义，上一波女性主义聚焦于基本的平等权，而这波女性主义强调女性的多样性，特别是与种族特征和性特征相关的多样性，并挑战了在性别规范、性别角色、性别身份方面根深蒂固的假设。第三波女性主义受后结构主义和后现代主义影响甚大，并衍生出了"酷儿理论"。这波女性主义的核心议题集中于身体政治，特别是以性别为基础的暴力问题、生育问题，与体型相关的规范问题。

要批判性地分析体育运动中的"性别论证测试"或"性测试"，或许可将第三波女性主义当成主要工具。在很多单一性别的运动项目中，运动员可能会被要求进行医学检查，以按照特定的标准"确认"其性别。在历史上，测试的焦点是 X、Y 染色体。测试的基本目的是防止"男性"运动员参加女性的比赛。近年来相关的案例有南非运动员卡斯特·塞门亚（Caster Semenya）、印度运动员平基·帕玛尼克（Pinki Pramanik）。科学家批评过这类测试，因为这一来涉嫌歧视，二来测试结果也未必准确（Simpson et al. 2000）。从第三波女性主义的视角，这类测试确认了根深蒂固的男权性别范畴，并以男权意识歧视"性别交叉"人群（cf. Vannini and Fornssler 2007）。因此，性别测试体现了重要的日常政治议题。女性主义者可在此领域抵抗性别方面的意识形态压迫及

现实压迫。

体育运动中的女性主义政治策略

现在我转入特定的政治议题：为了提升地位，女性会采取哪些政治策略？哈格里夫斯（Hargreaves 1993）做了一项经典研究，提供了三种策略。一是增选策略，这是"开明女性主义者"的选择，要女性"赶上男性"，特别要争取平等的代表权，如公平地分享角色和位置、平等地使用运动设施、平等地获得报酬。该策略获得的进展可量化、可测量，如体现在奥运会男女选手数量平衡上。增选策略不承认那些保守主义论调，如以生理差异或传统性别价值损害女性运动参与。不过，增选策略未能在女性平等方面推动政治进步，无法挑战既存的男性运动文化。男性运动文化推崇暴力玩乐，爱用性别歧视话语。其实，增选策略可能会强迫女性以男性的方式参与男性的运动，由此进入男性的运动仪式。但就算她们进入了男性的运动仪式，她们也被认为"到了不该待的地方"（see Novak [1976] 1993: 208-212）。

二是分离策略，这是"激进女性主义者"的选择。这种策略要让女性拥有"自我意识"，进入只有女性参加的联赛或协会。分离策略可以促进女性参与运动，在运动中发掘被男性价值压制的亲密感。分离策略让日常生活政治化，鼓励女性探索别样的运动价值、别样的运动审美、别样的身体技艺、别样的组织框架。尽管如此，分离策略在某些方面也是逆潮流而

动的，如按固有规则或倾向判定性别，而不是按社会文化差异，这就陷入了本质主义。

三是合作策略，这是"社会主义女性主义者"的选择。这种策略要建立忽略性别差异的新型运动模式。合作策略承认在当代资本主义社会中，大家为了追求解放（如在"种族"、性别方面），采取的斗争形式是多种多样的。合作策略与分离策略不同，要求与男性接触，且接触范围比增选策略更广：不只是要求平等，更要求政策公平，以重建运动系统；还要求保证无论男女，都能获得类似的运动体验（cf. Hall 2002: 203-204）。合作策略认为：男性并非生性压抑，而是因社会而获得了沉闷的角色，并进行着压抑人性的实践——这种情况会周而复始，最终会让两性都受损。这样，在彻底改造体育运动模式之前，女性主义者就需要探索：体育运动能给女性带来哪些体验？体育运动又能给女性带来哪些意义？

总之，增选策略看重平等，在增加女性代表、推动女性参与方面，该策略作用显著。如在"第九条"的帮助下，女运动员获得了更多的财政支持，参加奥运会的女运动员也变多了（Simon 2005）。可以说，增选策略与第二波女性主义相关，在法律和制度上推进了社会平等。

尽管有些缺点，但在历史上，分离策略也一度是首要的策略。自成一家的阶级、俱乐部、联盟出现，这大大体现了女性的自我赋权。尽管有了这些举措，但分离策略还是遵循保守的性别规范，固守保守的性别身份，因为

只允许男性参加的俱乐部仍把女性排除在外。

最后，合作策略才是最为精巧务实的策略。该策略深受文化研究的影响，反对女性在体育运动中的边缘状态，认识到了商品化对性别划分的重要影响，要求创造别样的运动模式及运动身份。在日常生活的层次，与增选策略和分离策略相比，合作策略确保女性获得更多的空间，以在当代体育运动中获得地位。合作策略让她们具有反讽精神及反抗精神。在体育运动中涉及性的方面，这种文化政治关系也很明显。我现在就来谈这个主题。

LGBT 文化政治与体育运动

在不同个体及不同社会群体塑造其运动体验时，性别方面的文化政治也起到了重要的作用。在历史上的男权社会关系中，现代体育运动机构都深受异性恋规范的影响。这些机构基于异性恋身份，并推进了异性恋身份。少数群体在性方面的身份——特别是女同性恋、男同性恋、双性恋、跨性别者（LGBT）——在很大程度上被压制、被边缘化、被妖魔化。自19世纪中叶以来，英国学校的教师将游戏和体育运动视为推进"异性恋规范"的关键领域，好让学生消耗体力、"败火解毒"，减少同性恋和自慰行为（Mangan 1981）。在男子运动领域，全世界的现代体育运动俱乐部和体育运动组织都在积极推进恐同文化。在精英体育运动的层次，对运动员而言，被教练、球迷质疑

自己的男子气概和异性恋取向，可能就是对他们最大的侮辱；教练和运动员一直在用贬义词和恐同短语，认定同性恋人士既不该参与运动项目，也不配做队友。对体育运动中 LGBT 人群的妖魔化，其核心源自流行的神话。如宣称女同性恋者会在女性群体中推行同性恋行为，会在更衣室里觊觎其他女性；说因为她们比较男性化，所以会在体育运动中占据优势，而这对其他女性并不公平；说她们会形成小圈子，操纵对体育运动的治理（Griffin 1998: 55-63; Brackenridge 2001）。在某些重要的项目中，如 NFL，球探会询问应聘者"是否对女生感兴趣"这样的问题，以了解应聘者的性取向；对 LGBT 运动员及雇员，有的俱乐部采用了"不问、不说"的政策。

在这样的环境下，要想发展事业、确保合同、获得公众的支持，在俱乐部官员、队友、经纪人的压力和建议下，很多职业运动员和官员就隐瞒了自己的性取向。也就是说，与其他职业相比，在精英体育运动领域，公开的性少数人士所占的比例一直很小。在精英团队项目方面，只有少数人"出了柜"，如约翰·阿米奇（John Amaechi）、贾森·柯林斯（Jason Collins）（NBA），比利·比恩（Billy Bean）、格伦·伯克（Glenn Burke）、多田野数人（Kazuhito Tadano）（MLB），韦德·戴维斯（Wade Davis）、克怀米·哈里斯（Kwame Harris）、罗伊·西蒙斯（Roy Simmons）、迈克尔·萨姆（Michael Sam）（NFL），伊恩·罗伯茨（Ian Roberts）、加雷思·托马斯（Gareth

Thomas）（英式橄榄球），贾斯廷·法沙努（Justin Fashanu）、罗比·罗杰斯（Robbie Rogers）、托马斯·希策尔斯佩格（Thomas Hitzlsperger）（足球）。有些运动员［（其中著名的如女子网球运动员马丁娜·纳夫拉蒂洛娃（Martina Navratilova）、比利·琼·金（Billie Jean King）、阿米莉·毛瑞斯莫（Amélie Mauresmo）］在让其"忏悔"的流言出现多年后，方才出柜。

在体育运动领域，LGBT人士要去除污名、反抗歧视、摆脱边缘化的状态，又能采用何种文化政治策略呢？这儿有三大策略可供参考：

第一，在日常生活的层次，有几项研究都展示了个体行动的意义，特别是在LGBT运动员、LGBT教练公开他们的性取向之后。他们直面体育运动的性别政策，用自己的行动寻求社会正义（Anderson 2005; Cox and Thompson 2001; Griffin 1998）。

108　　第二，有些LGBT运动员组建了他们自己的体育运动俱乐部、自己的联赛、自己的协会。在这些分立活动中，最成功的恐怕就是"同性恋运动会"了。该运动会于1982年在旧金山首次举行，有1 300人参与；到2010年在科隆举办时，参赛运动员达到了1万人（Symons 2010）。从积极的方面来看，这些国际赛事挑战了偏见，并展现了体育运动别样的价值、别样的身份、别样的组织形式。从消极的方面来看，这么做似乎也失去了从内部挑战并改变占统治地位的运动机构及运动结构的

机会；当这些运动会的规模扩大，并对企业愈发友好，它们可能也会失去激进的潜能；这些赛事也有可能因内部矛盾或内部分裂而走下坡路（cf. Messner 1992: 159）。在全美范围内，LGBT人士也建立了自己的运动协会及锦标赛，如纽约市同性恋冰球协会、旧金山同性恋篮球协会。LGBT俱乐部最强有力的抗争，可能体现在其加入了现有的非LGBT协会、锦标赛或联赛：在足球领域，有英国石墙队、美国纽约漫步者队、法国巴黎足基队。

第三，随着LGBT个体及群体长期的运动，有些体育运动组织引入了新的政策，还有新的教育计划，以对抗恐同症。这些举措如：NBA发布了反对霸凌同性恋的广告；2013年，NHL与纽约倡导团体"你能玩"结成了伙伴关系；美式橄榄球球员工会要求NFL禁止球探或球队询问运动员的性取向；自2006年，对抗恐同症的联合行动引发了社会运动，涉及欧洲足球统一联合会（UEFA）、欧洲足球反种族主义（FARE）、欧洲同性恋体育运动联合会（EGLSF）。考虑到20世纪90年代体育运动组织的文化理念，在推进体育运动领域LGBT人士基本民权方面，这类运动意义重大。

有些研究者认为：体育运动中的恐同症不像以前那样明显。确实，安德森（Anderson 2011）就认为美国的体育运动已经转型——从20世纪80年代强烈的恐同症，到现在更愿意接受性少数人士。卡什莫尔和克莱兰（Cashmore and Cleland 2012）在英国做了进一步的研究，发现足球迷在比赛中明确反对恐同

症，如果此问题没有得到解决，他们还会批评体育运动管理机构、俱乐部和运动员的经纪人。不过，世界上还有很多地方，在日常生活中，体制化的恐同症直接冲击着体育运动。俄罗斯是 2014 年冬奥会和 2018 年世界杯举办国。该国在 2013 年出台法律，禁止"宣传同性恋"。在南非，如果女性被认为是同性恋者，那她平常就有遭受"矫正式强奸"的危险——在 2008 年，前国际足球运动员尤迪·西梅拉内（Eudy Simelane）被黑帮奸杀，此事臭名昭著。克罗地亚足协、罗马尼亚足协的重要官员也在鼓吹恐同，要禁止同性恋运动员参赛。

109

有些社会科学家认为：要对体育运动的性别政治进行批判分析，就应当转向新理论。近年来，在这方面，一大理论进路就是"酷儿理论"（Caudwell 2006; King 2008; Sykes 1998）。酷儿理论主要源于批判理论、后结构主义理论、社会行动论。广而言之，酷儿理论直接挑战了政治文化中的异性恋规范；解构了性别身份（包括男同性恋者和女同性恋者的身份）；承认性别身份的流动性和多样性；探究如何以同性恋的方式解读流行文化（电影、电视、音乐、运动），以获得"酷儿快感"（Butler 1990）。也许，在酷儿理论中最有教益的部分，就是不去建构"宏大理论"，以免犯以下错误：把破碎的性别身份装入一套经验框架或一套理论框架。在性领域，酷儿理论特别探讨了某些经验的、文化的、理论的主题，这些主题是多种多样的。要分析体育运动中男子气概之建构，酷儿理论也居于核心的位置。我现在就转

入这个主题。

通过体育运动塑造男性：领导权和多样性

居于领导地位的男子气概

对体育运动中男子气概的学术评论已经显示：身体文化是如何生产并再生产了异性恋男性文化和异性恋男性身份的。通过现代体育运动，男子汉的理想得到了提升，而很多"异常"的他者，如女性、男同性恋者、老人、儿童、残疾人，则被污名化、遭到迫害（Ingham 1997: 171）。梅斯纳（Messner 1994, 2007, 2009）对此做了进一步的研究，特别关注性别分化和性别界限是如何在日常生活中塑造体育运动的。此外，体育运动媒体传播了 *110* "电视体育运动的男子汉方程式"，方程式的主题与性别、种族、尚武、进取、暴力、商业相关，以此在青少年中散播占统治地位的男性规范（Messner, Dunbar and Hunt 2000）。

R. W. 康奈尔（Connell 1987, 1990, 1995, 2000）是澳大利亚社会科学家兼社会理论家。就男子气概，她建立了一套影响深远的理论。这套理论对批判的、亲女性主义的体育运动社会学研究来说意义重大。康奈尔引入了新葛兰西主义概念"居于领导地位的男子气概"，解释了占统治地位的性别身份的形成过程。她认为，这种性别身份也源于男女强大的共识。居

于领导地位的男子气概代表了"阳刚性格的理想文化形式"。这种阳刚性格的核心就是："坚韧、竞争"、女性从属于男性、"把男同性恋者边缘化"（McKay 1997: 17）。居于领导地位的男子气概是"关系"的身份，而不是固定的身份。居于领导地位的男子气概显示了男女权力关系的特定类型。因此，在不同的历史时期，或在不同的文化里，居于领导地位的男子气概是大为不同的。其实，对所有男性而言，这些身份可能并不是他们最常见的身份；要经历这些男子气概，过程可能也没那么舒适（Connell 2000: 10-11）。

在多项体育运动与性别关系的社会学研究中，"居于领导地位的男子气概"概念都占据重要的位置。例如，《体育画报》"泳装专号"研究、体育运动中暴力的男子气概研究、男女同校情况下的啦啦队研究、对棒球明星的媒体报道（Davis 1997; Grindstaff and West 2006; Messner 1992; Trujillo 1991; cf. Connell 2000: 11, 188-189）。克莱因（Klein 1993）采用康奈尔的理论，解释了为何说男子健美在定程度上也是"恐女症"亚文化驱动的结果。"恐女症"也即"害怕外形女性化，或害怕显得柔弱"，这就"引发了超级男子气概、恐同症、厌女症"。这些健美运动员也就无比尊崇男性规则（ibid.: 269-273）。该研究也解释了特定的居于领导地位的男子气概是如何伤害男人的。例如让男性追求不现实的、理想化的且无法获得的男性形象；倡导暴力好斗的运动形式，而这些运动会损伤他们的身体；让男性社会化成单调的性别身份，损害他们与其他男性及女性的关系。

康奈尔（Connell 1995）确认了塑造性别关系的四大维度。可以此为基础，建立特定的居于领导地位的男子气概。一是性别权力关系是由连续再生产的男权制所标记的——就算经历了各种运动的论争，大家也都承认这点。二是现代资本主义的生产关系（劳动分工）依旧是高度性别化的，指引男性和女性进入特定性别的角色。三是与欲望政治有关的精神投入（情感关系）——先通过特定性别化的愉悦对象，再通过愉悦分配正义，来定义性别关系。四是在再生产性别秩序时，象征主义与人类沟通角色有关。

我们可以运用该模型，勾勒性别关系在体育运动中建构的方式。第一，男性一直统治着多数体育运动的组织和文化。第二，女性劳动力往往承担特定性别的家政工作（往往无报酬）或秘书工作，支持由男性统治的体育运动俱乐部。第三，在与现代体育运动相关的广告方面，为了满足异性恋男性的凝视，女性一直被描绘成用来满足性欲的对象。第四，男性通过艰苦的比赛，或通过赛后仪式，拒斥象征化的他者（特别是女性和男同性恋者）。

尽管如此，除了把体育运动置于以上四个领域，我们还可以引入第五个维度，这个维度明确涉及休闲（消费）关系。这个新维度认为：体育运动和休闲的核心，就是在当代资本主义下构建性别身份。休闲中的性别分化平行于劳动力市场中的性别分化，并且和劳动力市场中的性别分化交互连接。自20世纪50年代以来，在多数北半球发达国家，女性已经成功地争取到了更多的雇佣权利、更多的雇佣机会。但更成问题的是，女性往往只有在性别化的工作中（如家政业等服务业），才能获得这些成果。女性是经济繁荣时的"劳动力后备军"；她们有更多的可支配收入，有能力消费高度性别化的产品。这种情况在体育运动和身体文化领域表现得更为明显。女性常常和"女性化"的实践相联系，如有氧操。同时，她们也作为"休闲的后备军"，坐在"家庭座位"中，或为儿童购买商品（Russell 1999）。总之，在康奈尔的理论中加入第五个维度，我们可以更好地考察体育运动在性别关系再生产中的作用。

男子气概：历史视角及人类学视角

如果在居于领导地位的男子气概理论中加入历史文化维度，思考历史文化是以哪些方式塑造男性身份的，那么该理论就会拥有更强的解释力。在某些语境下，占统治地位的男性身份之塑造可能与各种各样的思乡症和反现代神话有关。例如，在美式橄榄球领域，老式的"巨人"运动员，有时会被描绘成体型巨大、生性顽强（但技术差一些）的男性角色（Oriard 2001: 332）。在新西兰的白人区域，英式橄榄球的话语及形象向公众展示了一个"团结"的国家。这个团结的国家具身化为打橄榄球的农民和工人（Phillips 1994）。反过来，"新

的"和"现代的"男子气概，在社会转型期，可能由占统治地位的群体所推动。就像在古巴革命早期，卡斯特罗政府想用体育运动塑造社会主义新人。这些社会主义新人拥有以下社会主义美德："谦逊、有兄弟情谊、有国际主义精神、有团结协作的精神"（Pye 1986: 122）。

在体育运动中占统治地位的男性身份和国家身份是多种多样的。对此，人类学进路提供了更全面的考察。对体育运动中的"男子气概－国家主义"纽结，阿根廷人类学家爱德华多·阿切蒂（Archetti 1998, 1999）的研究最富洞见。例如，他研究了1992年阿尔贝维尔冬奥会，揭示了精英运动员"理想化的男子气概"是如何反映在公众对滑雪运动员的评价上的。对维加德·于尔旺（Vegard Ulvang）、阿尔伯托·汤巴（Alberto Tomba）这两位选手，公众认为前者"非常的挪威化"、含蓄沉静又不失天性，而"Tomba La Bomba"就是张扬的市井顽童，是招摇的意大利人（爱吃披萨饼），吸引了一批像足球迷的新粉丝。

除此之外，阿切蒂（Archetti 1998）的研究说明：在一国之内，不同类型的男性身份可由不同的身体文化所构建。在阿根廷，马球展示了男性与动物的关系；探戈展示了男性与女性的关系；足球展示了男性与男性的关系。阿根廷主流马球风格是南美牧人风格。与更保守的英格兰风格相比，南美牧人风格适合愿意冒险的男子汉（ibid.: 96, 104-105）。在探戈中，随着舞者生动的表演，"可疑的男子"与"强大的女性"的关系也就呈现出来了（ibid.:

112

155-157）。在足球中，阿根廷主流踢法强调个性表达，强调展示创意，强调技术精湛，故意与欧洲强调意志、组织等现代价值区别开来（ibid.: 70-72）。在阿根廷男性民俗中，这种南美足球风格，并不是由身材高大、暴力、富有攻击性的成年男性所代表的，而是由男童所代表的。这些男童体型较小，技术水平很高，球风狡黠，有些文弱，充满了创造力。他们不守规矩，敢于冒险，踢球就像过狂欢节（ibid.: 182-184）。迭戈·马拉多纳（Diego Maradona）当然就是阿根廷足球风格的最佳代表。

要分析体育运动中的男子气概，阿切蒂的观点非常重要。马拉多纳既有独特的阿根廷文化意义，又因其超凡的技术水平和艺术美感，被全世界百万球迷尊为大师。这与康奈尔等人强调的暴力、富有攻击性的男子气概大相径庭——这种男子气概在澳大利亚及美国的体育运动中占据统治地位。不仅如此，在其他运动项目中，我们发现最大的民间英雄并不是暴力的"匪徒"（冰球）或破坏性的"链球运动员"（足球）。他们更多是有天分的优雅"艺术家"。他们通常身材瘦小，甚至看上去不堪一击，如足球领域的巴乔（意大利）、贝斯特（北爱尔兰）、梅西（阿根廷）、普拉蒂尼（法国）、济科和内马尔（巴西），英式橄榄球联合会顶级传球前卫克里夫·摩根（Cliff Morgan）、巴里·约翰（Barry John）、菲尔·贝内特（Phil Bennett）、乔纳森·戴维斯（Jonathan Davies）（都来自威尔士）、冰球明星韦恩·格雷茨基（Wayne Gretsky）、马里诺（Marino）、蒙大拿（Montana）、纳马思（Namath）等 NFL 传奇四分卫。

有了以上对男子气概的观察，我们得到了两点结论：第一，我们得承认，由体育运动所构建的男性身份是多种多样的。而那些最受欢迎的男性身份，往往并不符合"居于领导地位的男子气概"，并不具备"富于攻击性、艰苦、暴力"的特点。

第二，这些优雅的运动艺术家在流行文化中受到追捧，有多种原因。既因他们在比赛时展现了美感和绝技，也因他们让运动项目有了越界之感，给运动项目带来了狂欢的气氛。他们戏耍那些体格强壮、咄咄逼人的对手，让对手只能踢到空气，甚至瘫坐在地。在此意义上，如果居于领导地位的男子气概与权力、攻击性相关联，在运动场或运动馆，大众（尤其是男性）就能象征化地反抗这类"占统治地位"的男性身份。

结论

如我们所见，在系统化地再生产性别分化和性别统治方面，现代体育运动的规训和实践起到了重要的作用。在历史上，统治群体要按男权制等统治意识形态构建现代运动文化，尤其是那些资本主义、帝国主义、军国主义的支持者。在体育运动参与方面，女性和性少数群体遭到了结构及文化上的排斥或控制。在很多地方，女性参与体育运动越来越多，但也被整合到了性别化产品或性别化服务当中。在体育运动这个专业领域和文化领域，LGBT人士，尤其是男同性恋者，如果想加入精英俱乐部，还得隐藏他们的性取向。此外，社会科学家同样指出：占统治地位或居于领导地位的男性身份也会损害男性的身体。

尽管如此，就像流行文化的其他领域，体育运动也不只是再生产男权社会关系。男男女女参与的体育运动具有多重政治文化维度。体育运动在某些方面增强了性别分化，在某些方面忽视了阶级阶层和性别阶层，在某些方面也变得极其激进。在历史上，女性和性少数群体批判性地解释了传统的性别角色和性别规范，以求更充分、更平等地参与体育运动。此外，我们还得注意性别身份的多样性，正如酷儿理论和体育运动人类学家所列举的那样。在很多男性的团队项目中，最受公众欢迎的运动员往往不是体格最强壮、最富攻击性、最暴力的运动员。

怎样才能更好地推进体育运动中以性别为导向的社会转型呢？我认为亲女性主义的合作进路最佳。该进路追求体育运动中的平等关系。对LGBT共同体而言，个体行动和有组织的公众运动都是挑战边缘化和污名化的有效手段。

我最终的观点是：与其他形式的社会分化和社会身份一样，性别和体育运动的交互关系影响深远。两者的关系不仅体现在反抗和对抗中，在文化政治方面，也体现为对统治关系及统治意识形态的讽刺和越界。其中，既有辛辣的讽刺，也有突出的矛盾。例如，女性也好，男性也好，都得回应由体育运动投射出来的占统治地位的身体理想——女性要回应何谓女人味，男性要回应何谓男子气概。就算是同性恋运动会，也搞得像庆典或狂欢节。其中涉及这几点：对占统治地位的衣着符码的公开越界；要临时占用公共空间，将其布置得五颜六色；同时还要拓展运动身份和运动价值。这些狂欢节的特色可能也存在于流行文化当中，并在更大的范围上支撑着精英体育运动。这类狂欢的冲动或许解释了这点：各个社会群体为何尊崇那些展示精湛技艺的运动员？因为这些运动员战胜的对手，最初就是"理想"的、居于领导地位的男子气概的代表。

讨论题

1. 性别歧视的神话和性别歧视的假设是如何塑造女性的运动体验的？

2. 女性和LGBT共同体能够采取什么样的策略以提高他们在体育运动中的地位？

3. 体育运动中的男性身份是如何被创造出来的？这些身份能如何变换？有哪些不同的形式？

4. 要消除性别歧视和恐同症，体育运动该如何转型？

7 体育运动中的身体：规训、经验、风险

至少从 20 世纪 80 年代中期开始，身体就成了社会学研究的一大关注点。法国社会理论家米歇尔·福柯影响力巨大，他指导社会学家对身体进行批判分析。此外，还有莫里斯·梅洛-庞蒂（Maurice Merleau-Ponty）、皮埃尔·布尔迪厄（Pierre Bourdieu）、诺贝特·埃利亚斯（Norbert Elias），尽管他们的理论观点不同，但在该领域，他们都有重大的影响。

在本章，就体育运动中的身体这一主题，我将考察社会学家关注的四大领域。一是探讨福柯对身体社会学的贡献。他深刻影响了后结构主义理论，或可用这些理论研究体育运动社会学。二是侧重探讨以行动为中心的身体研究视角，以及现象学的身体研究视角。三是转而论述参赛者所要面对的常见身体风险：暴力、疼痛、受伤、用药。四是探讨体育运动中的自担风险。在结语中，我主张开展广阔的跨学科研究，以便更好地理解体育运动中的身体。

福柯与身体：规训和治理术

法国后结构主义者米歇尔·福柯将身体置于其社会理论的中心（Foucault 1979, 1980, 1983）。他主张权力和知识是彼此依靠的，而不是互相隔离的。因此，争夺权力也与新知识框架的创造和传播紧密相连。到了现代，这些权力／知识关系既由国家政府所控制，也由人文学科及医学所控制。这些关系反过来生产了种种精巧的机制，以管制规训群众及其身体。国家和科研"专家"界定何谓"坏"的身体，也即"染病"或"虚弱"的身体，更"极端"的例子就是界定精神疾病、身体无能、犯罪倾向、性异常；当然，更常见的异常身体就是体重过重、活力不足、不想工作、饮食无度（如在抽烟喝酒方面）。这类身体要接受种种"使之正常"的干预，可能要接受精神病院、诊所、监狱的禁闭，或者参与政府、企业、志愿机构的特别项目，或者在日常"专家"的指导下饮食锻炼。

按福柯式的立场，在群众及其身体上，权力以两大方式得以展现。首先，生命权力居于政治控制的中心，控制着人的身体及所有群众的关键生物内容，特别是出生、生育、患病、死亡。此外，还有一些国家政治和科学活动聚焦于"种族"的例子，包括最近的绘制人类基因图谱等医学研究，也与"种族"有关（Rabinow and Rose 2003）。其次，规训权力通

过日常身体规训，特别是通过控制时空而得以展现。例如监狱囚徒、医院病人、工厂工人、学校学童，他们都被限制在建筑内，并遵照时间表进行活动。

现代规训政体已然无所不在，整个社会群体的社会化就是在高度规制的环境下完成的。无论是教育，还是工作，无论是休闲，还是家庭，概莫能外。因此，规训政体的目的就是生产"作为客体的身体"——让身体"正常化"、驯化、循规蹈矩。为此，身体就得遭受"专家"（如医生）的考察，这些"专家""凝视"着敞开的身体。此外，还有遵循全景监狱逻辑的各种监视机器和监视技术（如监狱里的观察塔、工厂监控、街道的闭路电视）。这些都是为了把身体置于持续的监视下。反过来，大众也根据特定的身体"规范"，规训着自己的身体和行为——其实，每个个体都成了"自己的监视者"（Foucault 1980: 155）。

福柯对规训政体做了分析，或可用其说明军事化的或被动的身体，但如何用其说明积极身体（作为主体的身体）的建构？福柯在其晚年提出了治理术概念，可用此概念解答以上问题。治理术指的是权力"远距离"操纵个体及社会群体"行为的行为"（Rose 1999: 3-5; 1996: 43）。有些社会科学家也在探讨特定形式的治理术驱动新自由主义社会政策的方法（cf. Rose 1996; Shamir 2008）。根据新自由主义，要解决某些现代社会问题（贫穷、雇佣、犯罪/安保、健康状况、性别歧视、种族歧视），不应通过社会结构变迁或国家干预，

而得靠社会行动者自己，也即通过种种形式的"自治"，提升个体责任感，增强自己的自尊心（cf. Cruikshank 1999）。因此，在当代消费文化中，充满了自助菜单、自助饮食方案、自助生活方式，这会增强我们的主体性，还能指导我们做出选择。

治理术概念还封装了福柯的主张：与其说权力是消极的力量，毋宁说"权力生产东西；权力生产事实；权力生产客体的范围，生产真理的仪式"（Foucault 1977: 194）。说得含糊些，福柯主张权力无所不在，对规训和政体的抵抗也绵延不绝，甚至就在身边。例如，当新老知识体系碰撞，特定的身体拒绝接受规训，或特定的自我无法自治时，抵抗就会出现（Foucault 1983: 208）。如摩根（Morgan 2015）所指出的，在福柯（Foucault 1985）的晚期著作中，他转向"自我技术"，抵消了他对规训和统治的强调，而是承认人有能动性和批判的创造力。他指出：要创造道德的、审美的新主体性，可能就得从规训的、规范化的自我中挣脱出来。不过，与其希望相反的是，我们或许得强调这点：新自由主义意识形态很擅长激励自我和殖民自我。例如，消费文化不断地推销产品，说这些产品能增强自尊、提升自我；特别在大众媒体上，生活方式"专家"多得能组建军队，他们没完没了地给个体提供建议，说买了用了他们的产品，就能获得自我提升。大概摩根（Morgan 2015）的观点最有说服力。摩根认为：对福柯而言，积极的变化是与越界相连的；也即，我们应该"越过我们所是的界

限，从我们现在已是的，变成别的新东西"。

在福柯和其他重要理论家之间，有明显的延续性。他的后结构主义建立在涂尔干理论之上；对科学理性化所产生的非人化效果，福柯的观点和韦伯、阿多诺一致。站在新马克思主义的立场上，或许可以这样说，生命权力、规训政体、治理术，三者都被用于增加工业资本主义的利益：既能让工人井然有序，又能让消费者活力四射。此外，埃利亚斯的"文明化进程"概念也与福柯的理论有部分重合，该概念从礼仪、礼貌、情绪管理等方面，追溯了对身体长期的规训（see, for example, Brownell 1995）。不过，对权力关系的理论化问题，福柯的分析可能更为深刻。总之，福柯对文化研究进路有重大影响。福柯对身体、统治、抵抗、越界等主题的分析，对于用文化研究视角研究体育运动而言，是非常适宜的。

福柯式的体育运动

要理解体育运动中的身体，我们该如何利用福柯的理论？显然，我们可以从体育运动中的身体规训开始。因此，在专项身体活动中，运动规训往往处于中心的位置——无论是网球、高尔夫还是足球，都是如此。这些规训被不停地实践，直到成为本能，身体能即刻做出反应。福柯的理论有助于解释现代体育运动的历史发展，学校、军队这类规训机构总在组织比赛，以便把人"塑造"成遵守秩序、循规蹈矩的平民或战士。

在当代精英体育运动方面，教练、科学家等获得了"专家"称号的人，都凝视着运动员的身体，想从他们身上找到弱点，开发出训练方案和食谱，好让运动员获得巅峰表现。在最近的案例中，有前途的运动员先要受检，以发现身体上的不足和"性格上的弱点"；如果身体没通过检查，运动员就没有未来发展机会，可能还会被训练学院开除。体育比赛本身也是身体检查——在比赛中，运动员的表现会被比较测量，这也让监视的范围更广，涉及赛事官员和观众（Markula and Pringle 2006: 41-42）。

体育运动中的规训政体还指向身体之均化。大家都追求个子高、肌肉发达、极其匀称的体格，但现在精英运动员有各种各样的体型，这说明那种理想体格的意义越来越小了。总之，现代体育运动和健康产业想把参与者（特别是女性）赶到他们自己的全景监狱中，让他们与理想的（也是越来越不可能实现的）体型对照，批判性地凝视自己的身体（cf. Duncan 1994）。因此，要分析体育运动领域内外的性别身份之社会建构，福柯理论提供了很好的批判视角。到了运动场上，福柯理论还能解释对观众的规训和监视。例如看台上只有座席，这就限制了球迷的行动；球迷还时时刻刻被安保官员和闭路电视监视。

我们大概会注意到：现代政府想在体育运动及身体活动中运用生命权力，以便提升大众健康水平。面对日益严重的肥胖问题和糖尿病问题，政府和医学专家提醒大家，要消除健康危险，就应参与体育运动，增加活动量。政府在举办体育运动大赛上花了很多钱，政府的一大理由就是这些场地设施能作为遗产，让更多的人参与体育运动——尽管以往的赛事显示：这些设施在赛后使用的比例很低。

可用治理术概念，解释当代体育运动（特别是大众体育运动）中积极主体性之生产。在新自由主义的语境下，各类人群的运动积极性和运动行为都指向自我监督和自我依赖。休闲健康产业迅速扩张，并鼓励消费者为自己的饮食锻炼"担起责任"。于是，消费者就奔向健身房，购买各种商业化的"自我技术"（如健身视频或健康计划），好让自己变得"有型"。所有这些行为都被包裹在消费主义关于个人欢愉和个体解放的陈词滥调中："人变美！精神爽！""发现真我！"（cf. Johns and Johns 2000: 231-232）在此可见，无论在体育运动中，还是在整个休闲领域，福柯寄予希望的"自我技术"，其实都指向了新形式的身体规训和身体治理。

此外，或许还能用福柯理论分析残疾人体育运动和残奥会（Howe 2008: 64-80）。早先，有组织的残疾人体育运动受到医疗话语很大的影响，把锻炼当成新近残疾人士"恢复机能"的手段，特别用于那些在军事冲突中脊柱受伤的人。各种残疾人的专项赛事在国际上越来越多，残奥会于 1960 年举办。从那年起，举办奥运会当年也举办残奥会。残奥会由国际残疾人奥林匹克委员会（IPC）领导。残奥会封装了现代生命权力的成果。奥运会与残奥会的基本区别就是把身体划分为"健全的"和"残疾

的"。不仅如此，残奥会的比赛建立在对"残疾人"极其复杂的分类上：根据身体残疾或智力受损的程度，按既定的范畴分类。例如，2012 伦敦残奥会，仅田径比赛就有六大残疾分类，分别被定义为盲人/视力受损、智力受损、脑瘫、"其他"（含侏儒症）、截肢者、脊柱损伤者。这些分类一般还包含一些亚类，反映了不同级别或不同种类的残疾（例如，脑瘫就包含了八个亚类）。在残奥会田径比赛中，总共有二十六个类别。这套分类系统经过 IPC 严格的考察，如果在特定的赛事中凑不够最少的参赛人数，那么有些分类就不起作用了。此外，残奥会还聚焦于这个问题：运动员是否有能力使用昂贵的移动技术——这在发展中国家和发达国家间制造了分化，而原因大致就是成本问题（Howe 2011）。另外，大众媒体"凝视"着成功的残奥会运动员，把他们当成"超级瘸子"或"超级人类"——这当然有可能在残疾人当中产生正面的影响；但其实，这也剥夺了残疾人的权利，因为他们的形象是"怪异"的，是作为"他者"而存在的（Silva and Howe 2012）。

在体育运动和休闲文化方面，福柯关于抵抗和越界的观点具有强大的解释力。各个社会群体有各种被规训或治理的方式，对他们的规训或治理并不都是直来直去的；他们有时也会采取抵抗行动。在生命权力方面，我们可以指向这些身体——看起来太胖或太瘦的、缺乏锻炼的、行为过分导致出现健康"风险"的。拥有这些身体的人，无论政府和专家怎么建议，

他们都没有"责任感"，也不会搞什么精细的自我管理。

可在特定的运动亚文化中找到的狂欢化的、过分的行为，都是反抗规训的方式。如有些运动员就因为他们的贪图享乐、不愿训练而为人所知；又如有些观众就爱站着而不是坐着看比赛，他们要制造自己的比赛氛围，而不听从运动场广播台的指挥。在历史上，有很多被统治的社会群体，特别是女性、非白人、"残疾"人，他们参与体育运动本身就构成了身体的越界，如把他们的身体置于只允许（或人们"通常"只能想到）白人、男性、健全运动员出现的场合。

最后，我们不妨利用艾希贝格（Eichberg 1994）三种运动身体类型的理论，以强调体育运动中受规训的身体和未受规训的（越界的）身体的区别。一方面，有被规训的、被控制的身体。用艾希贝格自己的话来说，"流线型"的身体与运动成就、创造纪录相关，"笔直的、健康的"身体与锻炼、健身（健身房规训）相关。另一方面，我们也发现了未被规训的、"古怪"的身体，那些身体存在于现代之前的大众狂欢、民俗游戏中，如传统摔跤、拔河、三腿跑。艾希贝格认为：古怪的身体让人欢笑、让人愉悦；这类身体不是笔直的、规训的、协调的，而是展现了千奇百怪的形状——在玩耍时往往无法保持平衡，搞得跌跌撞撞的。现代体育运动少不了规则和惯例，而古怪的身体越过了这些界限。不过，我们发现在现代体育运动中，仍有强烈的"民俗"冲动及相关亚文化——古怪的身体及相关狂欢活动依旧获得承认，甚至会得到喝彩。例如，观众有时喝彩，并不是因为参赛者身手敏捷，或是因为他们打破了纪录，而是因为他们非同寻常的体型或步态。在赛场上，如果被对手晃过，就会跌跌撞撞甚至摔倒，这时笔直的、流线型的身体也会显得怪异。因此，沿着福柯的路线，我们或许会发现：在各个运动群体中，受规训的身体并不总是占据统治地位。

身体、体育运动和现象学

为了和福柯式的、后结构主义的视角做比较，我现在转而讨论研究运动之身体的现象学进路。统而言之，现象学是一种哲学传统和研究方法，用于研究人类意识、经验、知觉、主体性、交互主体性。现象学中影响最大的人物是海德格尔、胡塞尔、梅洛-庞蒂、萨特。在现象学社会学中，舒茨（Schutz 1972）的作品影响最大，他还特别拓展了韦伯的解释型理论遗产（Weber [1922] 1978）。舒茨的遗产为伯杰和勒克曼（Berger and Luckmann 1966）所继承。沿着现象学的进路，克罗斯利（Crossley 1995）号召我们走出"身体的社会学"，而去研究"肉身社会学"——前者关注身体遭受了什么（如遭受规训、遭受规制），而后者探索身体能做什么。

如果我们要采用现象学视角，我们就得理解这个问题：我们的意识和我们的主体性是如何基础性地具身的？因此，我们得将身体视为关键场所：身体提供了"生活经验"，提供了我们对外部世界的理解，我们通过身体和外部世界打交道，用海德格尔和梅洛－庞蒂的话说，我们"身存于世"。

在体育运动研究领域，现象学要求我们理解并传达：特殊的时刻和特殊的事件是如何通过身体，被主体"活生生"地经验或感知的？该进路也探索了我们参与体育运动的方式：按梅洛－庞蒂（Merleau-Ponty 1962）的观点，身体是关键的媒介，身体活动连接了运动员之"所是"和外在之"物"（如运动场、设备、对手的身体）。

霍基和艾伦－柯林森（Hockey and Allen-Collinson 2007）沿着现象学进路，确定了参加体育运动时（首先对"有健全身体的"参与者）的五大"感官活动"。

- 活动和节奏。活动是运动实践的本质。活动可能会增强体验，产生感官"流"。专家级的动作，总是恰逢其时——身体动作前后连贯，犹如交响合奏，才能获得理想的结果。就像棒球手挥棒击出本垒打，或跳高运动员接近并越过横杆。

- 听觉和呼吸。参赛者能"听见"他们的呼吸，能"听见"他们的身体，能"听见"外部的环境。例如，冬季两项参赛者必须进行长途越野滑雪，还要进行射击。在滑雪后，参赛者需要停下并向远处的目标射击。这么做的时候，他们必须"听见"自己的身体，控制自己的脉搏，控制自己的呼吸，不然就容易脱靶。

- 视觉。参赛者以各种方式"看见"他们的运动，这种能力通常来自他们的经验。技术最好的参赛者能"看见"空档，"看见"机会——如在橄榄球赛中"攻其不备"，在足球赛中撕开防线，在篮球赛中扯出空当——这都是以对手或观众难以预见的方式出现的。

- 嗅觉。运动时身体被各种气味包围，参 *124* 赛者或观众因此会有强烈的"在那儿"之感。例如，在运动之后，更衣室里会有很大的味道，混杂着汗味、医疗喷雾、除臭剂、沐浴露的味道。在室外，或许会有草被切割后的味道。

- 触觉。在大多数运动参与中，"触觉"行为都居于中心的位置。在做出场上决策时，触觉尤为重要。例如，高尔夫运动员敲击果岭，以计算推杆的路线。拳击运动员伸拳刺探对手的反应、测量对手的距离。板球运动员在投球前，会检查并捏一捏球。

以上所述并没有穷尽所有情况，或许还可以加上味觉。味觉有双重意义：一是作为真实身体感官，如拳击运动员尝到了血腥味，或运动员受伤后感到恶心。二是作为隐喻使用，例如参赛者遭受的失败"让人恶心""感觉苦涩"，在胜利时，就会"尝到甜味"。

现象学进路和某些人文地理理论有一定的相似性，特别是我在下一章要讨论的恋地情结理论。不仅如此，户外研究理论也利用了很多的现象学理论。斯堪的纳维亚学者对户外生活做了研究，他们研究步行者、远足者、滑雪者、登山者、航海者、造船人，去探究他们是如何体验大自然，如何与自然环境相处的。他们特别用到了感觉器官，作为能动者不断自我纠正，以适应不断变化的户外环境（see, for example, Bischoff 2012; Tordsson 2010）。在方法论的意义上，现象学进路是进行定性研究的理想方法（Kerry and Armour 2000）。诸如深度访谈、参与观察、民族志、自我民族志、文本分析等方法，都是高度有效的资料收集技术。我们可用这些方法，认识体育运动及休闲活动时的具身体验，了解社会行动者的生活世界。

身体和运动风险

125 运动参与会牵涉一系列的身体风险。体育运动变得越来越理性化，越来越职业化，越来越商业化了。可以说，随着这些进程的推进，运动风险也跟着增加了。而与医药相关的风险，尤其如此。在本节，我转而探讨三种与运动有关的风险，分别是暴力风险、伤病风险、用药风险。其他社会学家及社会科学家也探讨过这些问题。

体育运动中的暴力

暴力和攻击行为一直都是体育运动的特色，两者都与潜在的身体风险有关。科克利（Coakley 2001: 174-175）通过定义，区分了这两大关键词：暴力是"过分运用身体力量，会导致受伤或毁灭，或有导致受伤或毁灭的可能"，攻击行为是更广义的"口头或身体行为，意在统治、控制、伤害他人"。在大多数运动项目中，攻击行为是比赛的积极成分：大家都鼓励运动员更有攻击性，而不是让他们减少攻击性；如果运动员的比赛态度充满攻击性，他们就能得到观众和解说员的高度赞扬。在体育运动领域，暴力体现为多种形式，尤其体现在运动员间和教练间。例如，在橄榄球或足球比赛中，冲撞或肘击对手；在冰球比赛里打架；在棒球比赛里全员大混战；在运动迷中，敌对的足球球迷群体间会有战斗；在有些北美运动赛事后，会有"庆祝之骚乱"。在接触类运动项目中，暴力和攻击行为由占领导地位的男性文化所支撑，身体成了攻击和暴力的工具，于是，受伤就无法避免了。如梅斯纳（Messner 1992: 71）所称："把身体当成武器，最终将导致暴力加于自己身上。"

这儿有一项研究富有洞见——我们可将之用于分析很多其他的项目。芬恩（Finn 1994a: 102-105）认为：在足球领域，无论是球员还是球迷，都在"类暴力文化"中得到社会化。在"类暴力文化"中，有他们在日常生活中奉行的各种价值。可把"类暴力文化"粗略地定义为："把攻击、暴力视为比赛的核心内容，在面对矛盾、不确定、限制、分歧时，也采用攻击、暴力的态度"。因此，球员、球迷、媒体广泛采用了暴力的态度，或者干脆就展现了暴力的行动。有很多社会和运动系统采取了反对暴力的举措——加强安保，出台法律。反过来，场上的暴力也很少会引发刑事诉讼；在规制这类比赛方面，体育运动管理机构仍有强大的自治权和裁决权。

126　　要以社会学的方法理解运动暴力，有个很好的方法，也即对暴力亚文化进行细致的民族志研究。法国社会学家洛易克·华康德（Wacquant 1995a, 1995b, 2001, 2004）有几项民族志研究，研究对象是芝加哥拳馆，写到了拳台上的训练和对战。华康德（Wacquant 2005: 460）认为：拳馆为年轻的拳手提供了"暂时的庇护所"或"休息站"，这些年轻人大多来自美国民族阶级结构的底层。

　　据华康德的研究，这些拳手打比赛，有双重意义。在积极的方面，拳手追求"荣耀的自我"——赢得比赛、赢得称号、赢得地位、赢得财富——要把他们的"身体资本"转化为"拳击资本"（Wacquant 1995a: 66-67）。在消极的方面，经理会剥削拳手，拳手对此再熟悉不过了。华康德（Wacquant 2001）勾勒了拳手在这种情况下的三种自我描述：一是当娼妓，拳手出卖自己的身体，好让皮条客／经理赚钱；二是做奴隶，他们被推入极端暴力的环境中，或被卷入与比赛承办人合同的束缚中[17]；三是当种马，他们被喂食、被安置、被清洁、被训练，按经理的旨意出去打比赛。拳手都懂这点：他们的职业生涯就是持续不断地伤害自己的身体。拳手"只要在拳台上，身体就一日不如一日"。拳手还得冒这种风险：被一拳打

破相，甚至被一拳击伤大脑（Wacquant 1995b: 522）。尽管如此，拳手还是能通过其他的肉体自我知识系统来保持自尊，这显得有些矛盾：他们觉得自己不会像某些拳手一样最终落个残疾的下场（Wacquant 2001）。爬过围栏、挥拳、展开激战，最后拥抱对手，拳手往往用激动的语气描述这些体验。尽管在拳击运动中免不了受伤，免不了身体状况恶化，但拳手仍在"甜蜜科学"中，通过"精巧的身体技艺"，构建了"英雄的、超越的自我"。推而广之，这也反映了一个关键问题，即暴力的运动亚文化是如何根植于社会结构的。华康德的这项研究说明：考虑到社会底层群体在其他领域遭到广泛且无法控制的剥削，拳手将这项暴力运动的风险视为争取权利所要付出的代价。

疼痛与受伤

　　就体育运动中的疼痛与受伤（特别是男性运动员）主题，社会科学家已经有了大量研究。豪（Howe 2004: 74）将受伤定义为"身 *127* 体结构之崩溃，可能影响相关功能"，而疼痛则是"受伤的源头，是不快的感官体验和情感体验，并与实际或潜在的组织损伤有关"。

　　还有些更老的文献。尼克松（Nixon 1993）认为，缘于各种结构因素、文化因素、社会因素，运动员（特别通过媒体）接收到了这样的信息：要进行体育运动，疼痛与受伤就是无法避免的。那些"突破疼痛障碍"的运动员被大加赞许；反过来，那些没有这种"勇

气"，在疼痛面前"屈服"的运动员就会被质疑道德品质有问题，被说成靠不住、软弱、懒惰、懦弱、不爱国（cf. McKay and Roderick 2010）。身体疼痛的运动员在比赛时总顶着压力，如被教练、队友污名化，又如被威胁将失去场上位置（Roderick 2006）。要运动员带伤比赛，这种伦理着实不可取。因为这种风险确实存在：小伤会积累成严重的、长期的伤病。不仅如此，精英体育运动对这种情况高度重视：要让运动员体格强健以便竞赛。药物、管理层、教练，甚至运动员自己，都可能会掩饰较轻的伤病——这会对运动员的健康造成长期的影响（Howe 2004）。

与此同时，也要考虑运动员的社会能动性。杨、麦克蒂尔、怀特（Young, McTeer and White 1994）最早发现：男性运动员并不质疑与体育运动相关的身体风险。严重受伤，甚至会被他们当成好事，因为这有助于标榜其男子气概。西伯奇（Theberge 2008）之后发现：运动员把他们的身体当成"非具身"的——把身体当成被管理的物体；他们只在竞技能力的意义上考虑健康问题，竞技能力指的就是他们"即时的竞技生涯"。可用豪（Howe 2004）的研究与之对照。豪发现：运动员对体育运动的风险文化都心知肚明，对自己要冒的风险（疼痛、受伤、追求高水平表现所导致的长期健康问题），他们也都会讨价还价。在大众体育运动中，类似的问题也日益凸显。大众体育运动参与者可能会承担某些风险（如服用非法的训练补剂，又如做非常规的手术），以追求消费

文化鼓吹的理想体型。

对体育运动中的疼痛与受伤，有两大公众关注点，分别是儿童和美式橄榄球。首先，自古以来，大家都认识到了儿童过量锻炼的危害。亚里士多德（Aristotle 1981: 460）发现：奥运会上的男孩，因为过度训练，到成年后会"丧失力量"。到了现代，为了保护儿童权利，在国内法及国际法的框架下，有了种种保护标准。尽管如此，据戴维（David 2005: 7）估算，在儿童竞技运动中，70%的参赛者有正面且赋权的体验，20%的参赛者有遭受暴力及其他虐待的风险，10%的参赛者的人权遭到了侵犯。在体操、游泳、网球等项目中，大家仍然非常关注儿童运动员的以下问题：疼痛、受伤、长期健康、训练"力竭"（Ryan 1996: 11）。[18]我们得意识到儿童是易受伤害的，尤其要注意的是，在青春期之前，他们不能就这类身体训练给出完全"知情的同意"。同时，他们可能会因家庭压力而屈服于体制。此外，儿童参与精英体育运动，应视之为"童工"，并置之于法律的全面保护下（Donnelly and Petherick 2006）。

其次，就是美式橄榄球领域。对精英选手的健康保护问题，无论在法律上，还是在医学上，无论是专家，还是公众，都愈发成为关注点。有一份20世纪90年代中期的报告，说NFL有大概半数的选手每赛季都要俱乐部开出止痛片或消炎药（*Sports Illustrated*, 27 May 1996）。内部报告和法律行动显示，队医宁愿

草草治疗受伤球员，也不愿给他们适宜的治疗。这也引发了关注，因为这会增加球员长期伤病的风险（Huizenga 1995; *New York Times*, 28 July 2002）。

在美式橄榄球方面，最大的争议集中于选手的脑震荡。这会导致各种认知损伤和神经损伤，如早发型且严重的痴呆、帕金森症、运动神经元疾病（亦称"卢伽雷病"）。在 21 世纪前后十年，NFL 对此问题轻描淡写，直到出现了很多引人瞩目的案件。这类案件涉及 NFL 前球员 [如麦克·韦伯斯特（Mike Webster）、托尼·多塞特（Tony Dorsett）、吉姆·麦克马洪（Jim McMahon）]，他们患有严重的脑部退化疾病，其中有几位自杀 [如特里·朗（Terry Long）、安德烈·沃特斯（Andre Waters）、朱尼尔·塞奥（Junior Seau）]。有 4 000 多名 NFL 前球员遭受脑部损伤的折磨。他们对联盟提起了集体诉讼。在 2013 年 8 月，双方律师达成协议，即赔偿退役球员 7.6 亿美元。但之后法院拒绝承认该协议，原因可能是球员没有得到足够的赔偿。与此同时，脑部受伤问题引发全社会对 NFL 的大讨论。脑部受伤在拳击领域也一直是个重要问题。近年，在其他运动项目中，如英式橄榄球、冰球、足球，脑部受伤也成了越来越热的话题。这给运动管理机构施加了压力，迫使管理机构更好地保护参赛者，如安排教育项目、改变规则、引入新设备。对运动相关的脑部损伤，运动医学会提供了越来越多的信息。因此，可以预见，参赛者将会提起更多的诉讼，更多的运动管理机构也

会更加重视这个问题。

用药

用药指使用增强运动表现的药物（PED）。大多数运动机构将使用 PED 视为违反运动伦理的行为，因此禁止运动员用药，以保证比赛公平，并让运动员保持健康。

运动员一直都在用兴奋剂来提高成绩。古代奥运选手服用草药汁；在现代体育运动早期，有些选手，如 1904 年奥运会马拉松冠军托马斯·希克斯（Thomas Hicks），用士的宁和安非他命作兴奋剂，以提升竞技水平。在 20 世纪五六十年代，有个反对用药的游说团体不断发展壮大，在体育运动政治方面获得了一定的影响，尽管在刚开始，对用药运动员的比例有多大，他们并没有太多确实的证据（Møller 2015）。有些体育运动管理机构开始检测禁用物质，包括合成代谢类固醇、血液回输、促红细胞生成素（EPO）。

在全球体育运动领域，就用药问题，有几大引发争议的案件。一是 1988 年首尔奥运会男子 100 米项目，本·约翰逊（Ben Johnson）在合成代谢类固醇检测中呈阳性，那算是当时最大的案件。不过，看看近年的奥运史，就会发现自 1968 年引入禁药测试以来，常有运动员被抓，在田径、举重领域尤甚。在 2004 年雅典奥运会上，用药的运动员数量很多：共有 33 例。二是在精英自行车运动方面，特别是环法大赛，警方、记者、运动官员都揭示了

129

领军自行车手及其车队有系统用药的文化。最终，在 1996 年到 2010 年所有环法大赛冠军中，只有一人通过药检或否认用药。在用药名单中，环法大赛七连冠得主兰斯·阿姆斯特朗（Lance Armstrong）赫然在列，他也被剥夺了所有的冠军头衔。三是从 20 世纪 60 年代，直到 1989 年、1992 年解体崩溃，在东欧集团中，存在由国家赞助的用药系统。相关证据已经广为人知。民主德国有组织严密的服药机制，这为打破纪录做出了重大贡献：在 1968 年至 1988 年的五届夏季奥运会中，民主德国获得了 150 多块金牌。四是在美国棒球领域，很多球员承认使用 PED，其中包括何塞·坎赛柯（José Canseco）、马克·麦奎尔（Mark McGwire，他打破了 MLB 单赛季本垒打纪录，在 1998 年跑出 70 次）。巴里·邦兹（Barry Bonds，他打破了同样的纪录，在 2001 年跑出 73 次）等人也因涉案被控。在 MLB 被迫收紧了检测尺度后，从 2006 年到 2013 年，有三十多名选手因使用 PED 遭到禁赛，其中就有大明星亚历克斯·罗德里格斯（Alex Rodriguez）、梅尔基·卡布雷拉（Melky Cabrera）、瑞安·布朗（Ryan Braun）、巴尔多鲁·科隆（Bartolo Colon）、曼尼·拉米雷斯（Manny Ramirez，两次）。

自 20 世纪 90 年代后期以来，反禁药的政府组织和政府活动越来越多。世界反兴奋剂机构（WADA）于 1999 年成立，得到了 IOC 的全力支持；很多国家的体育运动系统也引入了自己的反禁药机构。与此同时，联合国教科文组织、欧洲议会、其他政府间组织，都签订了公约或协议，以反对在体育运动中使用禁药。这是一个用于检测及规制的跨国机制，可能要比最早的反禁药机构更有组织、更有力量。尽管如此，只要运动系统、运动亚文化、社会行动者能够精心测算风险，在无法检测的方式下使用 PED，这些举措并不能根除用药问题。

★ ★ ★

总之，对体育运动中的身体风险承担问题，暴力、疼痛与受伤、服用禁药是社会学研究的三大关键领域。德国社会学家乌尔里希·贝克（Beck 1992）有专著《风险社会》（*Risk Society*），他在此书中为解释这类风险承担问题，提供了一套提纲挈领的理论进路。贝克认为：现代生活是由对跨国风险的公共意识和公共忧虑所塑造的。公共意识和公共忧虑不断增加，且显得愈发重要。这类风险包括全球变暖，核电站辐射泄漏，国际恐怖组织潜在的攻击，英国疯牛病之类的食品风险，HIV/AIDS、禽流感等传染病在全球传播。这些风险，本质上是"人造"的——要么是工业发展和科学进步的副产品，要么是大规模移民和全球旅行的副产品。在风险社会中，公众用批判的眼光看待科学家和其他"专家系统"，认为他们"不只提供了问题的解决方案，同时也是问题出现的原因"（ibid.: 155-156）。当代风险社会只与阶级分化有部分关系：较低阶级的社会群体承受了更多的风险；不过，也出现了"自食其果效应"，制造风险者也受到了不利的影响

（如污染河流的化工企业也因污染而受损）。

我们可用贝克风险社会理论，讨论体育运动中的风险承担问题。一是对受伤、暴力、用药等身体风险，运动机构、运动员、公众有了更明确的意识。这表现在：近年来，体育运动中这些方面，引发了重大的公众争论。二是大家通常认为：这类风险是"人造的"，或是由社会所构建的。这类风险中，有部分正来自体育运动"专家系统"，如忽视运动员伤病的教练、制造 PED 的科学家、指导运动员使用 PED 的医生。三是体育运动中最大的风险往往由最弱、最容易受伤的社会群体所承担。像出身阶级较低的拳手，或受精英教练指导的年轻人，他们承受了更多的社会不公。（不过，在体育运动中严重受伤的风险也涉及这些群体，如出身中产阶级家庭的英式橄榄球联合会精英选手。）这也导致了"自食其果效应"：如果专家制造了太多的风险，那么这些风险会从体育运动领域，回流到社会系统中。这类风险回流如田径运动员或自行车运动员用药，又如拳击选手遭受致命伤。总之，贝克风险社会理论为我们提供了有用的分析框架，可供我们在当代社会处境中，批判性地考察体育运动中的身体风险承担问题。

体育运动、自担风险和"巅峰体验"

现在，我们转而讨论体育活动中的特定领域：自担风险。自担风险源于在体育活动中追求刺激，或追求"巅峰体验"。这类活动如登山、滑水橇、跳伞、皮划艇、冲浪、滑雪板。近年来，很多这类活动都被当成"极限运动"或"行动运动"的扩展领域（Rinehart and Sydnor 2003; Thorpe 2014）。

鉴于这类活动强调刺激，我们不妨从社会 *132* 心理学进路展开讨论。要理解参与这类活动的人，不妨认为他们具有"超越目的"的人格。他们喜欢玩乐，享受高潮（Apter 1982），期待从运动参与中获得巅峰体验：欣喜若狂、兴奋不已、心醉神迷、充满力量、天人合一（McInman and Grove 1991; Lyng 1990: 882）。当在挑战程度和技巧水平间达到平衡时，这类让人愉悦的感官"流"被最大化（Csikszentmihalyi 1975; Csikszentmihalyi and Csikszentmihalyi 1988）。极限运动，如长跑、攀岩、极限跳伞、低空跳伞，大概会给人眩晕的刺激感，或会激发"引起感官快感的恐慌"。有一名参与者这样解释（此人不久后遇难，事发时要在两名滑翔者中间做出类似高空秋千的动作）："我能感觉到自己全身都在起鸡皮疙瘩。这是本能的需求。这是毒品。其实，我不得不让自己害怕自己"（Le Breton 2000: 8-9）。

社会心理学进路有助于我们理解运动风险承担背后的动机。不过，在解释社会因素和社会影响方面，社会学进路更为有效。例如，我们不妨思考参与者如何参与这些运动休闲项目，特别是受到亚文化团体的影响，从而在其中社会化的过程。我们也可考察这类项目的人口统计特征，注意到在这类项目中，白人中产专业人士的高参与度（Fletcher 2008; Kay and Laberge 2002; Lyng 1990）。

朗塞特（Langseth 2011）提供的社会学分析不乏洞见。朗塞特认为：对体育运动中的自担风险问题，相关社会科学的解释常陷入两大范畴。一是补偿观。该进路认为：风险运动为日常生活过于规律而无聊的社会群体，提供了逃避日常的体验，由此对他们进行了补偿。林（Lyng 1990）对跳伞的研究堪称经典。他发现参与者要寻求刺激的避难所，以逃避白领工作中无所不在的理性化和科层化。默勒（Møller 2007）则从北欧的视角出发，认为强大的社会福利系统消除了日常生活中的"害怕因素"。因此，极限运动为过于安全的社会生活提供了补偿。二是适应观。这与补偿观形成对比，认为刺激的风险运动根植于"现代性晚期的文化冲动"。那么，就该这样理解风险承担者：他们是现当代文化主导价值的具身化。这类价值包括"个人主义、本真性、创造力、自发性、反传统主义、灵活性、自我实现、寻求刺激有趣的生活"（Langseth 2011: 632-633）。这样看来，在个人主义消费文化中，参与这类风险运动，就代表了行为人在生活方式方面的身份宣示（cf. Featherstone 1991）。此外，适应观可能与新自由主义及拒绝福利社会的态度有关。关键在于，承担风险的运动项目与个体品质和个体技能有关（如资源丰富、善于评估风险和管理危机）。在新自由主义的处境下，老式的个人安全和社会安全大为削弱（如强大的福利系

133

统、终身雇佣制），这些品质与技能的价值甚大。朗塞特认为：参与风险运动项目，是由补偿和适应共同驱动的。社会行动者逃离一套社会结构及一套社会规范（与无聊的过度规制相连），转向另一套强调个人主义生活方式的消费主义。基于这些社会因素和社会影响，我们不妨预测参与极限运动的人数会不断增加——在发展中国家，尤为如此。

结论

在本章，就体育运动中的身体，我考察了社会学家的各种研究方法。福柯理论不仅让我们懂得身体如何居于体育运动及其他社会领域权力关系的中心——通过肉体规训、肉体控制、肉体治理，还让我们认识到其他形式身体知识和身体实践的范围——如身体之抵抗和身体之越界。在捕捉运动体验方面，现象学视角的价值甚大。那些研究户外生活（斯堪的纳维亚术语为 friluftsliv）的现象学洞见，可有效地解释体育运动。现代体育运动常把身体置于风险之中，具体方式多种多样。社会学家特别关注这些问题：暴力（如在拳击中）、疼痛与受伤、用药。不妨用贝克"风险社会"理论解释这些处境下的风险承担问题。可用社会心理学和社会学视角联合考察极限运动中的自担风险问题："巅峰体验"、"流"、亚文化社会化、"补偿/适应"等理论在此很有用武之地。发达资本主义社会权力差别被反映在这对交互关系

134

中：一方是中产阶级及其新潮的、自担风险的活动（倾向于"逃避"过于理性化的生活）；另一方是底层阶级，他们更"被要求"在拳击等历史久远的运动项目中承担风险（在这些项目中，要"摆脱"贫穷、要"逃避"低下的社会地位，往往不会成功）。

最后，对体育运动中的身体，我希望能出现更实质、更广泛的跨学科研究。五十多年前，英国小说家兼科学家 C. P. 斯诺（Snow 1959）这样抱怨：现代西方知识分子被划分在两大文化中，分别集中于文科和自然科学。双方无法对话，甚至相互攻击。可以说，这种划分，一来反映在文科和自然科学之间，二来反映在体育运动研究及其他社会研究方面。体育运动中的人体，是社会科学家和自然科学家共同的研究领域。因此，该研究领域很可能是联合"两种文化"的最佳场所。只有两种文化联合作业，才能进行真正的跨学科研究。关于体育运动中的身体，这类研究必将做出更综合的解释。这或许也是展示社会科学和自然科学的结合的最佳方式，以增进我们在体育运动领域及其他研究领域的知识。

讨论题

1. 现代体育运动是怎样被用于规训身体、控制身体的？

2. 在参与各种运动项目时，会经历哪些知觉体验？

3. 在体育运动领域，暴力和用药会涉及哪些身体风险？这类基于体育运动的风险是否与特定的社会阶级或族裔群体相关？

4. 不同的群体参与低空跳伞、极限跳伞等自担风险活动，他们参与的理由有哪些？

5. 如果既要增强愉悦的参与体验，又要降低身体风险，那么该如何重建体育运动？

8 运动场地与运动空间：爱恋之域、商业之域、幻想之域

弗兰克·西纳特拉（Frank Sinatra）在复出专辑中，饱含深情、充满思念，把歌声献给自己 过去的棒球队——布鲁克林道奇队，同时也献给纽约布鲁克林埃贝茨运动场。这首歌由乔·拉波索（Joe Raposo）作词，名为《这儿曾有座棒球场》。这首歌让人回想起夏天的运动场——那儿的声浪、那儿的气息、那儿的观众、那时的场景。这一切在 1958 年戛然而止，道奇队当年的所有人找到了一处更大的场地，把俱乐部搬到了美国的另一边。布鲁克林道奇队变成了洛杉矶道奇队；埃贝茨运动场就此废弃，两年后被拆毁。西纳特拉的歌，还有埃贝茨运动场的所有故事，都说明了这点：休闲地标维系着我们的情感，是流行文化的纽带。因此，在美国体育运动的语境下，不像西纳特拉自己的职业生涯，布鲁克林道奇棒球队永无复出之日。

在本章，我将考察有关体育运动空间维度的重大社会学问题。首先，我特别参考了约翰·贝尔（John Bale）的著作，讨论了大众对特定运动空间的情感依附，以及这些运动空间对人的特殊意义。其次，我评估了运动地标对政治经济的影响，特别联系到"过度商品化"的进程，如北美利用公共资金建设场馆的问题、体育运动大赛主办问题、体育运动与环境的关系问题。再次，我探究了运动场馆中的后现代内容——其中涉及理性化进程和商业化进程，也谈到了虚拟文化之兴起。最后，我转而讨论对运动空间的社会控制——对社会科学家而言，自 20 世 纪 90 年代后期，该主题越发重要。我在做结论时，关联了这些不同的论据，思考在塑造运动空间时，如何在政治经济因素和社会文化因素中取得平衡。

运动场地与情感依附

对不同的社会群体而言，运动场地往往有很强的社会文化意义。在社会科学领域，约翰·贝尔是研究运动地理学的先驱。在解释不同形式的大众情感依附方面，他的贡献至关重要。[19]

段义孚（Tuan 1974）、贝尔（Bale 1994: 120）在作品中用到了"恋地情结"概念，以此把握各个社会群体对特定运动环境的"场地

之爱"。与此类似，贝尔（Bale 1991a）运用了五种隐喻（带有强烈的涂尔干底色），以把握运动环境对不同人群不断凸显的公共意义（在此例中，是足球场馆）。

- 运动场馆是"圣地"，因场馆能"趋同公众"，具有越来越强的精神意义。在运动场馆中，上演着类似宗教的仪式，如在球场抛撒逝世球迷的骨灰，又如把球场某些区域变成"神龛"，以纪念最近去世的人士。例如，在 1989 年谢菲尔德希尔斯堡惨案中，96 名利物浦球迷严重受伤，许多球迷在两个城市的球场的多个区域，布置了花圈、鲜花、各种足球纪念品。[20]
- 运动场馆可能还有"实景"的特点，能给运动员和观众独特的视觉享受，特别在出现"复合景观集成"时。例如，在有些英格兰板球场上，能看到当地的大教堂、古树、附近的山坡（Bale 1995: 81）。
- 运动场馆是球员和球迷的"家园"，反映了深刻的家庭感和依附感。在比赛时，与来访的对手相比，"自家"队伍（主队）拥有集体心理优势。
- 运动场馆可能还是"旅行地"或遗产地，在访客参观时，提供导游。
- 运动场馆可能引发"深厚的当地自豪感"；主场作战的球队可能就是"共同体凝聚的焦点、'重建'旧日精神的源泉"（Bale 1991a: 135）。典型的例子就是，就算运动场馆位于老城区且设施陈旧，就算很多球迷已经搬离了那个城区，他们依然会前去观战。

要对这五重模型做出补充，我觉得不妨加上这点：运动场馆因"包浆"而获得了象征意义——也就是说，那些年代久远的记号，或许承担着独特的身份，指向共同体的历史（Ritzer and Stillman 2001）。"包浆"表现为：运动场馆内外斑驳的砖墙、磨损的标记、用旧的座位、褪色的涂鸦。

这样看来，要构建或表达特定的个人身份或集体身份，场馆就是关键的地点。观众可能会有最喜欢的立足点或座位。他们在那儿观看比赛、约见亲朋好友。在布尔迪厄的意义上（见第 10 章），场馆的各个部分都有自己的特点：吸引着具有特定社会背景（如年龄或阶级）、文化品味、性情倾向的观众。在场馆的各个部分，可能会聚集独特的观众亚文化。例如，在很多运动项目中，我们都能找到铁杆运动迷，他们一般就在某个特定的区域，声称那些地方是"他们自己的"，是"属于"他们的。在那儿，他们表现自我，吵吵闹闹，以不同寻常的方式支持自己的队伍。足球场馆的看台位置最能体现球迷的身份。在其他球类项目中，类似的球迷群体也爱聚到特定的区域，如盖尔式足球、澳式橄榄球、美式橄榄球。例如，大学赛事的露天看台、克里夫兰布朗运动场里的旧"狗栏"看台。

特定运动场地，也不是对所有的社会群体或共同体都有积极的意义。也有这些情况，场馆激发了"厌地症"，也即场馆激发了消极的情感意义，如害怕或敌意（Bale 1994: 145-146）。例如，场馆附近的居民或商业可能会是"溢出效应"的受害者（遭受了"不利的外部影响"），如球迷狂呼滥饮、随地撒尿、蓄意破坏、打架斗殴（Bale 1990; Mason and Roberts 1991）。可能厌地症与社会弱势群体的关系更大，他们大概更害怕犯罪、失序，而犯罪、失序可能就与特定的运动场地有关。

₁₃₈ 不过，总的来说，在体育运动和休闲的社会学研究方面，关于恋地情结的主题要比关于厌地症的讨论更多。例如，韦尔林（Wearing 1998: 134-135）运用了"子宫间"（chora）这个概念，解说了悉尼曼利一家历史悠久的海水游泳池。该词最初由格罗斯（Grosz 1995）引进，用以描述全然且非正式地介入流行休闲领域的人（亦称"子宫间人士"）。可以扩展该概念：运动迷就像"子宫间人士"，因为他们和场馆有特别的联系。在讨论阿根廷的体育运动时，阿切蒂（Archetti 1998: 180-181）探讨了"potreros"（未被开发的城镇荒地）的象征意义。在那儿，按流行的民俗，男童以阿根廷的方式踢足球。那种踢球方式强调盘带，根植于"新鲜、率性、自由"的精神。这样，"potreros"就有了恋地的意义；并通过体育运动，与构建男性国民身份的过程联系在一起。

总之，对运动场地的情感投入是复杂多样的：可能是积极的，也可能是消极的；同时，情感也会历久弥新。对球迷而言，在生产与再生产强大的社会协同方面，运动场地也是个重要的参照物。不过，如我在下一节要讨论的，运动场地的社会文化意义及社会文化品质，在强大的政治经济力量面前，往往受到后者的挑战，甚至为后者所重塑。

政治经济与运动场

在本节，我将讨论体育运动的政治经济领域，具体讨论影响公众的四大问题：运动空间的过度商品化问题、北美的场馆建造问题、体育运动大赛举办问题、环境问题。

运动空间的过度商品化

在大多数社会，几乎所有的体育运动场地，都是赖斯（Reiss 1991: 4）所说的"半公共运动设施"——换言之，体育运动场地是私有的（无论归个人所有、归私人协会所有，还是归当地政府所有），公众买票进入并使用这些设施。在精英的层次，现代运动场馆的主要发展目的就是把其商业价值最大化。在欧洲、北美大多数地方，19世纪和20世纪早期，建设大型场馆的目的是：把运动场地围起来，让 ₁₃₉ 观众只有买票才能观看赛事。反过来，棒球、足球这类运动项目，门票收入在运动员职业化的过程中有重要的意义。

场馆很快就反映了整座城市人口的空间划

分，以阶级为基础划为"部分"或"分子"。视野最佳、票价最高的座位为资产阶级所有；距球场较远的看台（如北美场馆的露天座位）或大型的站立看台为工人阶级观众所占据（see Sennett 1977: 135）。自20世纪70年代起，发达现代社会的社会经济结构出现了很多变化，阶级构成和场馆区域的价格差异都变得愈加复杂。因此，专业运动场的商业区域和商业设施越来越多，如优先供企业群体和赞助商使用的行政包厢、提供独享廊区的特定"会员"看台、为国内国际媒体提供的更多空间，还有"家庭看台"，提供打折的座票，意在确保观众人数长期的再生产。

我在第3章提到，精英职业运动经历了过度商品化的进程。在这个进程中，出现了两大社会空间问题。

第一个问题是很多精英职业运动项目，其场馆的过度商品化引发了"入场政治"问题。在此意义上，我们得思考这个经典的社会学问题：该如何把不够用的资源（在此，就是获得观看比赛的门票，进入场馆）分配给各个社会群体？在精英运动赛事方面，这类资源变得越发稀缺，也倾向于按市场标准进行分配（在此，就是按有意愿购买者的购买能力分配），而不是按其他原则分配（比如分配给那些长期支持球队的人）。

精英运动项目的门票越来越贵了，这也是过度商品化的具体反映。在英格兰超级联赛，从1990年到2010年，俱乐部季票价格翻了很多倍（甚至有翻十倍的情况），这比通货膨胀率增长得都快（*The Guardian*, 16 August 2011）。澳大利亚国际板球赛的票价被批评过高，忠实的球迷得花掉一大笔可支配收入，才能观看比赛（*Sydney Morning Herald*, 26 December 2011）。在美式橄榄球领域，从2003赛季到2013赛季，票价平均涨了5%，停车费翻了不止一番。近些年，去场馆看球的人越来越少。在旧金山，49人橄榄球队有些资历很深的球迷无法继续购买季票。因为球队搬入了新场馆，入场费翻了三番。此外，球迷还要花3万美元购买"座位许可证"（*San Francisco Chronicle*, 18 April 2012）。

在锦标赛决赛、体育运动大赛等精英赛事中，门票基本是按市场原则分配的。因此，最好的座位往往提供给企业赞助商，或那些能够出得起高价的会员，还提供给政治精英，特别是运动系统内部的政治精英。此外，自20世纪90年代，庞大的"二级市场"迅速发展。这增大了精英赛事商品化的阴暗面，其中就包括售卖黄牛票，特别是通过体育运动管理机构里的腐败官员。例如，在2014年世界杯决赛期间，巴西警方发现了用非法重售球票来诈骗的初步证据，此案涉案金额高达9000万美元。涉案犯罪团伙和足球官员有紧密的联系。警方认为他们在之前的三场比赛中也进行过同样的操作（*The Guardian*, 8 July 2014）。结果大致如此：在其他条件相同的情况下，对各个俱乐部或国家队的长期支持者（企业除外）而言，这些顶级赛事的门票越来越贵，把票弄到手也越来越难。2012年伦敦奥运会，有大量门票分配给了奥运赞助商、"奥林匹克家庭"的成员及亲友，而英国公民在重要的场合只能获得较少的座位。例如，开幕式只有 44% 的票，有些自行车决赛只有 43% 的票，有些网球比赛只有 3% 的票，有一场帆船决赛，面向普通公众的票只有可怜的 0.12%（Giulianotti et al. 2014b）。

与过度商品化相关的第二个问题就是场馆身份政治。例如，我们会发现，因为场馆受企业影响越来越大，门票也越来越贵，所以安置年轻支持者及工人阶级支持者的能力下降了，相应的亚文化也越来越弱。讽刺的是，这些群体被边缘化可能对场馆气氛有消极的影响，但对电视观众而言，运动"产品"却更吸引人了。因此，时任曼联队长罗伊·基恩（Roy Keane）就有了以下著名评论：太多观众关心"对虾三明治"，关心其他食宿招待，胜过关心场上比赛。严密的场馆安保（本章随后介绍）也破坏了球迷身份，限制了球迷的助威方式。在欧洲足球领域，就有禁止燃放焰火的规定，但放焰火本是球迷看台亚文化的必备内容。与此同时，我们发现在有些场合，俱乐部盗用了支持者亚文化的空间身份，服务于商业目的。例如，在美式橄榄球领域，有些球迷群体批评克里夫兰布朗队，指责俱乐部把"狗栏"区域商品化。"狗栏"区比较喧闹，是"蓝领"球迷聚集的地方。现在"狗栏"区票价更高，商业气氛更浓。俱乐部以特定球迷身份"商标"，对"狗栏"进行"官方"包装，以满足市场需求。

还有个广泛存在的商品化实践就是场馆"冠名权"问题。有些场馆是用企业名称命名的，如安联竞技场（拜仁慕尼黑足球俱乐部主场）、安联公园（圣保罗足球俱乐部）、ANZ球场（悉尼）、红牛竞技场（萨尔茨堡红牛）、罗杰斯中心（多伦多蓝鸟棒球队、多伦多淘金者橄榄球队）、必得维斯特流浪者球场（约翰内斯堡）、阿联酋航空球场（伦敦阿森纳的主场）、林肯金融球场（费城老鹰队）、位于休伯特·汉弗莱巨蛋的美国购物中心球场（明尼苏达维京人队）。虽说卖冠名权为俱乐部增加了不少收入，但这也会让观众失去恋地情结，无法在球场中封装整个球迷共同体的独特身份。

总之，场馆的过度商品化为我们提供了很多可供研究的案例。在体育运动中，自由市场的政治经济可能在此挑战甚至破坏了"自下而上"的社会文化。如前所述，进入场馆问题和场馆身份问题，就是场馆的两大文化政治问题。

北美体育运动：
场馆建设的政治问题

还有一些与运动空间政治经济相关的问题，就是在场馆建设时，公共补贴的使用问题。这种情况在北美较为多见。在北美主要体育运动联盟，如 NFL、MLB、NHL、NBA，每个球队其实都是私有的"特许业务"。只要他们想，特许权人就能把球队搬到新城市，建设新"主场"。本章开头提到了布鲁克林道奇

142 队搬家的故事。自 1900 年，在北美四大体育运动联盟中，有过 60 多次主场搬迁。体育运动联盟可免费授予成员身份（或"扩展"特许权）。对所在城市和俱乐部所有者而言，这意味着重大的商业机会。

很多北美城市当局建造了昂贵的新场馆，以吸引或留住四大联盟俱乐部。有人会说：这些球队为主场城市带来了商业利益，如提供就业岗位、在比赛时因消费而带来相关的收入（see Euchner 1993: 68-70）。球队被描绘为"城市旗舰"，对后工业城市来说，更是如此。这些城市要吸引投资，要发展旅游业，还要促进休闲消费（see Bélanger 2000）。球队还被视为构建社会资本和城市身份的桥梁。

尽管如此，无论在政治上，还是在经济上，北美场馆建设都引发了大量批评。实际上，场馆补贴成了"企业福利费"。公共资金被投入，其实直接保护了亿万富翁的商业利益（或"福利"），他们是拥有或控制这些俱乐部的人。运动经济学家认为：修建场馆的公共成本往往会高于公共收益（Noll and Zimbalist 1997; Rosentraub 1999）。修建场馆必然会花掉数以亿计的美元，而这些公共资金本可以投入到公共服务中去，如教育、健康、安保、运输（see Delaney and Eckstein 2003; deMause and Cagan 2008）。不仅如此，城市当局还为俱乐部免税大约 40 亿美元（Bloomberg, 5 September 2012）。此外，场馆建设的真实成本往往远高于最初的预算；在 2010 年，其中差额总计达 100 亿美元（Long 2012）。既然体育设施更新了，那么门票价格往往也会提高。这样，收入不高的支持者要么不再入场，要么就得从有限的可支配收入中拿出更多。我们不妨思考这个问题：如果当地有支球队是常胜之师，那么仅靠球队自身，能否重塑主场城市的公共形象？仅靠球队自身，能否重建主场城市的商业地位？（Rowe and McGuirk 1999）总之，有证据表明：如果北美城市有主场球队，那么城市财政收入不是增加了，而是减少了；相反，无论是有"特许权"的拥有者，还是体育运动联盟，都能获得可观的商业利益。

主办体育运动大赛的政治问题 *143*

还有个与运动空间相关的政治经济问题，与主办体育运动大赛（如奥运会、世界杯决赛圈）有关。城市和国家要赢得这类赛事的主办权，先得在兴建大型项目方面赢得公众支持。因此，竞选委员会及其支持者宣称：举办这类赛事能创造工作机会、商业机会、旅游机会；会带来新运动设施；会提升道路、铁路、航空的配套设施水平；因为举办城市人群有更多的运动参与和身体活动，所以提升了公众健康水平；还会带来重大的城区转型，如重振衰落的老城区（Hall 2006; Malfas, Theodoraki and Houlihan 2004; Preuss 2006）。1992 年巴塞罗那奥运会就常被视作典范。这次奥运会给城市带来了很多利益，让巴塞罗那转型成了"全球城市"（Degen 2004）。

然而，就举办赛事，批判的社会学研究往

往会指出那些不太正面的影响。很多大赛都会制造"大而无用之物"——那些运动设施极其昂贵，但赛后又没得到很好的利用。蒙特利尔（1976）、首尔（1988）、悉尼（2000）、雅典（2004）的奥运场馆，都是如此。至于这类赛事是否显著地提升了经济水平，尚没有确切的证据。同时，FIFA 等国际管理机构要求主办方：一要承担数以亿计的赛事承办成本；二要给这些机构及其合作伙伴提供完全免税的福利。因此，2014 年的巴西世界杯导致巴西政府收入减少约 2.5 亿美元（*Forbes*, 16 June 2014）。

举办体育运动大赛，可能会让低收入的社会成员受损，反而让高收入者受益。例如，在 2012 年伦敦奥运会，多数项目在奥林匹克公园举办，公园位于贫穷的伦敦东区。不过，很多居民、商人、警察都反映：赛事举办地并没有给当地提供什么工作机会（诸如建筑工作）。又因在比赛期间，交通系统强行扩展到了该地区，很多当地商业遭受了损失。与之相反，在毗邻奥林匹克公园的大购物城（为澳大利亚公司私有，里面满是跨国公司品牌），顾客流量倒是创了纪录（Giulianotti et al. 2014a, 2014b）。东伦敦还失去了向全球电视观众展示自己的最佳机会，因为奥运会组织方把马拉松比赛路线安排在奥林匹克公园到伦敦市中心。奥运会后，当地的私人足球俱乐部西汉姆联队获得了搬入奥林匹克场馆的权利；当地议会同意借给俱乐部 4 000 万英镑，用于把场馆改造成足球场——与此同时，这个英国最贫困

地区的议会，其预算总额被削减了 1 亿英镑（Giulianotti et al. 2014b）。

体育运动大赛给社会最大的冲击，可能就是土地重建与土地私有化。有过这种情况：要给有钱的新居民、资本雄厚的新商铺腾地方，要兴建干净的、新自由主义的空间，就得驱逐原先在那儿生活的穷人。在印度德里英联邦运动会开赛前，有大约 25 万穷人被驱逐（*The Hindu*, 13 October 2010）；在南非 2010 年世界杯决赛圈、2010 年温哥华冬奥会，也都出现过这类社会清洗（*USA Today*, 5 June 2007; *The Guardian*, 3 February 2010, 1 April 2010）。

赛事中不乏腐败，特别是挪用公共资金。例如，2014 年索契冬奥会，预算为 120 亿美元，后来翻了几番，最后到了 510 亿美元。据称有 300 亿美元牵涉"回扣和盗用公款"（*The Guardian*, 9 October 2013）。另外，还有对赛事主办方在人权方面的批评。西方媒体和政客控诉俄罗斯（2014 年冬奥会和 2018 年足球世界杯决赛圈主办国），因为俄罗斯对 LGBT 群体有政府支持的歧视。卡塔尔是赢得了 2022 年足球世界杯决赛圈主办权的海湾国家，该国因虐待移民工人而遭到西方广泛批评。有个国际行业协会报告：在赛事准备期，大概会有 4 000 名工人死亡（*The Guardian*, 26 September 2013）。在此语境下，我们得同时考虑主办城市（举办国）和国际社会。主办方意在利用赛事，增强其城市或国家"品牌"，增加其在全球观众中的"软实力"（也即其吸引力及影响力）。不过，因为这类赛事也将主办方置

于国际聚光灯下，所以媒体批评和人权运动可能会让其丧失声望，或失去"品牌"身份（Brannagan and Giulianotti 2014）。

环境问题

还有个深受政治经济影响的问题，也即体育运动对环境的冲击。在讨论之前，我们得注意这点：环境保护主义已经根植于很多体育运动机构、联赛、相关赞助商的官方意识形态。例如，在1994年挪威利勒哈默尔冬奥会之后，IOC在奥林匹克精神中加入环境，视之为"奥林匹克精神的第三维度"（另外两大维度是体育运动和文化），因此，未来的运动会得有明确的环境日程，以保护"绿色的遗产"（cf. Klausen 1999: 34）。

不过，在以下四重意义上，精英体育运动都有引发环境问题的趋势：一是体育运动大赛留下了巨大的"生态足迹"，特别是运动员、教练员、官员、媒体、贵宾、观众的空中旅行。二是商业化的体育运动总是把经济利益放在环境和社区之前。例如，环境保护主义者批评全球高尔夫产业，因其用水量巨大，还用了很多杀虫剂，损害了脆弱的生态系统（Wilson and Millington 2015）。三是有些运动赛事组织者的"绿色"理想和"绿色"宣称，可能会妨碍当地人的社区体验。2000年悉尼奥运会的场馆据说是按"绿色"标准规划建设的。尽管如此，很多当地人还是抱怨，说那对当地环境造成了冲击，如在邦迪海滩建造的临时沙滩排

球馆（Prasad 1999: 92; Lenskyj 2002）。在2012年的伦敦奥运会上，赛事组织者强调占地500英亩（约合2.02平方千米——译者注）的奥运公园是一项持久的环境遗产。不过，有几个社区组织抗议，说奥运赛事和奥运设施侵入了当地的绿色空间。四是体育运动管理机构的绿色信息可能会与企业赞助商和企业"伙伴"的历史记录冲突，如石油公司BP（曾造成墨西哥湾深海石油泄露）、矿业公司力拓（特别在南半球国家，因大量人权及环境问题被指控）、陶氏化学（联合碳化物公司是其子公司，该公司在1984年造成了印度博帕尔毒气泄露，估计造成16 000人重伤）。因此，总而言之，尽管体育运动组织者都承认环保至关重要，但如果把政治经济因素全都考虑在内，体育运动与环境的关系还是很成问题的。

政治批评和政治抗议

这些涉及运动空间的政治经济问题引发了批评和抗议。在体育运动中，不乏相关的社会运动。在欧洲或南美，足球迷组织抗议票价上涨，抗议运动文化商业化（cf. Gaffney 2013; Giulianotti 2011a; Kennedy and Kennedy 2012）。大家在批评票价高昂时，也会举出其他的票价模式。英国媒体就经常举出德国的例子：在那儿，票价较低，吸引的观众也更多。

运动场馆更名现象说明：商业利益被置于俱乐部社会文化身份之上。支持者有时用这种方式抵抗：忽略新商业命名，而一直用场馆的

老名称。在旧金山烛台公园，那儿的棒球迷和橄榄球迷就是这么做的。2011年，在英国东南部，纽卡斯尔联队的新老板不得人心：他把主场圣詹姆斯公园改名为"运动直销竞技场"——"运动直销"是其主要公司的名字。此举遭到了球迷、媒体、政客的广泛批评，新老板随后又把球场改回了原名。

因修建运动场馆或主办运动赛事涉及公共成本，在各个社会都引发了公众抗议。在美国，政治人士、记者、学者、社会活动家都反对使用大量的公共资金为私有俱乐部修建场馆（*The Atlantic*, 18 September 2013; deMause and Cagan 2008）。在各个主办或准备主办体育运动大赛的城市，都出现了抗议的群体。广为人知的就是"要面包不要马戏"运动，这是反对多伦多申办2008年奥运会的活动（Lenskyj 2008）。近年来，人数最多的抗议运动出现在2013年的巴西。在足球联合会杯中，成千上万的人走上街头抗议。抗议最初聚焦于公众交通成本问题，随后就包括了很多公共议题，如腐败、不断上升的生活成本、举办2014年足球世界杯决赛圈及2016年奥运会的巨额开销。在2012年的伦敦奥运会上，公众有各种各样的批评、抱怨、抗议，指向赛事的高成本，指向安保措施（如在高层建筑上安置地空导弹），¹⁴⁷指向当地环境，指向民权（如对表达自由的法律限制），指向奥运交通策略，指向赛事赞助商的行为（如阿迪达斯工厂的工人待遇），指向竞争国俄罗斯和斯里兰卡的反人权现象。最终，有些城市会组织公众投票，决定是否主

办大赛——这时，公众抗议就有了成功的可能。例如，在2013年，慕尼黑市民投票反对主办2022年冬奥会，理由是成本太高且对环境不利。

总之，在塑造运动空间时，政治经济力量是关键的因素，可能会对体育运动大众文化造成强烈的冲击，而大众文化则会抵抗商业化的环境。在造就"后现代"运动场馆的过程中，政治经济力量同样影响巨大。现在，我就转入这个领域。

后现代运动场馆

后现代运动场馆可是与现代运动环境大不一样的。以下我将探讨运动场馆的三大相关领域：除了与"梦幻城市"相连的理性化与商品化，还有最重要的虚拟文化。这些讨论预告了"后现代体育运动"的关键内容，我将在第11章讨论这些内容。

理性化的场馆

后现代场馆与体育运动的理性化进程关系复杂。我们在讨论北美棒球场馆时，就能发现这点。依据"麦当劳化论题"（见第2章），瑞泽尔和斯蒂尔曼（Ritzer and Stillman 2001）认为，可用以下三个历史范畴划分棒球场馆。

第一，早期现代场馆，如波士顿芬威公园，又如芝加哥瑞格利球场。这些场馆建于

20 世纪早期，因五大原因，通常拥有恋地特质。这五大原因是：小规模，这就让观众有好的看球视野，让观众亲密无间；奇异的个体特点，如不同寻常的风道也会影响比赛；偶像特质，如独特的墙壁或草木，这会激发球迷的情感；位于城区；见证过棒球史上的伟大时刻，因此激发恋地之情。

148第二，晚期现代场馆，如休斯敦圆顶运动场。这些场馆建于 20 世纪 60 年代中期到 20 世纪 80 年代晚期。其功能大致体现在四大方面（Ritzer 1993）：效率，如在设计时就考虑了多种用途；预见，如通过固定的屋顶，控制比赛条件，又如铺设耐用的人工草皮；重视数量甚于质量，优先考虑场馆容量，而不是优先考虑观赛视野；使用机器而非人工，如使用电子售票台。晚期现代场馆就没啥魅力，"失去了吸引消费者的魔幻特质"（Ritzer and Stillman 2001: 100）。在那些场馆过了全盛期后，棒球观众大为减少。

第三，后现代场馆，如巴尔的摩康敦球场，又如亚特兰大特纳球场。这些场馆自 20 世纪 90 年代早期开始建设。后现代场馆的特点是"冒牌的去麦当劳化"；其实，这软化了场馆理性化的后果，想用微妙的方式再次吸引支持者。例如，有些场馆的所有者推出"娱乐表演"，以吸引支持者，或让他们分心。这些表演基本与比赛无关，如使用娱乐大众的高科技记分板，又如燃放焰火。在后现代场馆中，也会安排其他大型商业活动或休闲娱乐活动，如购物广场、博物馆、视频长廊、食品角。这样，场馆里就会有各种景观，这也增加了球场的利润。我将在第 11 章指出：后现代文化表现为玩乐文化荟萃，并打破了理所当然的范畴和边界。这里，后现代场馆模仿了某些早期现代场馆的特点，如位于老城区，如外观老派，如程式化的老技术（啤酒唧筒或迷你火车），如纪念退役球员的物品——这些都混淆了时空范畴，主打怀旧牌，给场馆注入了"旧日的气息"。复魅也和独特的当地文化象征联系在一起，如通过特殊的背景，或售卖带有当地主题的产品。不过，在这些要让场馆复魅的举措下，我们发现了更强的理性化（麦当劳化）进程和商业化进程。理性化和商业化依旧控制着场馆。例如，场馆的布局经过了精心设计，以最大化产品销售。可以用这种后现代场馆模式解释其他的运动空间。

幻想的场馆 149

按汉尼根（Hannigan 1998）的说法，北美正在制造后现代"幻想城市"。在幻想城市里，中产阶级可享有新体验，同时和低端社会阶级只有最少的互动。汉尼根指出了幻想城市的六大特点，可用此解释"幻想运动场馆"。幻想城市是：

- 具有中心主题的——有某个固定主题或几个主题。例如，有些城市可能聚焦于流行文化主题，包括特定运动场馆、音乐大厅、夜总会。

- 高度品牌化的，常与跨国公司有"协

同"的合作关系。在体育运动领域，如前所述，大量场馆将自己的命名权卖给了大公司。

- 24/7 的企业——昼夜营业，提供多种消费平台，以适应现代人多变的作息。幻想场馆可能是一套多功能设施的一部分。在多功能设施中，还有餐厅、商店、电影院、酒吧、保龄球馆、旅馆、停车场。

- 模块化的，是多个标准化消费平台的组合。在幻想场馆的模块化售卖平台中，可能有食品店和商品店。

- 唯我论的——强调幻觉，忽视社会问题，忽视当地居民所遭受的不公。幻想场馆可能位于贫穷的居住区，但其内部主题完全忽视外在的城市问题和社会问题。

- 作为文化形式的、后现代的——强调多种建筑形式，强调虚拟现实，强调主题公园内"纯粹的娱乐"（Rojek 1993; Baudrillard 1996a）。当代体育运动空间，给我们的体验就像在逛主题公园那些旧日的界线，如幻想与现实、过去与现在、当地与全球，全都模糊了。在幻想场馆内，观众可能会遇见真人大小的卡通人物，也可能在场馆博物馆里来一场互动的友谊赛；他们花在购物或看大屏幕上的时间，有可能比花在看场馆比赛的时间更多；他们可能在离开场馆时，穿过

仿艺术装饰（faux art-deco）风格的门。

汉尼根认为，幻想城市推进了三种消费活动，这些活动都是不言自明的："购物娱乐""饮食娱乐""寓教于乐"。其实，按照这种逻辑，后现代场馆根植于幻想环境的娱乐交集及消费主义。广而言之，这套分析也契合瑞泽尔和斯蒂尔曼的观点：要制造幻想地域，关键得有能赢利的消费主义。

150

虚拟运动场馆和虚拟运动环境

第三个视角是讨论后现代体育运动环境如何与虚拟的、媒介的文化和社会体验互联。法国社会理论家让·鲍德里亚（Jean Baudrillard）把虚拟世界视为人类生活的"第四维度"（*Liberation*, 4 March 1996）。在体育运动领域，鲍德里亚鼓励我们思考这个问题：虚拟世界为何能优先于现实世界？例如，足球场馆可能会布满了电视摄像机，而不是现场观众（Baudrillard 1993: 79）。艾希贝格（Eichberg 1995）认为，虚拟文化兴起了，这反映在当代体育运动的"跳来跳去"模式上：在场馆中，我们发现观众不断转移他们的注意力，一会儿看场上比赛，一会儿看大屏幕上的关键回放，一会儿又听滚动的商业广播，他们还得操作各种电子设备（智能手机、平板电脑、笔记本电脑等等），好和无数的社会环境和社会现实连线。

这些观察说明：要体验体育运动，有多种

虚拟的途径。体育游戏是全球电子游戏产业的重要内容，2017年估值为820亿美元（*Forbes*, 7 August 2012）。电子游戏是很多运动迷"参与"运动的主要方式。此外，在很多国家，运动赛事占据了电视网络的大量份额。在付费频道，尤为如此。在体育运动大赛期间，如世界杯决赛圈，数以亿计的粉丝聚集在公共空间，在巨型屏幕前观看比赛。

总之，在当代和未来的体育运动空间，这些对后现代状况的分析有助于揭示以下趋势：高度理性化、高度商业化、虚拟文化。这些进路推进了理论模型，可用之评估当前的场馆，看看这些场馆与后现代运动空间还有多远的距离。

我们不妨注意这一点：运动环境的后现代内容，是如何与运动文化中的现代及现代之前的内容交织在一起的。例如，在公共空间观看巨型屏幕上的比赛直播，这最初是虚拟的、后现代的观赛体验。在这儿，现代之前的民俗文化也体现得很明显，如观众狂呼乱喊，站队支持某支球队；也许放置巨型屏幕的地方，正是历史公园、历史广场等对当地公众有恋地意义的地方。在现代的意义上，赛事大概会被理性地组织——有售酒处、移动厕所、公共交通，比赛也被商品化，如有企业赞助、商业广告，还有提供给企业主顾的贵宾区（cf. Bale 1998; Giulianotti 2011a; Hagemann 2010）。在第11章，我将全面讨论当代体育运动的后现代内容，讨论当代体育运动与现代文化及后现代文化互动的方式。在下一节，我转而讨论对运动场馆来说愈发重要的问题：安保和社会控制。

运动场馆中的安保和社会控制

自世纪之交起，社会科学家愈加关注运动场馆和其他运动空间的规制、监视和社会控制。[21] 该研究的灵感最初来自福柯（Foucault 1977）的"全景敞视主义"理论。该理论揭示了大众是如何承受现代形式的空间监视、空间规训、空间规制的。福柯从边沁（Bentham [1791] 2010）的全景监狱模型抽象出他的理论。全景监狱有个中央瞭望塔，可以在塔里监视一整圈牢房；而牢房里的囚犯必须假定自己在持续的监视之下。这样，他们就更会遵守监狱的规定。不仅如此，我们不妨思考：全景监狱的逻辑已经成为日常生活的中心，反映在公共空间设计中，就是最大化地监视不同人群。

在建设公共全景监狱时，体育运动起到了重要的作用。在20世纪80年代，英国大多数足球场馆安装了闭路监控系统，用于监视人群，主要是为了防范足球流氓。其实，这些场馆成了考察闭路监控系统的社会实验室。随后，很多城镇都在中心区安装了闭路监控系统，全世界的精英运动场馆也都安装了闭路监控系统（Armstrong and Giulianotti 1998）。全景监狱式的监视和控制还以其他的形式体现在场馆内。例如，虽说全座位式的看台比站立的看台更舒适，对女性、青少年、老年人也更有吸引力，但座位限制了球迷的行动，把人群划分为个体的观众。这样一来，安保人员就能更好地观察观众的行动，确认并消除不良的行为。

自 2001 年美国发生了"9·11"恐怖袭击事件后，在体育运动相关的空间里，监视和社会控制大为扩展，安保费用大大增加。在"9·11"事件之前的夏季奥运会，官方安保花费大致如下：1992 年巴塞罗那奥运会 6 630 万美元，1996 年亚特兰大奥运会 1.082 亿美元，2000 年悉尼奥运会 1.8 亿美元。在"9·11"事件之后，安保花费翻了几番：2004 年雅典奥运会 15 亿美元，2008 年北京奥运会 65 亿美元，2012 年伦敦奥运会 20 亿美元（Houlihan and Giulianotti 2012）。此外，如果哪个城市想成功申办 NFL 超级碗等大赛，就必须向相关管理机构证明：无论在安保人员配置方面，还是安保技术方面，抑或是在整个安保费用方面，申办城市都已经做好了防恐准备（Schimmel 2011）。

体育运动大赛运用的安保技术和监视技术也成了这些赛事的安保遗产（Giulianotti and Klauser 2010）。例如，在北京奥运会中，闭路监控系统引入了新技术，可以记录反常的群体行动。在英联邦运动会期间，德里大概安装了 2 000 个闭路监控摄像头。德国在举办 2006 年世界杯决赛圈时，首次在全国范围内启用了有人脸识别功能的闭路监控摄像头。这种摄像头可以把面容录制下来，并在"足球流氓数据库"中查对。斯图加特、慕尼黑等城市也安装了成百上千的新型公共闭路监控系统。在门票上，有射频识别芯片，有条形码，还有全息照片——这些都是新安保技术（Eick 2011; Klauser 2008）。

运动赛事也为分享或转移安保专业知识提供了平台。在安保系统内，也会出现更多的合作机会，如私人安保商和公共安保部门有了新联系，又如警察、军队、情报部门间有了更多的接触。不仅如此，这些赛事还催生了跨国灰色产业，涉及民族国家、安保公司、体育运动管理机构。

整体而言，有很多安保技术、安保策略超越了福柯的全景监狱模型。这体现在提供安保的一方可能会先期违约，也表现在政府常规性地收集个体的资料为日后所用。有学者认为：体育运动大赛的安保遗产对民主有负面且长期的影响，如果未经公众同意或未提供足够的法律保障就建立了监视系统，就会侵蚀民间自由（Eick 2011; Samatas 2011）。

在体育运动中，占统治地位的政治经济因素是新自由主义。我们还得强调"监视装置"与这种政治经济因素的交互关系（cf. Haggerty and Ericson 2000）。无论在运动场内外，都有更加清洁且受控的空间，这对商业化的体育运动意义重大，因为这可以吸引有钱的观众，符合新自由主义的规划（Giulianotti 2011b）。

要反抗以上进程，又有哪些重要的形式？在体育运动的社会控制方面，我们不妨将越界（如果不是明确的抵抗）视为场馆吵闹无序行为的潜在内容。那些行为会冒犯"受尊重的观众"，也不受赞助商欢迎。例如，直到 20 世

153

纪 80 年代后期，悉尼板球场"山丘"都是一块广阔且未被开发的草场。那儿维系着强烈的恋地情结，工人阶级球迷聚集于此处，行为喧闹（Lynch 1992）。在那块区域被开发为座位区后，票价涨了，无序喧闹的行为被解读为反"清洁"、反"企业化"、反对"坐在封闭的塑料座位上"（ibid.: 44）。在别的地方，最晚自 20 世纪 60 年代起，各种亚文化下的年轻男性足球支持者都想摆脱安保，要和对方球迷产生暴力冲突（Giulianotti and Armstrong 2002）。还有些比较常规的抵抗形式：在国际足球比赛中，观众不愿坐在座位上，而是站着观看比赛。最后，在运动赛事中，有时也会出现明确反抗安保的情况，这体现在英国、德国、意大利的足球球迷身上，也反映在温哥华奥运会、伦敦奥运会中。无论如何，体育运动大赛的安保"禁闭"可能会大为缩减反抗的强度。总之，鉴于这些政治经济技术因素，在场馆内外，还将存在密集且精细的安保形式。

结论

对体育运动社会学家而言，运动空间的批判式学术研究，是很有活力的跨学科研究领域。强烈的恋地情结和社会协同，可能就决定着运动场的社会文化意义和社会文化身份。政治经济进程很可能会威胁这类深度情感依附，尤其是运动空间的过度商品化进程直接影响公众进入场馆，也影响了公众的文化身份。当地公众因政治经济事件而被进一步打压，这类事件如场馆迁址，又如举办体育运动大赛。后现代体育运动环境理论有助于我们认识这两点：虚拟文化对社会的冲击；商业化和理性化是如何塑造幻想运动环境的。最后，通过在体育运动中，特别是在大赛中迅速扩张，安保系统和监视系统有了更大的社会影响，成了长期的社会遗产，这也创造了更有秩序、更商业化的场馆环境。讽刺的是，按照瑞泽尔的理论，这类进程可能会让场馆非人化。因为这边缘化了喧闹且有参与感的环境，而这种环境反倒会吸引现场观众或电视观众。

公众的反抗和批评不时出现，形式多样——既表现为场馆内的越界和抵抗，也表现为公众活动和大众游行等社会运动。任何批判社会学立场都要反映这些反抗运动，并指出体育运动社会空间组织的其他模式。尽管如此，就像布鲁克林道奇队的命运提示我们的那样，体育运动环境的文化政治总在失衡状态中：一方面是占统治地位的政治经济力量——商业化、理性化、安保化；另一方面是居于附属地位的草根民俗文化，表现为各种形式的恋地情结、社会协同、狂欢表达。为了保护后者，体育运动环境需要将政治、社会、文化置于纯粹的商业利益之上。这类措施将会给社会带来明显的益处，尽管要拯救像布鲁克林道奇队这样的历史传奇俱乐部，这些措施还是来得太晚了。

讨论题

1. 各种运动地点以何种方式激发了特定的情感?

2. 商业利益和商业因素对运动场馆及其共同体有何种冲击?

3. 后现代场馆是如何设计的? 又如何冲击了观众的体验?

4. 为了监视、控制观众,运动场馆及其周边是如何设计的?

5. 要确保公众参与和公众融入,该如何改变运动场馆及其他运动空间的用途及设计?

9　埃利亚斯论体育运动：构型、文明、互赖

156　　从 20 世纪 80 年代早期到 90 年代，诺贝特·埃利亚斯的著作及其构型社会学或"进程社会学"视角，在社会学界占据了重要的位置。在英国和荷兰的社会学界，尤为如此。埃利亚斯随后获得了更大的影响：他的大作《文明化进程》（*The Civilizing Process*）于 1939 年在德国首次出版，但直到 1969 年、1982 年，才被译为英文以两卷本出版。与很多其他的社会学学派不同，埃利亚斯及其追随者将体育运动当作重要的研究领域。埃利亚斯在莱斯特大学写成了大量著作，其中有与埃里克·邓宁（Eric Dunning）合著的《追求刺激》（*Quest for Excitement*，1986），该书展现了他对运动休闲的主要观点。在莱斯特大学，构型社会学影响了一批年轻的社会学家，其中就有约瑟夫·马奎尔（Joseph Maguire）、多米尼克·马尔科姆（Dominic Malcolm）、帕特里克·墨菲（Patrick Murphy）、克里斯·罗杰克（Chris Rojek）、伊万·沃丁顿（Ivan Waddington）、凯文·杨（Kevin Young）。可以说，构型进路在英国体育运动社会学家中影响最大；在社会学其他分支或其他国家，这种进路大多处于边缘的位置，或者干脆就被忽视了——比如，在北美社会学界，该进路就鲜为人知。

　　在本章，我将分五大部分考察构型的立场。第一，思考埃利亚斯是如何从人类构型的概念，把社会生活理论化的，这也让我们进一步讨论他的观点：体育运动就是"余暇光谱"中的"拟态"。第二，思考如何用埃利亚斯的"文明化进程"理论，解释游戏的历史发展及游戏的"项目化"进程。第三，考察构型社会学家是如何解释运动暴力，尤其是文明进程中的现代足球流氓问题的。*157*第四，思考另外几个与构型立场相关的体育运动研究领域。第五，我以这一主张收尾：构型社会学应被批判及有选择地运用，并与其他社会学立场结合，以考察体育运动的各个方面。

人类构型、拟态、余暇光谱

　　按埃利亚斯的社会学立场，应将社会理解成由互赖人群的不同构型所组成的。埃利亚斯（Elias 1987: 85）将构型定义为："某种类型的通用概念，这种类型由互相依赖的人群所构成，要么以群体的形式，要么以个体的形式"。具体例子可以是家庭、休闲协会、工作小组、体育运动俱乐部。埃利亚斯认为：构型中的权力关系具有很强的流动性，而不是固定的或高

度结构化的。此外，他还认为构型中的个体是"开放的人"（or homines aperti），而不是"封闭的人"（homo clausus，远离社会，离群索居之人）（Elias 1978b: 115-125）。埃利亚斯还拒绝那些在现代社会科学中广泛存在的"二元"进路，如微观与宏观、社会结构与社会行动。他的进路有时显示为"后二元论"，构型概念结合了社会生活中的结构/宏观因素和行动/微观因素。不仅如此，埃利亚斯拓展了构型互相依赖性，主张打破学科壁垒。因此，学者既要利用社会科学，也要利用自然科学，以在人类生活领域，得到更"符合现实"的知识（cf. ibid.: 96）。

和布尔迪厄一样，埃利亚斯反复指向游戏或体育运动，以发展或阐释其论点。可用游戏揭示人类构型的互相依赖性，并揭示其流动性及"行动的渐进交织"（Elias 1978b: 97）：

> 如果你看选手在场上的站位和移动——他们时刻不停、互相依赖，你就能看到他们形成了不断变化的构型。将这种情况推广到群体或社会中去，虽说我们通常看不到我们和个体成员形成的构型，但在这些情况中，我们还是与他人形成了构型——城市、教会、政党、国家——这与足球场上球员的构型一样真实。（Elias and Dunning 1986: 199）

158　　无论在游戏中，还在体育运动中，社会互相依赖都是无所不在的。体育运动中的构型也与其他构型相互联系。因此，与体育运动有关的构型有：两队选手、裁判、观众、管理者、赞助商、媒体人、各种官员（如俱乐部官员、管理机构官员、当地政府官员、中央政府官员）、设备制造商的工人或雇员等等（cf. Dunning in Elias and Dunning 1986: 207）。在最复杂的社会中，这些"互相依赖的链条"远远超越了体育运动，其范围日益国际化。此外，游戏和体育运动也阐释了权力是如何建立在互相依赖的社会构型中的。就算在古代文明中，要进行角斗竞赛之类的游戏，也离不开格斗士等社会行动者的互相依赖。

埃利亚斯将体育运动与休闲定位于"余暇光谱"，基本上包含了付费工作以外的所有社会实践。与其他的社会实践（如做家务或做义工等常规工作）相比，"休闲"领域（如在"拟态"中，或在玩乐中）为去常规化提供了潜在的可能（Elias and Dunning 1986: 96-98）。

构型社会学家认为：拟态活动范围广阔，涵盖各种休闲活动，如体育运动、艺术，还有很多其他的娱乐休闲活动（Dunning 1999: 26）。拟态活动能够提供刺激，这是最关键的。我们可以体验并展现这些刺激，"只要不越界，就能得到同伴的认同，也不会违背自我的良知"（Elias and Dunning 1986: 125）。反过来，在非拟态的活动中（尤其在工作中），如果公然释放情感，就会受到社会控制，也会受制于个人良知（Dunning 1999: 26; Elias and Dunning 1986: 125）。要把现代拟态活动搞成功、变流行，就得让参与者逃离日常那些刺激程度低的活动，实现"去常规化"。尽管如此，在激发情感方面，拟态活动也不是毫无限制的，而只允许出现"受控的情感失控"（ibid.: 44）。拟态活动同时在参赛者和观众中产生了重要的"张力平衡"：如果张力太强或太弱，刺激的愉悦程度就会大为降低。此外，如果拟态活动变得过于常规化，也可能会丧失张力平衡。

可以说，有很多体育运动机构之所以建立，就是为了生产并再生产拟态活动，如举办赛事以激发情感。这些赛事为参赛者和观众提供了社交场合，让他们逃离了约束情感的常规空间。成功的运动赛事能激发"失控且受控的"情感，观众能体验大量的刺激而不会陷入暴力（Dunning 1999: 30）。有些运动赛事刺激程度不足，或许就因其过于常规化，或因其张力平衡不足。例如，那些场面一边倒的比赛，还有那些人们在一开始就知道结果的场次。如上所示，在埃利亚斯对体育运动与休闲的看法中，情感占据突出的位置。为了思考他如何解释历史上对情感的控制，我现在转而讨论他的文明化进程理论。

文明化进程

《文明化进程》是埃利亚斯（Elias [1939] 1978a, 1982）的主要社会学著作，也是激发构型社会学的文本。此书包含两卷：上卷叙述"礼仪的历史"，也即身体控制及其他社会礼仪的长期发展；下卷考察国家构造和更加宏观的社会学议题，即各种社会机构、社会结构是如何出现，又是如何转型的。在经验材料方面，则聚焦于中世纪至今的英国、德国、法国。

在讨论礼仪的文明化过程时，埃利亚斯溯源欧洲社会的历史，考察欧洲社会是如何变化的：从容忍狂放不羁的行为，到越发注意控制身体，越发注意个人举止。举例来说，文明化进程包括：餐桌礼仪越发精细；因身体动作而产生的窘迫、羞耻、反感越来越多；卧室有了越来越严格的行为守则，如遮住裸体，又如打造隐私的睡眠空间。文明化进程还体现在：对个体自律的要求越来越高，而对情感爆发乃至暴力事件，则越发不能容忍。

尽管如此，如现代体育运动的兴起所示，各种各样的公众情感表达并未根除。因此，张力平衡依旧出现在各个社会中：一方是自我控制的文明守则，一方是对释放情感的渴望。长远来看，礼仪的文明化始于欧洲贵族社会或欧洲宫廷社会，然后影响到新兴的资产阶级，再影响到"受人尊重的"工人阶级。在经验材料方面，埃利亚斯在此的论据大多来自礼仪书籍。中世纪后，这些礼仪书籍被社会精英当成课本使用。

要把这类文明礼仪维持下去，社会行动者需要生活在较为稳定的政治构型中——在这些政治构型中，有各种权威人物。在英国宫廷社会，中世纪的老式武士生性暴力，他们之所以越发文明，有个原因，就是他们被各个宫廷圈子吸纳。贵族、军阀、宗教领袖都建立了自己的宫廷圈子。他们借此获取信息、控制信息，并获得更大的政治影响。在敌对的宫廷构型间，确实会爆发暴力事件——然后冤冤相报，循环往复。不过，英国在 7 世纪中期打了内战，这导致在政治上"推行议会制"。因此，政治辩论取代了军事冲突，大家的行为更加规矩，更加容易预测，也变得没有暴力色彩了。

按埃利亚斯的说法，在英国出现了"文明的激流"，要归功于议会制的国家结构，以及这些社会进程：国家越发强大，垄断了税收和暴力，减少了暴力冲突（Elias [1939] 1982: 235-236）；货币关系越来越多，经济不断增长；理性化的进程；自我控制越来越强——个体比拼计算、比拼辩论，而不再比拼武力；劳动分工愈加精细，实现了"功能的民主化"，这让大家更加互赖（Elias 1987: 76-77）。

随着西欧社会的文明进程长年持续，各个社会阶级的权力差异变小了。"既有"权势群体需要自我克制，而弱势的"外部"群体（如中产阶级和工人阶级）获得了更多影响，并从社会上层接受了许多"文明的"价值、"文明的"礼仪、"文明的"习惯。在阶级、性别、种族等方面，在既有群体和外部群体间，爆发了斗争。这类斗争还将继续下去。不过，总体而言，埃利亚斯认为：现代的、城市的、工业化的议会民主制造了更加文明复杂的人类构型。在这些构型中，"个人对影响其他人的事情更为敏感"，"互惠互利的需求越来越多"（Elias [1939] 1982: 114）。

埃利亚斯也修饰了自己的论点，如指出长期的文明进程不是线性的，不是单向的。因

此，对情感外露或暴力爆发，人群更能容忍，甚至乐在其中；在国家结构严重失衡之时，也会出现"反文明的激流"。在 20 世纪早期，德国纳粹主义兴起——这就是极端的反文明激流。埃利亚斯（Elias 1996）将之归为很多因素：长期对国家威胁和国家隔离的自我认知；德国武士无法忍受屈辱；在城市资产阶级中灌输的暴力观念；德国市民依赖权威人物，好似儿童依赖母亲。

与拟态和余暇光谱这两大概念一样，文明化进程理论也强调了体育运动越发重要的社会文化意义。现代社会需要从这种两难处境中突围：既要享受刺激欢愉，又要保持一定程度的身体限制和自我控制。现代体育运动给出的解决方案是：既要"通过体力之争和技术之争提供不羁的刺激"，又要"把在比赛时受重伤的可能性降至最低"（Elias, in Elias and Dunning 1986: 165）。

我们不妨考察这段历史，探究游戏和运动休闲是如何在文明化进程中出现的。我们尤其要考察英国自 7 世纪以来的历史。游戏的"运动化"意味着在比赛中确定特定的规则及惯例。这反映了如下事实：公众越发反感暴力，参赛者和观众必须自律（Elias and Dunning 1986: 151）。确实，在英国政治的议会制和英国游戏的高度"运动化"之间，埃利亚斯（ibid.: 34, 48）建立了直接的联系：

> 我们可以看见，无论是敌对势力在议会中的非暴力斗争，还是政府权力的和平

交接，都遵循着规则；几乎与此同时，休闲竞赛要求更严格地限制暴力，要求个体自我控制，要求提升技术水平，这让体育运动有了强调体力、强调敏捷的特点。

因此，举例而言，在八九世纪，猎狐就被地主阶级"文明化"了——猎人杀狐狸的乐趣被追捕的乐趣取代，真正的杀戮交给猎狗完成，人的手也就不再沾血。通过引入昆斯伯里规则，拳击实现了运动化：因使用手套，减少了流血；审美符码则聚焦于自我防御的"高雅艺术"。

构型社会学家也运用文明化进程理论来解释足球的转型——从民俗休闲到现代体育运动（Elias and Dunning 1986: 175-190）。中世纪"民俗足球"游戏的特色就是"狂放且具有能为社会所容忍的高度的身体暴力"：早年要得分，就得靠暴力；骨折是常事，有时还会出人命（ibid.: 184）。民俗足球本性野蛮，还体现在：敌对双方人数不相等；对公平或竞争平衡没有概念；在观众和球员间没有明晰的界限；也没有能制止暴力的国家强制力（cf. Dunning and Sheard 1979）。

在 19 世纪，足球游戏经历了文明的"运动化"。当时英国公立学校改造了足球，加入了明确的规则和公平竞赛的原则。尽管如此，当年足球的暴力程度还是远高于今日。以往的足球是狂放的活动，而学校推崇自律和社会秩序，这让足球变成了一项新运动，并实现了文明的功能（Dunning 1977）。与此同时，英国社会历经更多的文明进程，实现了功能的民主

化：贵族和资产阶级进入了长期互赖的链条，在工人阶级中，也有相当一部分被整合到了"受尊重的"社会中。阶级差别依然显著，这反映在足球类运动的不同角色中：一般而言，贵族阶级显示了"更高程度的自制"，他们偏爱不允许手持的英式足球；中产阶级男性则偏爱更暴力的英式橄榄球（Dunning and Sheard 1979: 128-129）。要解释观众暴力或足球流氓，足球提供了重要的构型视角；同时，足球也成为被长期考察的研究领域。

构型社会学和足球流氓

从 20 世纪 80 年代到 90 年代早期，在莱斯特大学，构型社会学家组成了小组。他们出版了几本著作，发表了若干研究论文。这些成果用埃利亚斯的文明化进程理论，去解释足球观众暴力及观众失序现象（Dunning, Murphy and Williams 1988; Murphy, Dunning and Williams 1990）。他们依据英格兰足球协会记录及当地报纸的报道，认为：直到第一次世界大战前，足球观众的暴力无序还被认为是比赛的题中应有之义。观众的暴力相当张狂，如果场上比赛出现了突发事件，观众会威胁球员，甚至会威胁足球官员。据称，这类事件反映了那时工人阶级情感约束的程度较低，而他们对公开的暴力攻击，反而更能忍耐。与之形成鲜明对比的是，根据种种记录，从 1945 年到 20 世纪 60 年代早期，英格兰足球观众变得

和平或"文明"了很多，暴力无序事件就不太常见了。观众更加自制，社会更厌恶骚乱。研究者将足球观众的和平现象归因为：来自"受尊重的"工人阶级家庭的观众越来越多，他们被"整合"到社会前辈那套更文明的规则价值中去了。他们的社会前辈在工作和政治中享受到了更大的功能民主化（Dunning, Murphy and Williams 1988: 126-128）。和中上层男性一样，看比赛的女性越来越多。她们对其他足球观众有"阴柔"且文明的影响。

自20世纪60年代早期至今，英国出现了现代足球流氓现象。这被构型社会学解释为是很多相互依赖的因素共同作用的结果。特别要注意的是，在足球观众里，"受尊重的"工人阶级变得没那么重要了，既因有了替代的休闲活动，又因暴力让年轻观众有了败兴的体验，还因媒体对暴力的报道耸人听闻（Dunning, Murphy and Williams 1988: 235-236）。最重要的是，构型社会学家主张：主要是"粗野"的工人阶级底层青年引发并持续引发了英格兰足球的暴力事件和失序事件（或"足球流氓"）。这些研究者还认为：这些"粗野的流氓"没被"整合"到"值得尊重的"、文明的行为准则中。他们在大街上完成了社会化，而大街上的暴力屡见不鲜。当地工人阶级底层有很多人来自单亲家庭，他们常有小偷小摸的不良习气，失业率很高，不少人吃社会救济。当地人不太接触其他社区、其他文化，这导致当地人和亲戚、邻居、乡党拥有强烈的"我们群体"身份（cf. ibid.: 205-206）。在构建复杂工业社会中的 *164*

互赖链条方面，这些社区起到的作用也非常有限（ibid.: 228-229）。

研究者认为：当来自相邻社区的年轻男性结合起来，足球流氓群体就形成了。他们是特定俱乐部的追随者，向敌对球队的球迷开战。群体内部的暴力形式和之前不同：变得更工具化，表达性减弱，和场上比赛的联系更少，在攻击对方支持者前更有预谋（Dunning, Murphy and Williams 1988: 236-238）。自20世纪60年代，足球暴力事件增多，越来越多的"粗野"男青年受此吸引，其中也有些来自较高的社会阶级（ibid.: 215）。在找证据时，构型社会学家找到了警方的拘留数据、找了一部电视纪录片、访谈了一些莱斯特年轻人、参考了萨特斯（Suttles 1968, 1972）研究芝加哥多种族社区的成果。

文明化进程理论也让我们思考英格兰足球流氓兴盛时的整个社会环境。特别在20世纪七八十年代，当时可以说全英国都出现了"反文明激流"。这体现在老城区的骚乱中，体现在激烈的北爱尔兰宗派暴力中，体现在苦涩的劳资纠纷中——如1984年到1985年的矿工罢工，还体现在不断扩大的社会失衡和社会分化中。构型社会学进路有激进的潜力，相关研究者主张：只有在解决那些深刻的社会问题的基础上，才能有效减少足球暴力和其他形式的公共失序（Dunning, Murphy and Williams 1988: 243-245）。在解决足球流氓问题方面，研究者提出了可供实践的策略，如让更多的女性、更多的家庭观看比赛——这将减少"好斗的男子气概"，有助于把足球观众"女性化"（Murphy, Dunning and Williams 1990: 78, 224-225）。

对足球史和观众暴力所做的构型式研究，其结论为之后的研究所质疑。有几项历史研究指出："民俗足球"和早期足球观众远没有那样无序，反而上层阶级体育运动的暴力程度要比构型社会学家所说的高很多（Goulstone 1974, 2000: 135-136; Harvey 1999: 114; Mason 1980: 166-167; Lewis 1996; Tranter 1998: 47-48）。在英格兰和苏格兰所做的研究说明：当代足球流氓活动的特点就是拥有"已被社会整合的"青年男性，他们有工人阶级上层或中产阶级下层的阶级背景，而不是构型社会学家所说的最边缘化的、"粗野的"工人阶级下层（Armstrong 1998; Giulianotti 1999: 46-52; Giulianotti and Armstrong 2002: 215-217）。按构型社会学家的建议，要吸引更多的女性支持者，好让失序的球迷"女性化"；但这带来了难以确定的道德偏见，这种措施实际上把女性当成了体育运动政策的客体，用于解决男性的问题（Clarke 1992: 217）。最后，还有研究构型社会学家的重要人物约翰·威廉斯（Williams 1991）。他利用构型范式提出，要整治足球流氓行为，就应在政治上引入更激进的策略（P. Smith 1997: 119-120）。

构型社会学和体育运动社会学

纵览邓宁及其同事研究体育运动历史发展的早期论著，我们发现构型社会学家活跃于体育运动相关领域。其中，有两块研究比较突出。第一块重要研究领域是全球化与体育运动。马奎尔（Maguire 1999）探讨了体育运动中长期的历史融合——运动员移民、体育运动、大众媒体的互赖关系。作者重点分析了"国际文明化"概念，探讨了全球体育运动领域的权力网络和权力关系。埃利亚斯主要讨论的是欧洲文明化进程，马奎尔的研究突破了埃利亚斯的讨论范围，推进了构型社会学的发展。之后，马尔科姆（Malcolm 2013）对板球的全球进程进行了构型式的研究，他比较了这两者：一是板球的历史发展，一是文明进程、英格兰气质、帝国扩张。

构型社会学家的第二块重要研究领域是体育运动中的健康、疾病、受伤、疼痛。例如，沃丁顿（Waddington 2000）就在解释用药时，参考了文明化进程及"运动化"理论。因此，用药的整个社会历史处境就是：从运动"娱乐"，走向为更大的单位（如城市、国家）争胜；同时，体育运动的文明化进程也推广了"公平这种英格兰美德"，体育运动管理机构要清除用药行为，是为了防止作弊，而不是为了让运动员保持健康（ibid.: 106-108, 123-125）。此外，罗德里克（Roderick 1998）在早年的论文中，使用构型社会学视角，考察了体育运动中的疼痛与受伤。罗德里克认为：应当特别注意体育运动构型中运动员、医师、教练等人的互赖关系，尤其是运动员构型（其实就是职业亚文化）的长期发展。在运动员的构型中，含有避免谈论伤痛的内在期望，还有避免上报伤痛的内在压力。

其他源于构型社会学的研究领域有：捕猎运动和虐待动物，如赛狗比赛（Atkinson and Young 2005, 2008）；英格兰体育运动组织的发展变迁（Bloyce et al. 2008）；还有用"局内人－局外人"理论解释爱尔兰体育运动中的性别关系（Liston 2005）。总之，在研究体育运动方面，这类原创的成果发展了构型社会学，尽管和二三十年前的莱斯特前辈相比，这些课题较小，对理论也更有选择。

结论

在总结本章时，我将评估构型范式的优缺点。对体育运动社会学家来说，构型社会学确实在某些方面引人入胜、充满洞见、让人信服。对体育运动的很多方面，构型式进路提供了综合性的解释。这些解释也易于理解，有说服力。最重要的是，我们推荐构型社会学，是因其认真对待体育运动——在研究范式的整个分析框架内，构型社会学给了体育运动重要的位置。此外，无论是构型的概念，还是互相依赖的概念，都强调社会联系或社会纽带居于人类处境的中心位置，并提供了拒绝纯粹个人主义政治意识形态的强大基础。不过，就像早先的评论者所强调的，构型范式也有某些重大的缺点。[22]

首先，构型理论基本是描述性的，缺乏合宜的验证。例如，文明化进程好像就没办法验证，因为该理论主张：无论是过去、现在，还是未来，都是既有"文明激流"，又有"反文明激流"。因此，我们就面临学术上的窘境，因为无论下届奥运会成了公共骚乱之地，还是签订国际和平协议之地，构型社会学家都能这样游说我们，说这两种情况都能被该理论完美地解释。

其次，这就带来了相关的理论问题：构型社会学家在解释体育运动时，意在展示其理论，而非验证（并发展）其理论。埃利亚斯认为：体育运动是个"相对可控的领域"，"可在其中展示我是如何运用［构型社会学］理论的"（Elias, in Elias and Dunning 1986: 154）。因此，为了"证明"足球流氓来自"粗野"的工人阶级底层，他们在"粗野"的工人阶级底层区域收集数据，或者研究著名的工人阶级足球俱乐部（西汉姆联队）。但如果他们在更多的足球流氓群体中进行研究，其结论将更有说服力。此外，罗杰克（Rojek 1995: 54-55）认为：构型式进路缺乏足够的理论，达不到"足够客观"的要求，和其他社会科学视角相比，无法成为"超然的科学研究"。

再次，文明化进程理论是，或至少部分是欧洲中心主义的、进化论的、种族中心主义的（cf. Blake 1995: 48-50; Robertson 1992: 120）。该理论没考虑亚洲文明。对西欧"文明"在其他大洲的种族灭绝式的殖民化，该理论也没有提供足够强大的批评基础（cf. Armstrong 1998: 305）。此外，人类学家质疑埃利亚斯所说的

"简单社会"；他们还质疑他的进化论观点——虽说不同的社会有不同的知识水平，但是共享知识阶梯（cf. Goody 2002）。此外，就这点而言，必然还有大量的空间提供给构型立场，用以思考约翰·威廉斯的理想——如何激进地改变体育运动，使之变得更民主、更平等、更符合社会正义的要求。

最后，有很多构型社会学家一直对埃利亚斯及其著作忠贞不贰，如史密斯（Smith 2001: 14）所称，他们"把他禁闭在庙宇中，除了对他表忠心，就别无他求"；那些有选择地运用埃利亚斯理论的，则被斥为"'还不配'做真正的埃利亚斯传人"。这种神化埃利亚斯的做法饱含讽刺，因为埃利亚斯强调人类互相依赖，认为人类生活中不存在"封闭的人"。更成问题的是，这种忠贞不二也限制了引入既有理论的可能，难以批判性地、创造地解释体育运动及其他社会现象。构型社会学对足球流氓的解释就是如此。构型研究者严格运用文明进程理论，找出了"确定的"证据：流氓基本来自工人阶级底层。与之相反，他们的田野工作却没有涵盖流氓亚文化中的年轻的工人阶级上层及中产阶级底层男性。为了解释流氓中为何有这类"受尊重的"群体，构型研究者就创造性地采用了"非正规化"理论，该理论为埃利亚斯首倡，并为武泰（Wouters 1986, 1990）所大力发展。[23]

虽说构型进路还被体育运动社会学家使用，但其影响自 20 世纪 80 年代不断减弱——大家对这点没什么争议。可资参考的是，近来有一部综合的体育运动论文集，甚至都没怎么提到构型立场（Andrews and Carrington 2013）。使用构型范式的体育运动社会学名家，有的不再活跃，有的已经退休；其他进路（如文化研究、后结构主义）的地位更加稳固。大家都有这种感觉：把埃利亚斯的理论用于解释体育运动，能做的基本都做了。

在此语境下，对所有体育运动社会学家来说，要以原创且批判的态度进行工作，都是未来要面临的挑战——无论是采用构型进路的体育运动社会学家，还是采用任何其他范式的。体育运动社会学家最好能明辨每种范式的优势与弱点，在研究中创造性地发展、转变这些范式。体育运动社会学家必须全面涉足其他社会学进路，以建立更好的理论框架，更全面地解释社会世界。这样做，可能会建立"新构型"进路，一如新马克思主义、新功能主义、新韦伯主义等"新"视角。这种理念意图清晰、富有建设意义，能让构型社会学和其他社会学立场产生深度互赖。

在体育运动研究领域，有些涉及构型进路的跨理论活动。对构型进路和文化研究进路，最初有人觉得联系两种进路前途光明，但最终却并没有取得什么重要的成果（see, for example, Maguire 1999: 216）。更明显的有，罗杰克（Rojek 1985, 1993, 1995, 2006）对体育运动和休闲进行了大量的研究，其中多次使用构型社会学及其他多种现代和后现代社会理论。例如，在考察当代体育运动名人时，罗杰克（Rojek 2006）创造性地运用埃利亚斯的"功

168

能民主化"理论，以及其他社会学进路，特别是涂尔干的分析——著名的"角色模型"是如何引发社会"道德调节"的。此外，布劳内尔（Brownell 1995）运用福柯的规训理论和埃利亚斯的文明化概念，考察了中国的体育运动。169 这两大关键词都居于中国国家话语的中心，也居于对身体的文化理解的中心。因此，在分析中结合这两大理论家的观点，确实意义重大。

如罗杰克和布劳内尔的著作所展示的，有选择地使用构型社会学本身并不要求研究者创造全新的构型进路。不过，这类成果也为未来的研究者指明了成功使用构型立场的方法，让他们的体育运动社会学成果更有原创性、更引人入胜、影响更大。

讨论题

1. 我们可以怎样用"构型"概念来考察运动群体？

2. 我们可以怎样用文明化进程概念来解释不同运动项目的历史，如猎狐、拳击、足球？

3. 要解释足球流氓，构型理论的优缺点各有哪些？

4. 要解释体育运动，可以怎样把构型立场和其他理论立场相结合？

10　布尔迪厄论体育运动：统治、区隔、公共知识分子

170　　皮埃尔·布尔迪厄于 2002 年 1 月去世。他是战后世界顶级社会学家。虽说他的著作在法国影响最大，但他还有几本书，特别是《区隔》(*Distinction*)，是全球闻名的作品。当在完整的意义上使用"公共知识分子"时，布尔迪厄认为：社会学家拥有批判社会的角色，应挑战各种形式的社会统治。终其一生，他对西方政府新自由主义政策的批评与日俱增，因这些政策让社会平等、工作稳定越来越成问题，让犯罪增加，也增加了社会压力，让发达国家对发展中世界更加漠不关心（Wacquant 2002: 556）。

　　布尔迪厄认为体育运动具有重大的社会意义。他还写了几篇体育运动主题论文。讨论体育运动和身体文化，同样是《区隔》的重要特色。其实，他并不关注体育运动本身，而关注体育运动的幕后因素，如社会化和社会分化。正是这些因素，造就了对运动项目各种各样的品味：

> 对"运动产品"的需求是怎样被生产出来的？大家是怎样获得运动项目的"品味"的？无论是亲身参与，还是当观众，他们为什么选择这个项目，而不是那个项目？……说得更明白些，在既定的时刻，行动者是根据什么原则，在当时可能体验的各个项目中做选择的？（Bourdieu 1978: 819-820）

　　我在此处强调：在社会学上，这项研究计划有很多优点，但也可能把体育运动的社会文化意义简单化。

　　我认为布尔迪厄与体育运动社会学的关系体现在三大方面。首先，我探讨其核心概念，尤其是主-客二元论、惯习、资本、场域、象征暴力。171其次，我主要以《区隔》为主，考察布尔迪厄及其追随者与体育运动相关的研究成果。最后，对布尔迪厄更直白的政治论著，我评估那些论著与体育运动社会学的关系。我在总结时，会批判性地评估布尔迪厄对体育运动社会学的贡献。

布尔迪厄的理论框架

主-客二元论

　　从帕森斯到吉登斯，世上出现了很多影响

深远的"宏大理论"。就像这些宏大理论，布尔迪厄宣称他的社会学进路解决了社会学传统的"二元论"。或者说，他宣称自己解决了社会行动（与"主观主义"相关）和社会结构（与"客观主义"相关）之二元对立。"客观主义"其实就是结构主义的社会理论，被定义为"自上而下"的理论视角。这种理论视角认为：所有社会都有潜在的逻辑结构或逻辑模式，这些结构或模式是超越社会成员的意识而存在的，而社会科学家可以确认这些结构或模式。反过来，"主观主义"是"自下而上"的理论和方法，聚焦于社会行动和社会解释，在日常生活层面，通过社会行动者的主观意义、主观动机、主观理解，来理解社会世界。无论是客观主义，还是主观主义，都有与生俱来的缺点：社会行动者有批判创新能力，但结构主义对此没有充分考虑；社会结构会塑造社会行动，也会限制社会行动，但行动主导和解释型的视角对此关注甚少。

布尔迪厄希望超越这套理论上的二元论。他在其概念框架内保留了"行动"和"结构"这两大关键词（Bourdieu and Wacquant 1992: 121-122）。尽管如此，大概难以避免的是，任何这种"后二元论"进路，或者偏向结构这边，或者偏向行动那边。在布尔迪厄这儿，主要是偏向结构主义进路，这也反映在他的"生成结构主义"理论上（Bourdieu 1990a: 125-126）。

布尔迪厄的"生成结构主义"是在结构主义中寻求行动主导的理论进路，解释社会结构是如何通过日常"实践"而被构建并再构建

的。[24] 布尔迪厄认为："实践"既揭示了人对社会世界的实践性理解，也揭示了社会事实是如何产生的。大家通过社会实践，掌控（而不是意识上的理论化）了自己的日常活动。对世界的实践性理解嵌于主观性中，因为这世界"包含我"，并"生产了我"。这世界产生了思想的主观范畴；因此，世界具有"自明"的表象，这让我们关注实践掌控，而不是把反思客观化（Bourdieu and Wacquant 1992: 127-128）。

在对世界的实践掌控中，身体居于中心的位置。体育运动大概就属于"技艺卓绝的领域"。在这个领域，实践掌控显然是最重要的：

> 有很多事我们只能用身体去理解，既外在于意识，也难以言传。运动者之所以会沉默……也缘于该事实：如果你不是专业分析人员，有些事你就说不了。无论是参与运动实践，还是理解体育运动，都得靠身体。（Bourdieu 1990a: 166）

此外，布尔迪厄将社会事实视为内在"关联"的：社会事实是为社会群体的社会关系所创立的，而不是源于个体自身的物质特质。

布尔迪厄为社会科学发展了一条方法论路线。他打算摒弃理论与证据之二元对立，认为在"研究逻辑"中，"经验和理论是不可分割的"（Bourdieu and Wacquant 1992: 160）。他自己的社会学论著把丰富的资料（既有详尽的调查，也有精巧的民族志）和理论反思结合在一起。当他在考察柏柏尔家庭时，或在考察法国学术界时，就是如此。

布尔迪厄主张：社会学实践必须既是反身的，又是自我批判的。在做实地调查时，社会学家应展现"本能的反身性"（reflex reflexivity），遇事要磨炼自己的社会学"感觉"，把"当场"看到的东西和整个社会结构相联系（Bourdieu et al. 1999: 608）。社会学家应构想出在科学上"客观化"的社会世界，在其知识产品中，也要对社会历史条件进行反思。换言之，他们得把客观化本身客观化，也即得把自己借以营生的工具反过来对准自己，以此去除偏见（Bourdieu 2000: 121; Bourdieu and Wacquant 1992: 67-68）。[25]

布尔迪厄确定了三个层次的偏见，这些偏见可能会损害社会学视角（Bourdieu and Wacquant 1992: 39）：

173

- 研究者特定的社会背景；
- 研究者在学术领域的位置，以及社会科学家在整个占统治地位的社会关系中的整体位置；
- 研究者出众的知识水平，会使其把社会实践当成供客观解释的景观，而不是有社会行动者参与的实践活动。

这些偏见将会以如下方式出现在体育运动社会学中。一是社会学家固有的经济背景和文化背景或许会导致其厌恶运动亚文化。二是研究者可能会"玩学术的游戏"，以确保职业成功，如正面引用其他社会学家的论著，以确保发表在好期刊上，并获得研究收入。三是研究者可能只是冷漠甚至不屑地记录研究对象的情况，而不是要理解社会实践的全部意义及其全部处境。

为了阐释布尔迪厄的理论立场，我现在转到他的三大概念：惯习、资本、场域。

惯习、资本、场域

布尔迪厄的惯习理论指的是社会行动者"社会化的主观性"。社会行动者的惯习代表了他们的分类体系，塑造了他们的实践、信仰、习惯、"品味"、身体技术（see Fowler 1997: 17）。惯习往往在个体自我之外运作，也"总是以实现实践功能为主导的"；惯习也具有"无限生产的能力——生产思想、生产观念、生产表达、生产行动——其限度为其产品的既有历史社会状况所设置"（Bourdieu 1990b: 52-55）。对布尔迪厄来说，惯习"首先表达了有组织的行动，其意义与结构之类的字眼类似；惯习还指向存在方式，指向（特别是身体的）惯习状态，指向性情倾向、偏好、秉性"（Bourdieu 1984: 562, cited in Tomlinson 2004）。

布尔迪厄还认为：社会行动者拥有各种资本及不同的资本量。在此不妨强调这四种资本：与物质财富相关的经济资本；与教育资格和艺术知识相关的文化资本；与社会网络（朋友、家庭、同事等整个交际圈）相关的社会资本；与荣誉、威望相关的象征资本。

174

场域概念指的是："某种地位配置，行动者（个体、群体、机构）在该配置中拼命提高自己的地位"（Maton 2005: 689）。这些行动者运用自己各种各样的资本，以在场域中提升地位，增大影响。统治群体想要定义各个场域中的正当性和价值，还要在不同场域间划定边界；弱势群体也总是要挑战这类定义，好提升自己的场域地位。同时，各个场域常常处于复杂的关系中，或大致重叠，或互相交织。

在布尔迪厄的理论框架中，惯习、资本、场域是互相依赖的术语。某个人的惯习，加上其资本及其场域地位，决定了他独有的社会实践。这种互动体现在这个公式中：惯习 × 资本＋场域＝实践。虽说在惯习和场域中存在"本是学合谋"，但对"主观性"和"客观性"，这两个术语还是各自承载了重量（Bourdieu and Wacquant 1992: 127-128）。惯习是主观性的形式，但又是社会化的；与之相比，场域是客观的结构，但又为社会行动者的交互关系所建构。

场域同样具有特定的"doxa"（信条），这是由常识或广为接受的观念所构成的，也即"所有不言而喻之物"（Bourdieu 1993: 51）。毫无疑问，信条既为统治群体所内在化，也为被统治群体所内在化。对统治群体而言，信条大约与统治意识形态类似，构建了"最纯粹的保守主义"。这种"最纯粹的保守主义"认为：压迫是难免的。在他们认为理所当然的世界里，压迫处于中心的位置（Bourdieu and Wacquant 1992: 73-74）。但布尔迪厄认为：社会学家必须超越信条，挑战"类似信条的思维模式"，动摇统治群体和被统治群体的常识或实践感。

布尔迪厄（2000: 151-153; Bourdieu and Wacquant 1992: 98-100）把场域理解为竞技"游戏"。任何游戏都依赖于参与游戏的社会行动者的承诺。每个玩家在游戏中的地位完全无法预测，其地位往往是由其特定的惯习所塑造的。在游戏中，惯习定义其不同的解释、不同的"感觉"类型、不同的"舒适"程度。社会行动者在行动时，还会利用特定的资本量和资本型，来确保或提升（相对其他玩家）自己在游戏中的地位。

布尔迪厄将资本描述为五颜六色的游戏币。在场域中，游戏币的颜色不同，赋予玩家的能量也不同。要理解游戏中的策略和地位，我们就得考察玩家实际拥有的游戏币 / 资本有多少，还得考察资本在历史中如何增减。玩家采用种种策略，保护其资本，主张其产权。例如，他们可能会在资本变动时打出王牌；在极端的情况下，他们会寻求"部分转型或全面转型，改变自己在游戏中的固有角色"，如改变游戏币的颜色，又如在对手持有特定颜色游戏币时，降低该色系游戏币的价值（Bourdieu and Wacquant 1992: 99）。

新玩家必须对游戏及其历史有实践上的理解。在保护游戏及其自身地位方面，解释型角色（传记作者、历史学家、档案学家）的作用至关重要（Bourdieu 1993: 73-74）。玩家为了学习游戏，为了在游戏中出人头地，都在游戏中投了资。如果哪天这游戏玩完了，则对他们而言，那情形难以想象。每款游戏都有明确的利益和风险。利益和风险不同，玩家也就不同；那些想维持自己已有地位的玩家，往往会抵抗来自其他游戏的玩家，不想让后者及其资本进入这个新场域。[26]

在体育运动领域，布尔迪厄的游戏／场域模型大有用武之地。首先，我们不妨把体育运动视为"相对自治"的场域／游戏，"有其独有的节奏、演进规律、危机，简言之，有其独有的编年史"（Bourdieu 1993: 118）。整个体育运动是个由多个分场域所构成的大场域。分场域往往是以各个体育运动范畴的形式体现的。奥林匹克体育运动就是这样的分场域，由不同组别的竞技玩家组成。这些竞技玩家包括运动员、教练员、官员、媒体人、制片人、赞助商。他们拥有不同种类的资本，拥有的资本量也大小不一。奥林匹克运动有其理所当然的信条，尤其聚焦于奥林匹克运动明示的价值：增进健康、促进教育、发展文化、维护和平、保证环境可持续发展。[27]公关人员、记者等解释型角色有助于维持奥林匹克场域。他们构建其历史，鼓吹其信条。有批判意识的政客、社会科学家、社会活动家提供了"旁观信条"的视

176

角，如强调奥林匹克运动和民族国家、企业赞助商有紧密的历史联系，而这些民族国家或企业赞助商可能会威胁和平、破坏环境、损害健康、危害人权（cf. Lenskyj 2008）。要想重塑这个场域，也即为了重新定义奥林匹克运动，新玩家必须增加其资本——既要增加经济资本，也要增加社会资本及象征资本。那些让奥林匹克运动转型的要求，基本都会被占统治地位的玩家强烈地抵制。在布尔迪厄的意义上，他们

要保卫其场域地位，维持其既有资本的价值。

奥林匹克场域有过重大的转型：在 20 世纪 80 年代，奥林匹克体育运动有了从"业余"到"职业"的官方转变。这场运动反映了这种情况：新生场域因大量的经济资本，拥有了越来越大的影响力。这特别反映在电视企业、赞助商、全职精英体育运动"工人"（教练、运动员）方面。那些支持业余的 IOC 成员或官员，其地位为这种变化所威胁。不过，他们大多也重建了他们的场域地位。如他们声称：对进入奥林匹克场域的经济资本，他们也能控制得了。

在整个奥林匹克场域，得到奥运会承认的项目名单，反映了不同的场域地位，反映了不同的惯习，也反映了统治群体不同的资本类型和资本量。射箭、马术、击剑、现代五项、赛艇、帆船、射击等项目，长期为奥运会所承认。这些运动项目根植于精英社会群体的惯习中。在体育运动及整个国际社会场域中，精英社会群体都占据统治地位。要参与这些运动项目，也需要各种条件。这些精英群体同样拥有相应的各种资本类型。例如，要参与马术项目，大概就得购买马匹、购买土地，这需要相应的经济资本；还得接受精英骑术学校的训练，这需要相应的文化资本；也需要社会资本，如拥有进入顶级马术俱乐部的家庭关系。相应地，占统治地位的社会群体通过参与这些项目，通过确保奥运会官方承认这些项目，宣示其地位，展示其区隔。反过来，被统治的社会群体往往缺乏参与这些项目的经济资本和社

会资本；就算他们最初参与过这些项目，但在社会文化的层面，他们的惯习也会让他们感到自己"不属于这里"。被统治的社会群体还缺乏合宜的资本，没法施加压力，难以让其他项目进入奥林匹克的场域。例如，很难用工人阶级的"酒馆项目"桌球、飞镖替换射箭、射击，也难以让奥运会接纳女性项目英式篮球。2016 年里约奥运会增加了两个项目：高尔夫、联合制英式橄榄球。可把此事当作例证，因为这两个项目都与占统治地位的男性社会群体惯习和资本类型相关。

社会分工和象征暴力

在布尔迪厄的社会分层理论中，社会阶级处于中心的位置。布尔迪厄是这样理解社会阶级的：社会阶级是一群行动者，他们"共享利益，共享社会经验，共享传统，共享价值系统；他们往往作为阶级行动，通过界定与其他行动者群体的关系，定义他们自己"（Clément 1995: 149）。每个阶级都力图将其惯习烙刻在其他社会阶级的集体惯习中，以在特定的场域占据统治地位（Urry 1990: 88）。每个社会阶级的惯习反映在特定的品味上：特定的运动项目，或其他的文化追求；因此，社会行动者遵循其惯习，要找到"正适合"他们的项目（Bourdieu 1993: 129-130）。

体育运动与阶级关系结构息息相关。在阶级关系结构中，体育运动在社会上"分类且被分类，定级且被定级"（Bourdieu 1984: 223）。

阶级区隔同样具有空间维度；排外的社会空间具有"俱乐部效应"，将惯习不同者排除在外（Bourdieu 1993: 129）。因此排外的运动俱乐部将会员限定在高资本水平人群中，无论是经济资本（年费）、社会资本（会员接触），还是文化资本（如教育、衣着、语言、种族、风度）、象征资本（运动头衔获得者）。

布尔迪厄用"象征暴力"概念，解释了被统治的社会群体是如何系统地陷入劣势的。回想葛兰西的领导权理论，他认为就像同意下的统治，象征暴力"在社会行动者的共谋下，被施加在社会行动者身上"（Bourdieu and Wacquant 1992: 167; Bourdieu 2000: 170）。

例如，教育机构把象征暴力施加于被统治群体。学校积极推行统治群体的惯习，如通过语言教育，通过文化品味的教育。反过来，被统治群体上了学，接受了教育，统治群体在对他们进行象征压制时，就能有效地逼他们就范（Bourdieu and Passeron 1977）。在体育运动领域，象征暴力体现为多种形式。一方面，很多教育系统实践着象征暴力，如宣扬种族主义预设：某些被统治群体智力有限，但却是"天生的"运动健将。另一方面，其他被统治群体却被排除在运动参与之外，这基于以下预设：他们不是"天生的"运动健将，某些项目"不是为他们准备的"。在被统治群体把这些信条内在化，并按其要求行动时，象征暴力就被体现得更为明显。

★ ★ ★

总之，布尔迪厄的社会学进路与社会实践

有关，致力于反身研究，并将经验和理论熔于一炉。在布尔迪厄的理论中，有四个方面值得玩味。一是他对社会行动（实践）的结构主义解读非常符合社会学的要求，记录了权力关系在日常社会生活中体现的方式。二是场域概念让我们通过游戏模型考察社会关系和社会斗争。三是布尔迪厄鼓励社会学家具有批判的反身性，以对抗潜在的偏见，进行批判的、"旁观信条"的研究。四是术语"象征暴力"生动地记录了系统化的社会统治对被统治群体的危害。在下一节，我将进一步发展布尔迪厄的进路，探索如何用他的区隔理论解释体育运动。

区隔：运动品味之分层

关键论点

在《区隔》这本书中，布尔迪厄（Bourdieu 1984）阐释了这个论题：文化是个巨大且复杂的场域。在文化场域中，各个社会群体都通过地位竞争，努力实现区隔。文化在本质上是关系的场域，每个群体都在推进其集体主张，以进行区隔。此外，凭借文化上的势利眼，各个群体还会"对其他群体的品味表示厌恶"（Defrance 1995: 126）。[28]

布尔迪厄从三个维度界定社会分层和文化品味的联系。垂直维度测量了贫富人群在资本量（经济资本和文化资本）上的差异。水平维度展现了资本类型的差异，特别在经济资本和文化资本方面。时间维度则追踪每个特定群体的宏观历史轨迹（上升或下降）。

例如，在英国，被称为"老钱"的上层阶级资本量充足，在垂直维度上很高；在水平维度上，他们的文化资本往往比经济资本略强些（受教育程度高；礼数多；能控制重要的文化机构；多数拥有资产，虽说很少出现亿万富翁）；在时间维度上，其资本可能有好几个世纪的历史。因此，老钱精英偏爱马术等高贵的"传统"运动项目。开展这些项目，需要拥有地产；这些项目也与乡村生活方式（现代之前的生活方式）相联。值得注意的是，这些家族历史悠久的精英人士很少拥有重要的职业体育运动俱乐部。竞技"游戏"需要雄厚的经济资本，现已被亿万富翁统治。

此外，布尔迪厄指出：体育运动等文化活动能给参与者不同类型、不同数量的"社会利润"；"社会利润"又在各个阶级间"分配意义"（Bourdieu 1984: 35）。例如，高尔夫球在锻炼方面，具有增进健康的"固有利润"。但对中产阶级高尔夫俱乐部成员而言，高尔夫球还提供了较高的社会利润，如借此获得的社会关系有利于提高社会地位、增加商业利益、推动事业发展。善于交际的统治群体能够取得这类社会资本，而被统治群体则被排除在外，这就让两者的差距越来越大。

运动项目与阶级惯习

布尔迪厄强调：社会行动者特定的运动品

味与其阶级惯习，有非常深远的联系。统治阶级惯习偏好"审美的""沉思的""健康的"运动项目，如"高尔夫球、网球、帆船、马术、滑雪（尤其是其中最独特的形式，如越野滑雪）、击剑"（Bourdieu 1984: 215）。与被统治阶级喜爱的足球、拳击相比，这些统治阶级的项目一般没那么激烈，选手间也不大会有猛烈的身体接触。此外，这些项目更为健康，可终身参与，比赛气氛更像社会交往。

在统治阶级内部，运动项目也有划分群体的作用。统治阶级中的统治群体可能包括贵族、商业管理精英，他们都拥有雄厚的经济资本和文化资本。与之不同，统治阶级中的被统治群体包括大学教师、艺术家等文化"工人"，*180* 他们在文化资本方面较强甚至极强，但在经济资本方面可就差远了。对统治阶级中的统治群体而言，有些运动项目（如英式橄榄球）之所以高贵，就是因为"有特定的反智主义意味"。参与这些运动项目，可以隔离统治阶级中的被统治群体，后者拥有智识文化资本或先锋文化资本。英式橄榄球被如此定义：男性的项目、阳刚的项目、能塑造性格、能锻炼意志。而知识分子、艺术家具有消极、柔弱、自我批判的特点。英式橄榄球恰与之形成对照（Bourdieu 1993: 122）。

布尔迪厄指出：当我们进一步研究统治阶级时，我们会发现，项目品味与各个群体特定的惯习及其资本量/资本类型密切相关（Bourdieu 1984: 219）。例如，教师奉行"贵族式的苦行主义"：他们喜好登山、骑自行车、

漫步。这符合他们文化资本强、经济能力弱的特点。医生和现代行政人员追求"健康导向的享乐主义"：他们逃离大众，偏爱那些有异国风情的昂贵休闲，如游艇或滑雪。商业雇员则喜爱高尔夫球之类的项目——这些项目与消费主义生活方式联系在一起，能够为他们提供社会利润。

在运动项目方面，不同的社会阶级有不同的品味。进而言之，这也与他们看待身体的方式相关。对统治阶级而言，不管运动实践如何与生理健康相关，身体本身就是目的。中产阶级下层将此肉体哲学发挥到极致，因此，他们对健身的品味既体现在"严控饮食、升华苦行"上，也体现在他们的惯习上——接纳各种与健身实践相关的科学理论，以达到预计的目标（Bourdieu 1993: 130）。

与之不同，被统治阶级（特别是其中的男性）对身体有更为"工具化"的态度。拳击、举重等运动项目反映了体力劳动的经验，通过痛苦的撞击扭扯，"构造"了作为对象的身体。拳击、赛车、足球、英式橄榄球中的暴力，激发了"用身体赌博"的刺激感。尽管忽视了工人阶级女性在体育运动中的情况，布尔迪厄还是指出：她们在节食和美容方面，对身体也有工具化的使用。

布尔迪厄（Bourdieu 1984: 217）发现：对项目的品味，不是简单地由物质条件决定的。要参与滑雪、高尔夫球、板球等项目，确实需要昂贵的装备。不过，对潜在的工人阶级习练者而言，还有"更多隐形的门槛"。这些"隐

形的门槛"确保了这些项目的社会封闭。家庭惯习、幼年运动经历、获取正确的身体惯习、社会化技巧，这些都与统治阶级的惯习有关，也是这些项目重要的文化社会因素。因此，打高尔夫球，可不只是推球入洞那么简单。

在体育运动领域，最懂行的个体通常会被当成专家，获得相应的文化资本（如教练证书）、经济资本（薪酬）、社会资本（合同、精英圈子），还有可能获得象征资本（奖项、头衔、名声）。对被统治群体而言，体育运动之路并不稳固、充满风险，依赖于生理素质。布尔迪厄（Bourdieu and Balazs, in Bourdieu et al. 1999: 361-369）记述了一个葡萄牙移民家庭，因这家父亲的足球技艺，他们好像成功地融入了某个法国小镇。尽管如此，在父亲受伤后，他们失去了社会资本和象征资本：老朋友风流云散，法国政府也没给他们提供任何福利保障。

在人的一生中，阶级的运动品味体现得并不相同（Bourdieu 1984: 212）。"流行的"、耗费精力的运动项目与年轻人密切相关。工人阶级男性成年后，往往会放弃英式橄榄球、足球、拳击。他们结了婚，有了孩子，得养家糊口，再参与这类项目就太耗体力了（Bourdieu 1993: 129）。与之相反，高尔夫球、网球等资产阶级项目，在体力消耗方面就没那么大，基本可以终身参与。成为当地俱乐部成员，既能促进健康，又能获得社会利润。学习高尔夫球也符合追求进步的资产阶级惯习——通过一对一的专业指导，或通过训练视频，提升技术，掌握比赛策略。

布尔迪厄（Bourdieu 1990a: 163）还断言：体育运动场域并不是静态的。社会斗争会让运动项目转变其主导意义及区隔类型，就像音乐创作在不同时期有不同的社会意义一样（see Buch 2003）。如果出现了新社会阶层，就会出现反映其惯习的运动项目。这些项目也要挤入整个运动场域中。例如，在布尔迪厄20世纪60年代及70年代早期的原创研究中，他指出："加利福尼亚式"的运动项目、"反文化"的运动项目，要么是"本真的"天然产品，要么是被精心打造的商品。这些项目强调远离社会、身体失重，如悬挂式滑翔、徒步旅行、风帆冲浪。"新派小资产阶级"喜爱这些项目，他们大多受雇于搞商业诱惑的"文化媒介"产业，如时尚产业、广告产业、摄影产业、媒体产业、设计产业（Featherstone 1991）。虽说老派小资产阶级推崇责任、自律、谦逊、自制，但新派小资产阶级把追求快感当成合乎道德的个体冲动。

布尔迪厄对体育运动社会学的影响

布尔迪厄对法国体育运动社会学有很大的影响。那些把运动意义、运动实践和社会身份、社会分工联系起来的作品，就受其启发（see Vigarello 1995: 225）。布尔迪厄经常与罗易克·华康德合作。华康德（Wacquant 1995a, 1995b, 2004）特别用到了资本这个概念，对芝加哥拳击文化做了杰出的研究。德弗朗斯（Defrance 1976, 1987）利用布尔迪厄的理论，溯源 18 世纪晚期以来法国体操及其他项目的社会历史。在格斗项目方面，阶级惯习反映为不同的品味：老派资产阶级欣赏美观的身形和精简的动作（如合气道）；地位较低的阶级则偏爱身体接触，重视身体对抗，强调体力（如摔跤）（Clément 1985）。

在法国以外，有人使用布尔迪厄理论考察运动参与中的社会分层和社会文化。有一项来自美国的研究显示：青年橄榄球俱乐部的会员身份划分了两种文化——一种是城郊白人文化，另一种是当地社会地位低下的非白人"城市贫民"文化（Andrews et al. 1997: 271-272）。加拿大社会学家重新阐释了布尔迪厄的分类方法，考察了 180 名女性的身体活动和日常休闲。这些女性的阶级背景不同，但都讲法语。研究结果确认了身体活动和阶级惯习的相关性。中产阶级女性偏爱健身、有氧操、游泳，这既反映出她们为了保持苗条、健康而"自我强征的行为规范"，又反映出她们所在的劳动力市场主流的女性身材规范。工人阶级女性最不爱运动，因为锻炼几乎不能带来任何工具性利润。对她们日复一日的体力劳动而言，尤其如此。资产阶级女性知识分子偏好"自我释放"的运动方式。这些运动新潮但不"大众化"，如定向运动。她们还会参与那些"通过运动唤起身体意识"的项目。这些项目需要教育资本和文化资本。最后，上层阶级女性热衷于奢华的消费，这与特定的社会资本和文化资本相关，比如加入采用会员制且排他的高尔夫俱乐部或滑雪俱乐部。她们在这些俱乐部中，会得到"运动社交"的机会（Laberge and Sankoff 1988）。

总之，布尔迪厄的进路认为体育运动并非与社会无关，同时让体育运动失去了神圣的光环。布尔迪厄将体育运动视为社会阶级区隔彼此的文化方式（Clément 1995: 149）。我将在此章结尾总结对此进路的批判，但我先要讨论布尔迪厄对社会研究政治的理解。

研究的政治

布尔迪厄是个"介入型知识分子"，这符合法国自伏尔泰、左拉、萨特以来的传统。他认为社会学家应有公共角色及政治角色，他对此坚信不移。他将社会学视为"格斗项目"：先用社会学研究揭示统治的形式，再对之进行直接的批判（Müller 2002）。

在《抵抗行动》（*Act of Resistance*）一书中，布尔迪厄（Bourdieu 1998a）攻击了西方新自由主义经济社会政策。这些政策带来了失业、低工资、犯罪，让社会愈发不公，愈发缺乏保障（对年轻人来说尤为如此）。文化也被"商业王权"感染，这损害了批判的社会科学研究，损害了艺术创新。布尔迪厄主张用"幸福经济学"取而代之，这种经济学承认非物质的象征利润／亏损。对各种经济政策和经济决定，这种经济学范式考虑所有相关的社会成本和社会利益，包括公司大规模裁员这种新自由主义"暴力"措施。按布尔迪厄所述（Bourdieu 1998a: 40）：

我们会为所有的暴力付出代价。例如，金融市场会导致结构性的暴力，其形式就是下岗、失去保障等等。社会迟早会以如下形式付出代价：自杀、违法犯罪、染上毒瘾、酗酒成性等一整套大大小小的日常暴力行为。

随后，有一项研究与布尔迪厄的进路产生了共鸣。这项研究显示：在各个社会，经济社会不公的程度越高，越容易出现重大的社会问题（在此，也即布尔迪厄所说的社会暴力）（Wilkinson and Pickett 2010）。被统治群体所遭受的各种各样的暴力，被新自由主义社会的信条"合法化"了。被统治群体被这样描绘：他们邪恶、堕落、愚蠢，在政治上不值一提。教育系统则进一步灌输了这些虚假预设。

作为回应，布尔迪厄（Bourdieu 1998a: 52-59）主张：对欧洲跨国新自由主义势力，要进行反身式的战斗。虽说新社会运动（也即环境保护群体）引发了社会抵抗，但在信息沟通方面，尚无法匹敌统治群体的象征权力。社会研究者应在话语方面协助社会活动者，批判保守媒体的信条。布尔迪厄怒斥知识界的同事，因为他们在政治上"模棱两可"，总是向新自由主义"投降"，并与新自由主义"合作"。在统治阶级中，知识分子是其中被统治的部分。尽管如此，布尔迪厄认为：无论是对政治无动于衷的态度，还是拿"搞专业"作为托词的做法，都是无法接受的。有些社会学家认为：布尔迪厄在此有了明显的转向，他之后追求"政治社会学"，要直接介入公共议题，希望改变社会结构（Agger 2000; Burawoy 2005）。

布尔迪厄的政治对体育运动社会学家有直接的影响。研究者应介入体育运动中的社会活动，公布自己的研究成果，批判跨国企业及管理机构。伦斯基（Lenskyj 2000, 2002, 2003, 2008）参与社会运动，反对主办奥运会时的昂贵开销。她的行动，及其对奥运会的研究成果，让她成为布尔迪厄所称公共介入型知识分子（也即葛兰西所说的有机知识分子）的范例。体育运动社会学家大可在各种议题上介入运动群体或社会运动，如商品化和理性化——这让很多历史悠久的共同体不复往昔，如举办大赛的公共成本，又如体育运动管理机构和跨国企业或某些国家的伙伴关系，而这些企业或国家的人权记录却很糟糕。

在体育运动政策方面，布尔迪厄崇尚"现实的乌托邦"。"现实的乌托邦"理应消除商品化和工具性的理性化。其目标是让体育运动再次获得"运动世界珍视的那些价值，而那些价值几乎也正是艺术和科学所珍视的（非商业、以自身为目的、公正无偏、珍视公平竞赛、看重'比赛本身的样子'，反对为了结果牺牲其他）"（Bourdieu 1998b: 21）。

布尔迪厄推崇"连贯且普遍的模式"，这种模式具有政策色彩，具体如下：

- 体育运动具备教育维度。
- 国家支持无薪运动官员。
- 反腐行动。

- 给年轻选手更好的指导，让他们有更好的前途。
- 让草根运动和精英运动联系更紧密。
- 提供现实的认证通道，让年轻人成为精英职业选手。
- 通过体育运动，让移民融入社会。
- 创制体育运动宪章，适用于一切运动员、官员、媒体，让体育记者成为"体育运动世界的批判良心"。

要让体育运动走向未来，这些措施是很值得推荐的。对布尔迪厄来说，这也标志着其社会学重心的转换：早期偏客观主义的视角，解释特定文化场域社会群体的文化偏好和文化实践；后期介入政治，采用偏主观主义的立场，凸显体育运动场域中某个特定的批判点，强调运动偏好和运动实践本身就是社会之善。这样，布尔迪厄就在两方面实现了平衡：一方面是他以往深刻的社会学理论，另一方面是公共知识分子的批判政治。

结论

布尔迪厄为社会学贡献良多。对结构-行动的二分法，他提供了一套可行的替代方案。虽说在我看来，该方案还是偏向结构主义，聚焦于权力关系和权力划分。他提供了以下社会学关键词：惯习、场域、资本、实践、区隔。这些关键词影响深远，对社会学研究者而言，是很有用的概念工具。他的社会学混合了理论

和证据，便于把两者放在一起思考，并给体育运动等场域带来了新阐释（Jenkins 1992: 61, 98）。《区隔》一书就是重要的研究成果。我们从中或可追溯到相当类似的故事，那个故事的主题也是阶级品味和文化势利。此外，《区隔》还提供了系统、综合的分析模型。布尔迪厄考虑到社会学家可能的偏见，认为他们有批判的责任。这是他对研究方法论的重要贡献。然而，这一贡献却被低估了。我们必须联系他对教育的批判，以理解他的上述观点。他的"象征暴力"概念，展示了象征镇压的种类和经验。暴力对社会有很多危害，布尔迪厄让我们对暴力有了更全面的理解。布尔迪厄认为：社会科学家应当积极揭露并挑战统治系统。我们难以反驳该观点，该观点也融入了布尔迪厄的整个社会学理论。最后，不妨把布尔迪厄的政治遗产和他的英国同行安东尼·吉登斯（Anthony Giddens）相比。后者提出了"第三条道路"的社会理论。该理论与英国前首相托尼·布莱尔（Tony Blair）的社会政策结合得过于紧密了。

不过，布尔迪厄的进路也确实有一些明显的缺点。我在此列出三点：第一，对体育运动本身的复杂意义、愉悦、美感，该进路涉及甚少。对布尔迪厄而言，体育运动的这些方面对社会行动者而言只是获得基本目标的手段，而基本目标就是实现区隔。如果我们在这点上追随布尔迪厄，我们就很容易忽视体育运动的如下潜能，也即康科利尼（Canclini 1995: 20-21）所称的美的自发的、非功利的形式"。

186

第二，虽然布尔迪厄也强调，体育运动场域与其他场域相比，具有"相对的自治"，但也可将其进路有效地引入其他更大的、更有影响力的场域。例如，工人阶级男性的运动文化主要源于工人的产业状况：体力劳动其实提升了对高强度体力运动的偏好。与之类似，打高尔夫球就标志着：想让自己"看起来像"成熟的资产阶级成员（Bourdieu 1990a: 132）。

用布尔迪厄的分析框架，也很难考察各个特定项目场域中的象征差异和文化冲突。这类差异和冲突在项目中不容小视，但又不能简单地把原因归结为阶级惯习或区隔宣称。例如，在很多运动项目中，在各个俱乐部、国家、地区之间，在战术策略、技术运用、比赛风格方面，都存在激烈的论战。这类论战常论及比赛风格，讨论哪种风格有助于建立特定的城市身份、地区身份、国家身份。再举个例子，对不同的群体来说，冲浪运动具有不同的意义。在这些群体中，有正统的救生员，有快乐主义冲浪者，有注重消费的冲浪者，有三项全能选手，还有那些要把冲浪运动职业化的人（Booth 2001）。用布尔迪厄的进路，我们很难深入探讨这些论题，除非我们能把这些方面都连接起来，并视之为特定的阶级惯习。

187　第三，还有一些对布尔迪厄社会结构和社会行动理论的批评。简言之，社会行动者显得"过于社会化"了，所以我们也许可以抛开阶级，解读他们的项目品味和项目实践。在这儿，布尔迪厄进路的问题是：把项目品味视为"过于确定的"，"好像一切都被预先决定好了"（Boltanski 2011: 22）。因此，布尔迪厄有些忽视了社会行动者的批判潜力，如在不同的社会场域中，他们会如何反映自己的地位。此外，他还把社会行动者参与项目的范围收窄了。

布尔迪厄把阶级和文化实践联系在一起，但这种观点受到了质疑。美国学者甘斯（Gans 1999: 19）认为：精英行业的从业者把文化实践当成"地位指标"，而非当成资本形式，不是布尔迪厄所说的"虚拟的工作资格"。此外，那些"大众文化"（如快餐或方便食品、批量生产的家具）跨越阶级的程度，要比布尔迪厄理论所说的更大（Gartman 1991）。在芬兰，对运动项目的兴趣跨越了阶级界线，虽说有些休闲活动在阶级内外也承担了区隔的任务（Heinilä 1998）。其他斯堪的纳维亚地区的研究显示：是社会–经济资本，而不是文化资本，影响了观看比赛的类型（Thrane 2001）。

要改进布尔迪厄的理论，发展布尔迪厄式的进路，我们需要写一本新版《区隔》。新版《区隔》应适应多种文化，更聚焦于运动项目，并能适用于更多的国家。要写成新版《区隔》，在方法方面，可追随布尔迪厄，既使用定量的方法，又使用定性的方法。在确认每项"游戏"的"相对自治"时，应研究运动场域在不同地区、不同国家的建构，以及运动场域在国与国之间的建构。在写作时，不妨超越布尔迪厄的四重资本模型。的确，有些学者扩充了该模型，推出了"人文资本""健康资本""亚文化资本""性资本"或"色情资本"。这也说明：社会行动者会利用各种资源，在各个社会场域获得区隔，赢得更多的社会成就（Becker 1964; Grossman 1972; Hakim 2011; Thornton 1995）。

有些社会学家考察了当代亚文化，也多少说明有改进布尔迪厄框架的需要。这主要体现为：在特定的文化实践中为区隔而斗争。例如，桑顿（Thornton 1995: 11-14）认为：年轻人在其亚文化领域中，常说自己有"亚文化资本"。汤普森（Thompson 1995: 223）发现：当代球迷文化有自己的权力等级，他们形成了惯例——根据你是新手，还是行家，进行了区分。以上两个例子都说明：要获得区隔，就得占有各种资本。而在各个亚文化场域，这点体现得尤为明显。在思考体育运动比赛时，也会发现类似的问题。球迷使用各种互动策略，以确认或估算彼此的亚文化资本。这些互动策略包括：作为球迷，你能回忆起重大赛事的经典时刻吗？你能辨别特定的技术吗？你能认出某

188

个球员吗？你是看着比赛长大的吗？这些问题的答案，往往能在当事人与项目独有的社会历史关系中找到，而未必能在整个社会的统治关系中找到。

讨论题

1. 根据布尔迪厄的观点，我们的项目品味是怎样与我们的阶级地位关联的？我们的惯习及各种资本，都在其中扮演了哪些角色？

2. 我们如何进行特定的项目实践，以把自己和他人区分开来？

3. 根据布尔迪厄的观点，我们该如何改革体育运动以挑战新自由主义政策？社会学家应在其中扮演什么样的角色？

4. 总之，在布尔迪厄对体育运动的观点中，哪些是洞见？哪些又需要改进？

11 后现代体育运动：碎片化、消费、超真实

20 世纪八九十年代，在整个社会科学界，后现代社会理论提出了一些重要的关键词，并提供了一些重要的争论域。各种理论家都与"后现代"联系在一起，如尼采、福柯、德里达、鲍德里亚、利奥塔、罗蒂。支持者和同情者认为：在社会科学界，出现了"后现代转向"；既然社会学家装备了后现代理论，就能解释这个后工业的、消费主义的、符号化的、全球化的世界。怀疑者则提出了反对意见，他们认为后现代主义缺乏理性的原则，缺少批判的基础，夸大了社会变迁的程度，在社会学上只会昙花一现。到了 20 世纪 90 年代晚期，社会科学领域的"后现代争论"大不如前，虽说其他的研究领域还继续受到后现代主义的影响。

随着关键词意义增多且互相矛盾，后现代争论变得越发复杂了。下文的讨论基于两大定义。其一，"后现代性"一词指的是社会组织的新形式，特别指后工业社会中新社会分层、新社会关系、新社会反身性。在体育运动方面，后现代性指的可能就是：在阐释、展现运动赛事时，新社会阶级发挥的影响力；或指向更一般的社会身份（超越异性恋白人男性），商家用这些身份划分目标市场，推动与体育运动相关的消费。其二，"后现代主义"一词指的是新文化运动和新文化哲学，出现在电视、电影、音乐、艺术、文学、舞蹈、体育运动中。对这类后现代文化类型

的诞生时间，学者们常常莫衷一是。不过在体育运动方面，我们要特别指出：自 20 世纪 80 年代以来，出现了新型的大众媒体报道。广而言之，后现代文化类型指的是：运动馆的建筑设计、运动电影的制作技巧。除了有上述的区别，"后现代性"和"后现代主义"这两大关键词分别标志着与现代性和现代主义分道扬镳。

要考察体育运动与后现代争论，本章分为六大部分。开头三部分介绍后现代社会理论和后结构主义理论的主要元素，及其与体育运动的关系。第四、五部分考察社会学进路解释后现代性的方法，以及如何用那些视角考察体育运动。第六部分集中讨论法国社会理论家让·鲍德里亚的著作，并用其理论解释体育运动。我在总结时，讨论了与现代体育运动有关的几个关键批判政治问题。

后现代社会理论和后结构主义社会理论

我先来考察后现代社会理论和后结构主义社会理论的主要观点。先要比较现代社会理论和后现代社会理论。后现代进路拒斥现代理论的主要观点，也即现代科学知识基于普遍理性的"真"，超越当地习俗及其信仰系统，能够为人类提供长期的发展，甚至能让人类获得解放（Best and Kellner 1991）。后现代立场则不以为然，认为现代"宏大叙事"或宏大的知识理论或许能提供进步，但也会因志向太大而失败，最终造成灾难（cf. Lyotard 1984, 1993）。想想先进的科学知识，核技术造成了放射泄露的灾难，这导致二战及战后成千上万平民死亡，并置全世界于完全毁灭的永久威胁之下。

191后现代主义者搁置了这种现代假定：知识是普遍"真实"的，存在普遍的伦理和普遍的规则（如普遍的人权），适用于所有社会。与之不同，利奥塔、罗蒂等后现代主义者认为：知识与特定的文化相关；其实，知识在各个文化"语言游戏"中组成，每种"语言游戏"都有其规则、标准、原则（Kellner and Best 2001）。对外人而言，有些语言游戏看起来奇怪、非理性、不道德。不过，我们既然是外人，就不能很好地理解这类知识系统或语言游戏。因此，我们就没资格评判这些社会；即使在感到他们对我们有所冒犯时，也没资格干涉。

如何把这些后现代主张应用于体育运动呢？我们不妨从现代对体育运动的宏大叙事开始，说体育运动让人更强壮、更健康、更快乐、更有竞争力，让人有"更好的"身体，所以体育运动能发展体格，并让人获得社会解放。后现代立场则盯住体育运动和运动科学的阴暗面，如运动员遭受的伤痛、运动员利用科学知识系统化地使用禁药、参赛者和观众间的暴力和骚扰。我们不妨指出这点：至少从 19 世纪晚期开始，现代西方体育运动就强行挤入了多种文化之中。这样做有个直接的后果，就是很多非西方的身体文化（换言之，非西方的身体"语言游戏"）衰落了，甚至被摧毁了。此外，后现代主义立场或许会挑战宏大的"体育运动为了发展和平"（SDP）计划，该计划自 20 世纪 90 年代中期有了长足的发展（在第 12 章，会继续讨论此问题）。SDP 里有块重要的工作是：用体育运动推进非西方社会某些方面的发展（如在教育或人权方面）。在撒哈拉以南的非洲，尤其如此。后现代主义会批判SDP，认为 SDP 是表现现代西方思维傲慢的经典案例，是用体育运动把西方"语言游戏"烙刻进非西方社会（Giulianotti 2004b）。

后结构主义社会理论的代表人物是德里达和福柯，他们代表了后现代理论的重要一脉。后结构主义认为：权力和知识不可分割且彼此交织。例如，福柯认为：掌权的资产阶级群体就身体制造了科学话语，如通过医学或监192狱学，来规训或统治各个人群，特别是那些"危险的"低端阶级及女性。德里达（Derrida 1978）也在文学理论方面提出了后现代观点。

他否认作者有权控制文本的意义及解释。相反，写作是高度情境化的，是不稳定的，永远向批判的"解构"开放。和利奥塔一样，德里达（Derrida 1978）还挑战了西方理性的"逻各斯中心主义"，认为那是建立在客观、永恒、科学、普遍的基础上的。

在体育运动社会学方面，后现代主义的影响主要体现在福柯理论上，尤其涉及身体规训和身体统治、对自身的关切、对运动场地内外的监视（见第7、8章）。德里达的理论影响不大，但应用于体育运动，也产生了一些成果。例如，很多项目的规则手册和管理机构具有"逻各斯中心主义"，指向"绅士行为""公平竞赛""运动举止"等价值。后解构主义理论能让我们解构这些关键词，揭示这些关键词在性别、种族、阶级方面与生俱来的偏见，展现现代体育运动机构的政治根源。对体育运动管理机构宣称的使命和宪章，也可如此解构。[29]除此之外，在后现代理论和后结构主义理论中，往往有相对主义色彩。这能让我们识别体育运动中的深层文化差异，如用各种方式解释特定项目中的规则和习惯。

说到对后现代立场的批评，我们不妨指出两点。第一，后现代主义的相对主义立场最终是不合逻辑的：你不能既否认任何普遍的真实，又做出"真实宣称"。就算我们能在真实宣称中暂时悬置信仰，我们也无从评判任何主张。如果情况真是这样，那社会科学明天就可以关门大吉，因为其主张并不比任何其他来源更为有效。

第二，结果就是，后现代文化相对主义看起来就像失去了政治希望，放弃了道德批判。对我们道德罗盘中的基本观点及普遍观点，有些后现代社会理论好像也要将其相对化。例如，要全然放弃普遍人权的观念。这种立场意味着我们可以对极权下绝望的人民视而不见——因为我们并不在他们的文化中，所以我们没法理解他们，更不可干涉他们。在体育运动领域，这或许就意味着西方组织得停止用体育运动推动发展、维持和平，即使女性的权利被公然侵犯，即使暴力冲突造成了大量苦难。站在后现代主义立场上，还可能会导致这种情况：就算运动员在体育运动圈子内外遭到相关当局系统化的迫害，他人也不得干涉。在这些情况下，我们得说采用后现代立场会损害社会，而不能改善社会。的确，对其他文化"容忍且开放的心态"好像只会让我们丧失道德良知（Morgan 1998: 362-363, via Rorty 1991）。

即使有以上批评，我还是认为：有选择地使用后现代社会理论，有助于发展体育运动社会学。我们之前看到，使用福柯式的后结构主义理论，有助于解释权力在运动机构中的运行方式。在此，我再加一点，使用后现代理论，有助于持续且批判性地审视各个项目的宪章及"普遍伦理"。例如，在SDP方面，偏向后现代主义的立场有助于西方组织和西方研究者批判性地反思自己的工作。这儿有个关键的问题，就是得对当地人及当地文化了解到何种程度，才能在这些不同的处境下，避免生搬硬套西方价值、西方发展规划、西方运动实践。此外，后现代主义者和后结构主义者正确地认识到：对文化多样性及其他知识系统，大家的兴趣越来越大，无论是在体育运动领域，还是在其他社会领域。就以上主题，我将在下一节探讨反分化的后现代观念。

后现代世界和反分化

按拉什（Lash 1990: 11-15, 173-174）的说法，现代世界的特点就是：现代生活有很多方面分化越来越严重。因此，社会结构、社会组织、社会机构、社会身份都变得越发不同，彼此的区别越来越大。与之相反，后现代世界是和"反分化"联系在一起的。"反分化"也即打破这类现代的界限，破坏这些现代的区隔。因此，现代社会越发复杂，在文化、经济、政治、社会等领域，分化越发严重。与之相反，可这样认识后现代性：后现代性让这些领域有了更多的交织和互动。体育运动是文化领域的一部分，但也逐渐嵌入了经济领域（通过愈加广泛的商业化），嵌入了社会领域（如当代社会媒体），嵌入了政治领域（政客喜欢涉足体育运动，以提升其影响力）。

后现代主义对界限的反分化作用还体现在：高雅文化/低俗文化这种分类显然被瓦解了。现代文化被划分为两大基本领域：一是"低俗"文化或"流行"文化。那是张扬的、人人可参与的、强调体力的工人阶级活动，如流行音乐或传统民俗活动。在体育运动或身体文化领域，就是联盟式英式橄榄球、拳击、摔跤、工人阶级社区的足球。二是"高雅"文化或官方文化。这些项目比较文雅，参与者心态超然，有批判精神，展现了资产阶级的追求，比如表演艺术或文学。在体育运动领域，大概包括英式板球，该项目强调策略，强调观看比赛要心态超然。

文化后现代主义主张消除高雅文化和低俗文化的现代界限。因此，我们看到英式橄榄球场上吟唱起了诗歌，看到诺贝尔奖获奖作家为足坛"坏小子"写作，看到作曲家为足球作曲（Rowe 1995: 165）。我们还发现"高雅"文化和"低俗"文化在标志上互相关联，以有趣的方式结合在一起。在大众媒体上，这点体现得尤为明显。例如，英国电视转播了1990年意大利世界杯决赛圈，我们看到在表演中大量使用了歌剧唱腔。此外，电视还转播了"三大男高音"（卡雷拉斯、多明戈、帕瓦罗蒂）音乐会。之后，BBC报道了2004年葡萄牙欧洲杯，内容是以各国大画家的风格绘出各国球星画像（以莫蒂里安尼的风格为意大利球星布冯画像，以莫奈的风格为法国球星齐达内画像，以毕加索的风格为西班牙球星劳尔画像，等等）。在后现代混搭风格中，先前的"低俗"文化（足球），以有趣的方式，与"高雅"文化（歌剧、绘画）联系在了一起。

可以说，在反分化的过程中，观众和作者（或表演者）的那些老式的现代界限变得模糊了（Lash 1990: 173）。现代体育运动发展的标志就是：在观众和选手间出现了明显的分化和隔离。后现代的反分化过程体现在各个方面：通过营销话语，让观众成为"表演的一部分"；让球队吉祥物和观众在一起；在参加投篮比赛前，让每个观众分别登场亮相；通过装在赛车上、板球三柱门上、滑雪者身上的摄像机，让观众获得"第一人称视角"；通过推特、脸书等社交媒体，让观众和选手进行持续的虚拟互动。

后现代文化还要压缩（或反分化）时空距离（Harvey 1991）。当代技术及全球化体制可让形象和资本在全球瞬间移动。电视能报道各国各种运动项目，有的是录像，有的是直播（Gottdiener 1995: 50-51）。有些电视节目在报道时，会横跨几十年，或把某个选手的今昔形象合在一个镜头中（see Rail 1998: 154）。在日常生活的层面，也有些压缩时空的情况。如俱乐部在全球范围内雇佣精英选手，而体育运动大赛可以"把世界带入一座城市"——选手和观众来自各个国家，在某个城市相遇。

最后，我们或可认为：在各个项目及各个文化领域，均出现了后现代反分化进程。在体育运动和其他休闲文化间，存在着密切的联系。例如，自20世纪80年代，把运动科目和训练手段（如跑步、划船、举重、"有氧拳击"），作为健身热身的环节。在北半球很多地方，涌现了"生活方式体育运动"，如冲浪运动、滑雪板运动、滑翔伞运动，这些项目一般拒绝现代体育运动的竞赛模式。自20世纪70年代早期，我们见证了西方体育运动与东方武术的界限越发模糊。特别表现在，后者发展出了若干竞赛模式，在西方吸引了数以百万计的新手参与（Guttmann 1988: 179-181）。我们还发现了用东方灵性知识解释分析西方体育运动的情况。这体现在书名上，如戴维斯·米勒（Davis Miller）写的《穆罕默德·阿里的禅与执念》（*The Zen of Muhammad Ali and Other Obsessions*），又如利兰·T.刘易斯（Leland T. Lewis）写的《高尔夫之道》（*The Tao of Golf*）——这展示了后现代对东方信仰体系的介入。

总之，在展现后现代性的结构变迁和文化变迁时，"反分化"概念用处甚大。在很多方面，现代的分化形式被弱化、被挑战了，各个领域的界限被打破，彼此互相渗透。反分化进程也体现在后现代社会身份的形成过程中，我现在转而讨论该问题。

后现代性和社会身份

后现代性也与新型社会身份相关。我认为：在后现代社会，社会身份不再像现代时期那么"固定"，变得更复杂、更流动。老式的现代身份属于"封闭范畴"，如阶级、性别、国籍。在后现代社会，这些范畴的内在界限越发模糊，其社会意义也越来越小。例如，性别角色和性别身份变得越发复杂、越发多样。在性方面，尤其如此。在老式的男性主导的公共领域，女性的地位变得越来越高。单一"国家身份"这种观念与固定的民族国家密切相关，但这种观念现在也在不断弱化。因为移民现象，还因为地域间移动越来越快，国家身份的形式愈加复杂（如双重国籍、多重国籍、归化人士）。此外，地区身份或"亚国家"身份逐渐凸显，如西班牙的巴斯克身份和加泰罗尼亚身份，如英国的苏格兰身份和威尔士身份。现代身份往往与生产过程联系在一起，如社会阶级或雇佣类型；后现代身份则多与消费相联，如特定的消费品味或休闲偏好。和现代时期相比，后现代社会行动者"惯习"的流动性更强，显得支离破碎。后现代消费者更爱保持多样的文化品味，横跨多种现代范畴（特别是社会阶级范畴）。因此，可以说后现代的文化品味更为折中，难以将之定格在旧有的阶级身份上。毕竟，有些个体既爱好朋克音乐，又喜爱歌剧，既喜欢芭蕾，又爱看美式橄榄球。

有些学者认为：社会身份和社会关系转变成了更为激进的形式。马费索利（Maffesoli 1996）做出了这种假设：当今社会生活主要为"新部落"所塑造。在某些表露情感之地，个体以后现代的方式迅速聚集起来，又迅速消散而去（Bauman 1992: 137）。在消费文化和流行文化方面，新部落主义体现得尤为明显。例如，老式的现代亚文化（如光头党、潮派、朋克、球鞋帮、哥特派等青年文化）逐渐有了固定且复合的身份。反之，后现代身份则具有新部落主义的特点："混合且混战"——把先前的亚文化改造后，将其混入后现代身份，创造出新旧文化的混合物。

197 　　新部落身份标志往往富于美感、变化多端，不太会固定于特定的形式——特定的形式则用来展示强大的协同。看一下文身的变化：之前，这些身体标志常常用于展现个体（尤其是工人）与社会构成（如家庭、家乡、国家）深刻而固定的联系。如今，后现代文身关注审美，并指向跨国身份，如文上汉字。至于文身的位置，如今流行文在身上比较隐蔽的地方，如文在脚上，或文在后肩上。而且，现在不论阶级，不论性别，大家都这么文身（Turner 1999）。

观众对球队也没那么忠诚了，变得"见异思迁"。我说过，体育运动的观众身份有四种：支持者、追随者、粉丝、闲游者（Giulianotti 2002; 注：在那篇文章里，为了特定目的，我用了很特殊的方法定义这四个关键词）。在那篇文章中，可以说支持者和后现代闲游者的反差最大：支持者有相对固定的球队身份，尤其支持当地球队。闲游者没有这种强烈的协同，总是在转移兴趣，一会儿支持这家，一会儿又支持那家。在消费文化下，闲游者会购买运动队的商品标志，如戴上纽约篮球队的帽子，穿上芝加哥公牛队的T恤，套上巴西足球队的运动衫，披上胸前有"Italia"字样的运动服。闲游者身份，体现了流动的、有新部落色彩的跨国消费主义，这有可能让球队的身份分崩离析。

研究观众的类型，还有更为根本的意义：对现代/后现代争论，我们应多关注两者复杂的关系及这两大范畴的共存状态，而不是关注这两个术语。（的确，这种观察契合后现代理论，毕竟后现代理论乐见界限消亡。）例如，在精英体育运动方面，我们能看到顶尖俱乐部努力与支持者维系现代纽带，同时又要把产品卖给跨国闲游者。我们还能发现，在体育运动中有两种身份共存：一种是现代的、固定的亚文化身份，另一种是流动的、新部落的身份。例如，我研究了苏格兰、英格兰两地的足球流氓，研究表明，在足球流氓中，这两种身份都很突出。硬核流氓忠于流氓事业，有明显的亚文化特色；新部落人士则时而参与流氓活动，时而退出流氓活动（Giulianotti 1999）。不过，值得一提的是，先得由现代的运动身份提供社会条件和社会语境；有了这些社会条件和社会语境，后现代社会参与者才得以进入。例如，有了支持者和亚文化建立的社会空间和社会身份形式，闲游者和新部落群体才能进入并逗留。此外，根据情况，我们也发现有些个体处于这些范畴之间，如英格兰足球队的支持者。他们也像闲游者一样购买时尚的运动商品。

总之，在对体育运动的社会学研究中，这些关于社会身份的后现代化的观点很有价值。要研究体育运动的"后亚文化"身份、以消费为基础的身份、新部落主义、闲游者社会类型，上述观点尤其重要。无论如何，我们都得承认：要构建、发展后现代身份，前提是现代社会身份一直在发挥作用。此外，我在下一节还要讨论：在塑造后现代身份、进行后现代文化实践的过程中，社会阶级所起的作用。

后现代体育运动和新中产阶级

如我在上一节提到的，后现代身份大概是与消费（休闲）联系在一起，而不是与生产（工作）联系在一起。不妨进一步关注这个问题：为何后现代身份既与生产转型有关，也与后现代社会生产消费界限消亡有关？

广而言之，在政治经济方面，后现代性与以下情况有关：现代制造业、重工业衰退，而后工业的、服务引导的、"知识为本"的雇佣领域则越发兴旺。结果，后现代性就有了一大特征：北半球发达社会的阶级结构有了巨大变化。这类结构变化见证了老式工人阶级在数量上大为减少，并分裂成各种碎片。我们还看到白领人士越来越多，其中有不少人从事着收入低且乏味的工作，如电话销售。在北半球的很多国家，尤其是英美两国，"新右翼"、新自由主义政府对后工业化地区没提供什么社会支持。在20世纪八九十年代，这些政府还要对愈加严重的社会不公负责。在底层，忍受低收入甚至遭受失业的工人越来越多；他们没有多少受教育的机会，基本没什么社会流动的可能。在顶层，有一小群精英，他们于自由市场政策获益甚多，这些政策如减税、降低福利、建立新型但缺乏规制的全球金融部门。

在这些社会变化之中，与后现代文化相关的阶级就是"新服务阶级"或"新中产阶级"，这些阶级与销售、营销、媒体等知识产业或生活方式产业息息相关（Lash and Urry 1994:

164）。新中产阶级是后现代文化的社会引擎，驱动着文化品味、文化习惯、雇佣方式。在旧有的"高雅"文化和"低俗"文化间，新中产阶级搭建了桥梁。与传统的资产阶级不同，新中产阶级拥抱流行文化，而不是拒斥流行文化。他们经验丰富，会批判性地（而非被动地）介入消费产品。新中产阶级还乐享"日常生活的审美化"，意在美化日常社会生活的方方面面（Featherstone 1991: 35, 44-45）。

这些社会转型对体育运动影响甚大。自20世纪80年代末期，对精英职业体育运动而言，经济文化因素愈发重要。例如，EPL、MLB、NFL、AFL、IPL等职业联盟愈加重视服务部门，要增大媒体覆盖率，关注商业环节，聚焦消费文化。新中产阶级在此至关重要，他们驱动着新体育运动经济的各个方面，如运动商品的设计和营销，又如（纸质或电子）运动媒体的制作与生产。此外，新中产阶级往往具有以下惯习：四海为家、意在批判、涉足文化。运动文学及媒体写作因此不断发展。与20世纪80年代末期相比，媒体的内容有了如下变化：信息更多、文笔更好、超越国界、篇幅更大。运动粉丝杂志和在线博客都体现了这些特点。

200　　我们不妨认为：对特定的社会群体介入体育运动及整个休闲领域的方式，阶级后现代化的进程具有至关重要的影响。例如，我们可以想一想旅游业。费费尔（Feifer 1985）提出了"后-游客"的概念。此概念随后为厄里所发展（Urry 1990: 90-92），用于解释这种转变：从现代大众旅游，到"后-旅游业"。"后-旅游业"意味着超然、反讽、选择多样、灵活多变，以玩乐的态度介入"高雅"文化和"低俗"文化（Featherstone 1995: 120）。"后-游客"很明白这点：当地"旅游工业"声称会让你有"本真"的体验，会让你领略"纯粹"的景色。但实话实说，那些体验或景色很可能是由社会所建构的，意在满足游客的期望。因此，"后-游客"的品味与新中产阶级的惯习是基本一致的。最后要说的是，虽然出现了"后-游客"，但并不意味着现代大众旅游消亡了。

我们可以将"后-游客"的这些特点，转换到体育运动领域，用于思考赛场上的观众行为，以揭示"后-粉丝"（Giulianotti 1999）。在此意义上，"后-粉丝"是这样的观众：他对体育运动的社会建构，采取了玩乐的、反讽的、超然的态度。在观看运动赛事时，他会以玩乐的态度享受由当局组织的公共赛事。他多半也明白这点：体育运动的八卦争论基本上是由公关人员"杜撰"的。

在下一节，我转而探讨支撑后现代社会的深层政治经济力量。这涉及两方面的内容：一是新资本主义的类型；二是在体育运动领域，这些进程的表现方式。

后现代体育运动与新资本主义

按某些研究者的看法，后现代社会的标志是"后福特主义"，意味着"无组织的"生产关系（see, for example, Amin 1994; Lash and Urry 1994）。与之对应，20世纪现代的、有组织的资本主义是以"福特主义"生产模式为中心构建的。福特主义的先驱就是福特汽车公司。在理想的状态下，福特主义意味着高效的大规模流水线生产。在福特主义的工厂里，劳动分工复杂，雇员从事专门且例行的工作。福特主义工厂要最大化劳动生产率，还要系统化地降低工人的自治权和创造力，并回报以高工资及工作保障。大规模、高效率、组织严密这三大特点，在从工厂到消费者的整个过程中，都在生产、营销、销售各环节得以体现（Gramsci 1971: 310-313; Grint 1991: 294-297）。基于"规模经济"原则，福特主义工厂还制造了最多的商品，"以防"大众市场供给不足。

后福特主义被认为是与福特主义强烈对立的。在后福特主义经济中，生产、营销、消费各个环节都有更多"灵活的专业性"。产品被引进、重新设计，再被迅速抛弃，以紧跟市场的潮起潮落。此外，后福特主义重视对服务部门的投入，特别是销售、营销、研究、设计。因此，产品就有了生活方式的意义，与各个市场人群快速变化的消费习惯、口味、身份相关（Amin 1994）。与福特主义相比，后福特主义的劳动单元更小，跨任务工作及短期合同更多。在流行音乐、体育运动等文化工业中，后福特主义有知识密集及反身的特点（Lash and Urry 1994: 121-123）。体育运动媒体要做好规划，就需要软件专家和媒体分析师，在监视观众、了解观众兴趣的基础上，升级生产技术。

如我之前所说的，体育运动在福特主义和后福特主义的生产消费形式方面，展现了现代和后现代的交织共存。我们以运动商品的生产销售为例，思考一下这个问题。在20世纪70年代以前，运动商品的生产、设计都基本按福特主义的原则运行。例如，运动装备款式比较单一，注重功能性，除了颜色不同，在款式上没什么变化。之后，在运动商品的设计、营销方面，后福特主义愈加占据上风。富于美感的 运动衫也被视为休闲服饰，其款式多种多样，经过了反复的设计，并为当红运动明星所支持。尽管如此，这些后福特主义产品依旧非常依赖福特主义技术，特别依赖发展中国家大工厂里的大规模生产，尤其是东南亚和中美地区。

弗里德里克·詹明信、大卫·哈维（David Harvey）是新马克思主义社会理论家。他们主张：后现代化的过程与有组织资本主义的变迁紧密相关。詹明信（Jameson 1991: 400）如此定义后现代主义——"晚期资本主义的文化逻辑"；或沿用曼德尔的说法（Mandel 1975），视之为资本主义在战后的"第三阶段"。后现代主义的特色就是把文化、媒体变成商品——从高雅艺术到电视娱乐（Jameson 1991: 276-278）。哈维（Harvey 1991）追溯后现代社会的源头，也即20世纪70年代。那时，出现了灵活的生产方式，出现了文化碎片化，还出现了无法预料的社会变迁。哈维认为：后现代社会理论强调差异、社会复杂、时空压缩的重要意义，如在信息全球流动及人员旅行中，就能体现以上特征。不过，后现代社会理论也受到了批判，既因其对现代性"宏大叙事"（特别如马克思主义）过于不屑一顾，也因其过于重视审美议题，而不关注经济基础及伦理问题。

总之，詹明信和哈维教我们批判性地考察以下问题：后现代社会文化潮流可能让政治经济力量愈加分明，让政治经济利益愈加分化。例如，詹明信（Jameson 1991: 406-407）就有如此预见：新中产阶级的"气质"和"生活方式"体现了后现代资本主义中主导的意识形态及文化投射。就像其他的社会领域一样，体育运动的商业化进程也变得"常态化"了，体育运动俱乐部雇佣市场营销人员，以指导潜在的消费者，让他们知道如何用商品构建消费主义生活方式。

拉什和厄里（Lash and Urry 1987, 1994）认为：这个资本主义新阶段的核心特征就是组织混乱。这种"组织混乱的资本主义"与全球化进程的联系尤其密切。其标志就是：劳动力、资本、影像、技术全球流动；出现了全球化的城市和全球金融结构；全球性"危机"的影响越来越大；出现了跨国沟通网络（特别是出现了大众传媒）；科层制阶级结构被消解；民族国家衰落了；出现了四海为家的后现代个体（Lash and Urry 1994: 323）。

如果我们整体性地看待全球体育运动，就会发现全球体育运动对组织混乱的资本主义做出了相当的贡献。当代精英体育运动的特征就是：跨国循环、影像传播、资本流动、人员（观众、运动员）流动、商品流动——我们

将在下一章对此详加讨论。国际媒体网络，如被鲁伯特·默多克（Rupert Murdoch）控制的几家大企业，让体育运动影像迅速传播、快速消费。后现代体育运动文化在此有了明显的发展，表现为由媒体制造的时空压缩。在下一节，我将讨论让·鲍德里亚对当代大众媒体及大众消费的观点，他的观点对后现代争论有相当的影响。

极端后现代文化：让·鲍德里亚和超真实

已故法国社会理论家让·鲍德里亚常常身陷争议，而他与后现代争论的关系首先引发了争议。一方面，有评论者指出：他本人拒绝后现代观念，所以不该将他纳入该主题进行讨论（Gane 1991: 46-48）。另一方面，鲍德里亚的概念和论证煽动人心，对后现代社会文化理论的形成影响显著（Bauman 1992; Connor 1989; Kellner 1989; Lash 1990: 238）。现在，在后一种观点的影响下，我将探究在后现代文化方面，鲍德里亚的构想能让我们发展出哪些关键的主张。

首先，鲍德里亚指导我们了解后现代文化的基本倾向：把贯穿于现代生产中的消费和"引诱"置于首要地位（cf. Baudrillard 1998, 2006）。消费社会更看重影像，而不是真实。因此，物的象征意义及其与其他物的关系，变得比物的实际使用价值更重要了。在体育运动

领域，我们见证了运动商品"交换价值"的胜利。运动鞋、网球衫、足球衣、棒球帽等商品比时尚产品有更大的意义。还有些品牌的商品，其设计重点不在于发挥"使用价值"，而仅仅要把运动表现最大化。在某些高度商业化的精英职业选手身上，也能发现类似的进程。他们会"引诱"消费者，让消费者对参与运动的"使用价值"估计过高。

用鲍德里亚的"拟像""超真实"概念，可以解释后现代文化的模拟及虚拟特性。"拟像"的严格定义就是：拷贝实际上不存在的东西（Jameson 1991: 18）。大概可以这么说：虚假的、后现代的文化不断为拟像所充斥，如那些主题公园，又如近来兴建的复古酒吧（是对过去场所的理想化再造）（Baudrillard 1994a: 6）。在某些极端的例子里，运动赛事和运动身份就根植于拟像逻辑中，如虚拟赛马。虚拟赛马是由电脑软件创造的运动，摆脱了诸多日常烦恼，如不用费心询问比赛结果，赌徒也不必担心比赛会有什么猫腻。

术语"超真实"指的是某个被媒体渗透的世界，结合了模拟物和人造物，同时显得"比真实更真实"。例如，大屏幕 3D 体育运动电子游戏是人造的，但与真实比赛相比，参赛者的关系却在这虚拟行动中变得更加密切。此外，电视上的体育运动就是以超真实的方式展现的：移除了刺耳的背景噪声，增强了环绕声场，这样就模拟了"现场气氛"，而这气氛在真实的球场中并不存在。同时，"交互设备"能让观众从各个摄像角度观看同一个场上

事件。这样，真实的参赛者及现场观众看不到的东西，却能为电视观众所体验（Baudrillard 1995: 104; 1996b: 29; 1991: 31-36）。

虚拟世界主导了现实世界，这是超真实的另一特点。精英运动员似乎在追随其虚拟人格，以创造自己的现实身份。或可将此归功于公关行家和营销专家（以及后现代中产阶级成员）。在这个电视时代，他们给运动明星提建议，让明星创造并保持自己的公众形象。在体育运动亚文化中，也存在虚拟胜于现实的情况。例如，我们发现大众媒体、电影、小说、冒险故事赋予足球流氓特定的虚拟形象；我们随后发现有些足球流氓模仿这些形象，无论在实践中，还是在身份上，都是如此（Poster 1988; Redhead 1991）。

要把鲍德里亚的虚拟文化思想应用到体育运动领域，或许电子游戏及电子竞技就是最好的例子。这类"e-sports"（电子竞技）指的是：个体及多个个体参与多种电子游戏，含特定的体育运动游戏（足球、篮球、棒球、田径等），这些体育运动游戏还获得了运动俱乐部及运动管理机构的授权。在世界电子竞技大赛等大型电竞赛事上，有世界顶级游戏玩家参赛。在大屏幕上，这些纯粹虚拟的游戏上演；大量现实中的观众通过大屏幕观看这些比赛。

就虚拟文化，鲍德里亚还有个激进的表述。他声称："海湾战争从未发生"。按多数读者及论敌的看法，他的观点是：海湾战争（1990—1991）基本上是作为虚拟事件（超真实电视时刻）而被体验的（Gane 1993: 185）。

确实，美军放出的多数战争影像都源自虚拟战争游戏，展示了屏幕中目标被定位、摧毁的过程。

转到和平的语境下，我们也能拥有类似的观点。可以说体育运动越发被体验为"虚拟赛事"——当大赛快要举办的时候，电视公司就获得了支配权（Baudrillard 1993: 79-80; 1995: 98）。电视台摄制组"制作"赛事，如煽动安静的观众，让他们"在镜头前歌唱"，以模拟某个现实社会场合；与此同时，观众挥舞标语牌、旗帜，不是为了影响运动赛事，而只是为了吸引电视镜头；赛场内的粉丝也会花更多的时间看大屏幕上的"虚拟事件"，看赛场上"真实事件"的时间也就相应地减少了。事实就是如此，在电子竞技方面，上演虚拟事件的屏幕正是"真实"事件发生之地。

总之，对当代文化的极端现象和极端趋势，鲍德里亚见解深刻。在体育运动的语境下，运动主题公园及运动电视转播就体现了超真实的特性；电子游戏、电子竞技的快速发展也说明了这点；无味的复制版运动明星络绎不绝，在流行文化中循环往复。也许最好用鲍德里亚的观点启发我们的思维，用其关于极端趋势及极端形象的观点，和当代文化进行对比。他的进路还鼓励我们探索虚拟文化（超真实文化）的限度，虚拟文化愈加根植于主流运动文化。例如，我们不妨思考：电子竞技是如何被整合到主要运动机构及运动竞赛中的。未来，奥林匹克运动或许会将电竞项目纳入其中。

206

结论

我说过：和 20 世纪 90 年代相比，现在关于后现代性及后现代主义的学术产出少了很多。尽管如此，这两大概念还是有助于解释 20 世纪 80 年代以来发达社会的巨大变化。简言之，后现代思想有助于检测西方权力、现代知识体系、科学的关系；有助于揭示现代界限之消除、现代范畴之崩溃、现代区分之模糊；有助于记录更加流动的社会身份和文化身份，以及复古文化和日常生活的审美化；有助于强调新中产阶级数量不断增长、重要性与日俱增的事实；有助于考察"组织混乱"或资本主义"第三阶段"与后现代文化的关系；有助于定位虚拟文化（超真实文化）的出现与传播。如我在本章通篇所主张的，这些宏大的进程也都在体育运动领域有所体现。

为了得出结论，我就后现代给出两个互相关联的观点。第一，如我在本章几处提到过的，我们得强调后现代和现代的关系是两者共存、互相交织的，而不是互相对立、"或此或彼"的。例如，我们可以在体育运动的观众身份中发现这点。在观众身份中，既有现代亚文化、支持者、粉丝，也有后现代新部落、闲游者、"后-粉丝"。我们还可以在运动赛事中发现这点。运动赛事既有在赛事现场的活动，也有大众媒体的虚拟的、后现代的转播。在运动商品方面，我们发现既有现代福特主义的工厂生产模式，也有后福特主义的营销、消费类型。最后再来个例子，在体育运动的政治经济中，既有现代资本主义积累的基本模式，又有后现代体育运动扩张到各个商业领域的现象，这两者结合在了一起。在所有这些例子中，我们都能发现现代进程和后现代进程互相交织的现象。

第二，就后现代性和后现代主义的理论和主张，我们不妨考察这些理论和主张能如何发展体育运动的批判社会学。也即，这些后现代立场是否允许我们考察权力失衡和社会分化？是否允许我们确认社会反抗的形式？是否允许我们探索体育运动的未来组织模式？

为了解答这些问题，我推荐大家批判性地介入后现代及后现代主义进路。在积极的方面，后现代主义提醒我们考察权力与知识间的交互关系——这两者的关系既纷繁复杂，又让人产生问题意识。因此，在介入非西方社会时，西方人需要自我警醒，并做出实质上的自我批评。例如，在非西方社会，我们为了发展的目的，把体育运动当成了教育的工具。此外，后现代立场还提醒我们考察后工业化进程中的社会分化和社会不公，思考这些社会现象是如何形成的。后现代主义还有一些观点影响深远。那些观点提示我们确定社会抵抗的后现代形式，无论抵抗出现在我们熟悉的地方，还是出现在我们不熟悉的地方。鲍德里亚（Baudrillard 1993）指出：在这个媒体驱动的时代，我们或许还能发现，那些处于社会边缘

的群体仍然拥有自己的无序奇景，如我们有时在运动骚乱中见到的那样。在不太熟悉的环境中，他会把公众反抗的意义和情感放在以下方面：他们在消费时，会和营销人员逗乐；在投票时，会和民意调查人员说笑。

不过，更有批判意味的是，在我们考虑如何预见并发展别样的体育运动模式时，后现代主义就显得力有不逮了。后现代主义者不愿提出任何未来体育运动的理想形式，这大概是由其社会理论的根本信条所决定的。不过，长远来看，这种立场会让我们无法有效回应社会分化、社会不公、社会危害。在当地、国家、全球各个层次，这些问题依然会存在于体育运动中。

讨论题

1. 从哪些方面，我们能说当代体育运动是后现代的？

2. 体育运动的身份（如支持某支球队）形式变得后现代了吗？变得更有流动性、更复杂、周期更短了吗？

3. 在后现代体育运动的形成过程中，媒体和其他沟通技术起到了什么作用？

4. 总之，在解释当代体育运动时，后现代理论的优缺点各在何处？

12　全球化与体育运动：政治经济、文化创新、社会发展

全球化已经成为社会学研究的重要主题。二十多年来，该主题引发了大量的公共争论及政治争论。因为体育运动大力推进了全球化进程，如奥运会等大赛拥有全球观众，所以体育运动社会学对此"全球化转向"做出了重大贡献。

社会学家罗兰·罗伯逊（Roland Robertson）堪称社会科学界全球化理论的创始人（Robertson 1990, 1992, 1994, 1995）。我在本章对全球化的分析，主要基于罗伯逊进路中的三大方面：第一，我照用了他对全球化的定义，"既指世界的压缩，又指把世界视为整体的意识"（Robertson 1992: 8）。换句话说，全球化进程的标志既是愈加密切的跨国联系（如电讯），又是把世界当成"单一地方"的意识（如在处理环境问题中）。

第二，应当把全球化理解成长期、复杂、多重的进程。该进程至少可回溯至 15 世纪，拥有文化、社会、政治、经济等多个维度（Robertson 1992; Giulianotti and Robertson 2009）。该立场与很多简单化的观点不同，后者将全球化视为西方现代化或新自由资本主义的全球传播（cf. Bourdieu 1998a; Giddens 1990; Scholte 2005; Wolf 2004）。

第三，有个常见的假设，也即假设"当地"和"全球"是对立的。不过，按罗伯逊（Robertson 1992）的看法，我们应该超越这种二元论，而承认当地和全球是互赖的。因此，全球化并非总在"摧毁"当地，全球化也可能会集中展示当地特性或民族特性。例如，全球体育运动锦标赛允许并鼓励各个俱乐部队或国家队，以各种方式展示其特性。

我在本章，就体育运动与全球化的互相联系，探索了三大方面。一是全球体育运动中的核心政治经济议题；二是体育运动与全球化的社会文化方面，特别是有关文化趋同与文化分歧的争论；三是"体育运动为了发展和平"（SDP）领域，在利用体育运动促进全球变迁方面，这代表了近年来最为重要的活动领域。

全球体育运动的政治经济方面

在本章，就体育运动和全球化进程，我交替探索了与之相关的两大政治经济议题。这两大议题一与政治领域不断增大的范围有关，二与全球经济的本性有关。

全球体育运动的政治参与者

差不多一个世纪以来，全球化的一大标志就是：政治参与者越来越多，越发重要。例如，自第二次世界大战结束后，最重要的政治参与者就是联合国及其各种理事会，如国际劳工组织、联合国教科文组织、世界卫生组织。联合国自身就从 1946 年最初 51 个国家参与的会议，扩展成高度复杂的全球政治机构——在 2011 年，拥有 193 个成员国。

与之类似，体育运动国际化的一大标志也是：政治参与者或利益相关者，无论在数量上，还是在种类上，都在急剧增长。自 20 世纪 80 年代后期体育运动出现商业扩张后，更是如此。这些政治参与者或利益相关者常有各种利益及政策，以对全球体育运动的政治施加影响。

为了说明这些政治利益相关者，我们不妨以"理想类型"模型定义他们，把他们分为四类。[30] 作为理想类型，该模式意在强调这些政治利益相关者的主要趋势及主要元素，而不必指明其所有的特征（Weber [1922] 1978: 23-24）。该模型中的每个类别，都与一套同体

育运动相关的政治特权和政治意识形态联系在一起。

- "个人主义的"或以市场为基础的政治参与者，这与全球体育运动的新自由主义政策相关。自 20 世纪 70 年代后期，新自由主义政策就已统治了全球政治经济。这些参与者推进自由市场，降低收入税，削减国家福利，把国家资产私有化；他们还以个人主义、自我依赖、自我责任为中心，实施了社会政策（Harvey 2005; Smith 2005）。在体育运动领域，自由市场政策最强大的支持者包括：最有钱的大俱乐部（如巴塞罗那队、切尔西队、达拉斯小牛队、洛杉矶道奇队、曼彻斯特联队、纽约洋基队、皇家马德里队）；顶级运动员及其代理人；经营体育运动付费电视转播系统的传媒企业；体育运动组织和体育运动赛事的企业赞助商；富有的消费主义观众，他们有能力购买赛事门票及运动产品。

- "国家"政治参与者或以国家为中心的政治参与者，这特别与重商主义政策相关。这些参与者意在维持国家层面的体育运动治理，代表着全球体育运动中的"国家利益"。新重商主义的重要倡导者是国家体育运动管理机构（如各个国家足球协会及国家奥林匹克委员会）、国家体育运动部门、事实上的民族国家、有国家背景的公共媒体（如英国

的 BBC、加拿大的 CBC、澳大利亚的 ABC）。

- 力图维持、增强国际治理正式组织影响的国际政治参与者。这儿的主要政治参与者是国际体育运动管理机构（如 UEFA、FIFA、IOC、ICC、IRB World Rugby）、国际政府组织（如欧盟、联合国）。

- 与"人类"相关的政治参与者，其政策意在构建全球公民社会。这些政治参与者主要是非政府组织（NGOs）、活动群体、社会活动家、调查记者、批判学者。这些政治参与者常把推动社会进步的事业置于首位，如利用体育运动推进人类发展、维持和平、保护人权、维护社会正义，利用体育运动反种族歧视、反性别歧视、反恐同症、反腐。我将在本章随后论及 SDP 时，讨论这些政治参与者及其政策的不同之处。

从这四重政治参与者模型中，能得出三大观点。第一，作为理想类型，该模型不能充分显现每个类别中的差异和分裂。例如，在国家的层面，各国互相竞争，以获得大赛主办权或吸引企业赞助。此外，很多组织的行为超越了它们"主场"类别，并影响了其他的类别或政策领域。如我在本章随后要解释的，这个"全球公民社会"同样有国际组织（如联合国和欧盟）、国家政府、企业参与其中。

第二，全球体育运动的政治与治理常源于这些不同类别的互相合作及互相联系。最重要的合作关系包含了前三个类别，那就是：精英体育运动俱乐部和精英运动员、富有的体育运动消费者、企业、国家体育运动组织、国际体育运动组织。各类合作关系既推进了新自由主义政策或后－市场政策，也推进了体育运动的"过度商品化"——我们在先前的章节中讨论过"过度商品化"问题。

第三，相应地，某些全球体育运动中的政治参与者就被边缘化了。这些参与者一般属于第四个类别，他们的关注点是"全球公民社会"；此外，还包括前三个类别中的弱势群体，如小俱乐部、小国、小体育运动组织、小体育运动社区。大家也采取了种种形式，反抗政治边缘化，例如体育运动中的反种族歧视、反性别歧视、反恐同症。尽管如此，整体而言，全球体育运动的政治还是反映在全球体育运动的经济中，我现在转入这个问题。

全球经济和全球体育运动

要想理解当代全球经济，我们需要想一想西方帝国主义和殖民主义的长期影响。至少从 16 世纪开始，西欧国家就在系统化地殖民其他大洲——美洲、非洲、澳大拉西亚、亚洲的大部分地方。当地人被征服——在很多情况下，甚至被灭绝。殖民地的自然资源也被掠夺。如我在第 5 章所讨论的，体育运动在这些殖民社会的种族分层中起到了重要的作用。

在非洲、亚洲的大多数地方，自 20 世纪

50 年代以来，殖民地人民经过艰苦的奋斗，逐渐赢得了政治独立。尽管如此，又出现了新殖民主义，很多国家依然处于西方企业、西方政府、西方金融机构（如国际货币基金组织、世界银行）的控制下（Bah 2014; Leys 1974）。有一种批判的马克思主义声称：穷国存在系统化的发展滞后，富国以穷国为代价，能比穷国发展得更快。例如，非洲国家和拉美国家因西方机构的压力，维持了低工资、低技术的农业经济（生产水果、茶叶、咖啡、糖等经济作物），这样最符合西方的利益（cf. Kiely 2007: 16-17）。

新殖民主义理论揭示了穷国依赖富国、穷国发展滞后等现象。可用之解释体育运动，用于考察"发展中国家"在全球体育运动经济中的位置。例如，世界棒球为 MLB 所统治。在寻找、招募球员时，很多 MLB 俱乐部会组织拉美棒球学校，这些学校的运作方式就和西方拥有的甘蔗种植园一样。因此，这些由美国控制的学校聚集了最好的当地产品（年轻棒球球员），对当地产品进行初步的"炼制"（如通过最初的指导和评估），向北美输送最好的产品，再进行最终的提炼，成为美国市场（MLB 球迷）的消费品；而提炼剩下的残渣（能力弱的球员），就供当地人消费（Klein 1989; 1994: 193-194）。这个新殖民主义的生产消费系统浪费巨大：就像很多辛苦造出来的糖被美国消费者丢弃了一样，太多拉美棒球选手从 MLB 消失，混迹于低级别美国联赛。这也引发了年轻选手的教育问题，因为这些学校在意的是按

MLB 俱乐部的需求磨砺年轻学生的棒球技术，而不是为他们提供全面的教育（Marcano and Fidler 1999）。可用类似的新殖民主义理论解释其他项目的国际劳动分工，如用于解释欧洲俱乐部招聘、训练非洲足球选手或北美高校招聘、培训田径选手的情况。

"世界体系理论"的先驱是伊曼纽尔·沃勒斯坦（Wallerstein 1974, 2000, 2002）。他对 *213* 全球化的政治经济问题进行了最为系统的分析。按沃勒斯坦的说法，世界体系中的民族国家有三大类型：

- 核心类型。管理有序、传统优良的民族国家，这种民族国家是核心类型，如美国、日本、西欧国家。
- 过渡类型。这些民族国家正经历着巨型财政扩张，管理能力相对落后，技术水平有待提高，商品还可以更加多样。当代过渡型民族国家有新加坡、韩国、波兰、匈牙利、巴西、俄罗斯、印度、南非等。
- 边缘类型。这些国家管理混乱、国界不清，对"核心"国家或企业有结构性的依赖，如多数非洲国家及拉美国家。

可将世界体系理论的基本模型用于解释体育运动的两大方面。一方面，全球体育运动系统把穷国最好的资源输送到富国。例如，非洲或拉美足球选手加入西欧的"核心"联赛或东欧的"过渡"联赛（Dejonghe 2001）。很多位于"过渡"国家或"边缘"国家的足球俱乐部

就指望把球员转会到"核心"国家的俱乐部，指望用转会费来维持俱乐部财政。另一方面，世界体系理论也有助于解释体育运动用品的全球生产链。在这个链条中，"核心"国家的跨国企业在低工资的"过渡"国家及"边缘"国家建立工厂。

之后，沃勒斯坦（Wallerstein 2002）研究了这个问题：世界资本主义体系是如何陷入长期经济危机之中的？2007年以来，这种危机还愈发严重了。这种危机可能会导致世界资本主义系统崩溃，而有更好的系统取而代之的可能只有五成。[31] 可以说，经济危机对体育运动影响不一：一方面，在边缘或外围的环境下，精英运动赛事和精英俱乐部有可能失去观众、失去赞助、失去广告、失去选手、失去利润；另一方面，至少在"核心"国家，主要的运动联赛看起来成功躲避了危机，因为顶级欧洲足球联赛和主要北美联赛的电视转播收入有了大幅增长。

莱斯利·斯克莱尔（Leslie Sklair）就"全球体系"建立了自己的新马克思主义模型。他更强调阶级和意识形态在塑造世界经济中的作用。斯克莱尔（Sklair 1995: 61）认为：全球体系为"转型资本主义阶级"（TCC）所统治。这个阶级属于"国际经理人资产阶级"，这个阶层的人具有全球视野、能够自我定位、国籍各异，他们消费能力强，特别对奢侈品有很强的购买力。TCC主要由这些群体构成：企业决策者、"全球化政府官员"、"资本主义政客和专业人士"、"消费主义群体"（如在商业和媒体中的）。斯克莱尔认为：TCC推进了"消费主义文化意识形态"，推动了"诱导需求"，制造了"买买买的氛围"。这种"消费主义世界观"如今已渗透到大多数社会中。

可用斯克莱尔的模型研究TCC是如何控制体育运动的——无论在国家的层面，还是在跨国的层面；无论在发展中国家，还是在发达国家。例如，印度板球超级联赛（IPL）为中上层精英所控制。他们经营球队，拥有球队的股份、额外的投资（如通过和卫星广播公司的商业运作，或通过球队赞助商）、赞助（来自当地政客或国家政客），以及目标观众（也即印度快速增长的中产阶级）。无论在运动场内，还是在电视转播中，消费品广告铺天盖地，如此把IPL裹入"消费主义文化意识形态"。

还有一些批判全球经济的观点，这类观点集中批判于20世纪70年代后期兴起，并在世界广为传播的右翼新自由主义经济社会政策。我在之前说过，新自由主义与以下两者相关联：一是以个人主义、市场调配为基础的政治行动者，二是不受限制的跨国资本主义。新自由主义会导致上层财富快速增长，社会不公愈演愈烈。新自由主义产生了这些负面的社会影响。在某些发展中国家表现得特别明显。在拉美，这已经导致大众左翼政治运动。这些政治运动抵抗自由市场政策，要控制西方企业和西方政府进一步的影响。

全球新自由主义与全球精英体育运动的过度商品化关系密切。比如，出售精英赛事转播权的"自由市场"就导致各个俱乐部差距越来越大,最有钱的俱乐部能招聘最好的选手,赢得竞争。因此,在欧洲足坛,自20世纪90年代中期,来自富裕联赛(英格兰、西班牙、意大利、德国)的俱乐部就垄断了重要赛事,如欧冠联赛。新自由主义也促使体育运动机构进行商业化转型。例如,英格兰曼彻斯特联队、巴西科林蒂安队等精英俱乐部就被卖给了更关心商业利益的老板。与此同时,这些精英俱乐部形成了联合集团,寻求进一步的新自由主义"改革",以增加商业利润。足坛的例子有:巴西顶级俱乐部曾经组成的卡特尔"13大俱乐部"、欧洲足坛顶级俱乐部原G14组织(Dubal 2010)。在日常的层面,新自由主义政策也导致国家减少了对体育运动的支持,尤其体现在发展中国家减少了对运动设施和教育的投入。

跨国企业是新自由主义政策的首要支持者兼受益人。跨国企业规模巨大,在全世界建工厂、开网点、做投资、打广告。市场管制让跨国企业从资本、劳动力、媒体、营销、商品的全球自由流动中获益。在世界经济领域,顶级跨国企业包括摩根、汇丰等金融公司,埃克森、壳牌、BP等油气公司,沃尔玛等零售公司,微软、苹果、索尼、三星等技术公司。

在新自由主义的语境下,跨国企业对精英体育运动有三大作用:其一,与斯克莱尔的观点一致,大俱乐部、大锦标赛、大型赛事都被卷入跨国公司的广告中,并为企业"合作"和企业赞助所支持。其二,为了做好全球生意,很多重要的跨国企业深度涉足体育运动。新闻企业等媒体跨国企业(如天空电视台、福克斯电视网)最能说明这点。这些媒体企业很倚重精英赛事的独家转播。耐克、阿迪达斯等体育用品跨国企业也是如此。其三,我们不妨将世界顶级俱乐部本身视为跨国公司。因此,曼彻斯特联队、达拉斯小牛队、巴塞罗那队、波士顿红袜队、洛杉矶湖人队就很像跨国企业——跨国招募选手、在世界各地都有支持者或消费者、拥有统一的品牌包装(Giulianotti and Robertson 2004, 2009)。这些"跨国体育运动俱乐部"很像跨国企业的其他方面,包括保持其独特的身份、有其"主场"环境(运动场和城市)(cf. P. Smith 1997)。

最后,体育运动的新自由主义化进程既不是整齐划一的,也不是没有争议的。如我之前所论,在"全球公民社会"的环境下,无论在当地、国家的层面,还是在全球的层面,都有各种各样的草根运动。这些运动反对体育运动自由市场的影响。例如,非政府组织"反匮乏组织"掀起了运动,抗议对贫穷社区进行社会清洗以建造运动设施,反对剥削发展中国家的制造体育用品的工人。在体育运动机构方面,国家体育运动管理机构采用种种办法引入自由市场政策。在某些欧洲及拉美足球系统中,俱乐部通常被当成"会员协会",而不是按私有企业管理。在北美重要的体育运动联盟中,几乎所有球队都为私人所有。尽管如此,还是有些关键的制度,如选秀制度、电视转播收入分配制度,能够对抗自由市场,有助于保持竞争平衡。[32]

就本节讨论的全球体育运动的政治经济方

面，现在做个小结。我说过政治行动者有四大范畴：个人主义的或以市场为基础的；国家的或以国家为中心的；国际的；聚焦"人性"的团体及社会运动。在跨国企业和全球精英中，以市场为基础的个人、团体、机构特别重要，对全球体育经济影响巨大。因此，在全球体育运动的政治经济领域，新自由主义依旧是占统治地位的观念。与此同时，新自由主义政策也被抵制、被改良、被实施。在下一节，我将探讨全球体育运动在社会文化方面的权力框架及权力关系。

全球体育运动的社会文化方面

要理解全球体育运动的社会文化方面，我们就得考察这个关键问题："趋同-分歧"（或"均质-异质"）。争论双方站在对立的立场。一方面，主张趋同论或均质论的人认为，全球化意味着多数社会能共享文化方面的价值、信念、形式、身份、品味、经验；另一方面，主张分歧论或异质论的人认为，全球化的标志就是文化在不同的社会出现创新、变动、变异、分歧。在此，我将分别考察这两大进路，并通过"全球本土化"理论将这两种观点结合起来。

217 文化趋同进路

在考察文化趋同论或文化均质论前，我先做两个重要的基础评论。首先，认为文化正在趋同的社会科学家往往是全球化的批判者，而非支持者；也即，对某些社会主导了其他社会文化的现象，他们持批判态度。其次，趋同论大多认为："文化帝国主义"隐藏在全球文化均质运动之下。文化帝国主义的基本预设是：特定社会（如沃勒斯坦的"核心"国家）能用经济政治实力定义、塑造、主宰全球文化。

趋同理论提出了各种各样的观点，以解释文化帝国主义。我在此简要勾勒其中五种进路。第一，有学者将文化帝国主义的本质视为美国化，美国的政治经济实力让美国"文化产业"（如电影产业、电视产业、音乐产业、时尚产业、食品产业）统治全球文化（cf. Marling 2006）。在体育运动领域，美国化体现在：美国体育运动联赛和体育用品的全球传播；对美国体育运动文化，如体育赛事中的啦啦队、舞蹈演员等助兴元素的复制；美国体育名人的全球营销，如迈克尔·乔丹；体育运动中的美式广告和美式赞助。

第二，美国社会学家乔治·瑞泽尔（Ritzer 2004）对关键词"全球化"有自己的理解。在他看来，全球化在于把握驱动文化均质的三重"全球"力量：资本主义，这为意在扩张的跨国公司所引领；美国化，其特点是美国企业及其文化产品；"麦当劳化"，体现为对大众文化产品高度有效的生产销售。在体育运动领域，全球化体现在与美国体育运动有关的机构上，如 NBA 和耐克。20 世纪 80 年代以来，NBA和耐克紧密合作，通过理性化的营销策略，提升了篮球及相关产品在世界各国的地位。不过，可以这么说，瑞泽尔对以市场为基础的文化产品过于重视，而对文化意义、文化解释、文化身份、文化审美关注不多。

第三，有些学者认为：在强势社会（首先是西方国家）控制弱势社会的文化时，媒体企业的作用至关重要（Schiller 1976; McPhail 1981; Hamelink 1995）。西方媒体企业生产了大量的信息，如在电影及电视节目中。企业利润主要在本国获得；到了发展中国家，媒体企业就便宜出售（甚至"倾销"）自己的产品。在体育运动领域，由媒体主导的殖民主义体现在以下重要关系中：一方是西方领军的体育运动联赛（如 EPL、NFL、NBA），另一方是西方媒体企业（如天空电视台、福克斯电视网）。这些联赛的电视收入主要来自本国市场，这就使在海外便宜出售电视转播权成为可能。反过来，发展中国家有大量观众用电视收看这些盛大的西方体育运动联赛，这就减弱了他们参与当地运动项目的意愿。

第四，法国经济学家塞尔日·拉图什（Latouche 1996）是西方化理论的重要支持者。拉图什认为：西方构成了主导全球的政治力量，用语言、"发展"实践、现代化，摧毁了西方以外的非工业化社会文化。可以说，体育运动中的西方化就体现在：西方以外的运动（身体文化）被边缘化，甚至被摧毁。鉴于拉图什批判了"发展"主题，如果顺着其思路，我们就可以把"体育运动发展"项目视为西方以外社会中的西方文化帝国主义。

第五，《东方主义》（*Orientalism*）中的隐微理论，是由爱德华·萨义德（Said 1995; see also 1994）在晚年所发展的。萨义德深受福柯后结构主义影响，认为权力和知识是互相交织的。因此，至少从 19 世纪开始，强势的西方（也即西方世界）就创造了一套话语。这套话语把西方描述为"理性的、发达的、人性的、优越的"，而对东方的描述则相反，是非理性的、"畸变的、落后的、次等的"（Said 1995: 300）。这些强势的东方主义话语决定了"东方"如何定义自己，如何理解自己。萨义德还指出：东方的流行文化是被西方控制的，特别是被美国控制；美国产品被"不假思索地消费"，导致"标准化的品味流传甚广"（ibid.: 354）。虽说萨义德关注的是中东、北非，但大可将这些论断推广到其他西方以外的地区，如亚洲、拉美、加勒比地区、非洲。

在描述西方以外的运动员、运动队、运动文化时，东方主义话语就会频繁出现。例如，澳大利亚体育运动媒体在描述巴基斯坦板球时，就会把巴基斯坦说成是堕落下流、是非不分、不可理喻的，说那儿总是处于"泥泞、灰尘、痢疾"中（Jaireth 1995）。在足球领域，西方往往会用东方主义术语描述巴西选手，说他们自然、技术华丽、喜爱表现、节奏感好、无忧无虑，甚至还说他们色眯眯的；而在描述欧洲职业球员手时，则说他们科学化、有条理、善于观察、训练有素、有预见性。此外，在自我殖民进程的影响下，很多上述描述已被巴西人认为是其足球的核心，因此成了他们的民族文化（Giulianotti and Robertson 2009）。

总之，我们可用文化趋同的种种理论把握"自上而下"的道路，也即用强大政治经济实力塑造全球体育运动的日常经验。尽管如此，这些进路还是有一些明显的缺憾。首先，这些理论常常夸大了文化均质的程度，而在体育运动、美术、舞蹈、文学、音乐等领域中，我们却能发现多种多样的文化形式、文化意义、文化技术。我随后还会论述这点。

其次，趋同理论往往陷入"经济决定论"的陷阱，假定所有社会的文化结构都为经济"基础"所决定。这就导致：这些理论把其他社会的个体和群体，当成美国（或西方）文化产品（及话语）的被动消费者。与之相反，我们得承认这点：无论在哪种文化中，社会行动者都可以批判性地介入日常生活。在那些"边缘"社会，尤其如此。例如，东方主义没有注意这点：为何西方之外的社会想要忽视、反抗、超越其"东方主义的"形象？因此，海湾国家、阿拉伯国家、亚洲国家（如卡塔尔）想要举办大型体育赛事，部分原因是这些国家想用与现代性相关的正面形象，取代消极的、东方主义的形象（Amara 2005）。此外，为说明"边缘"社会如何在体育运动中为自身赋权，我们不妨指出大量文化反转的例子：来自"边缘"社会的运动员、运动队，如肯尼亚跑步选手、西印度群岛板球选手、拉美足球选手，发展了一套他们自己的技术和比赛风格，以击败来自"核心"社会的对手。

最后，每种趋同理论都有特定的缺陷。例如，美国化这种观点可能就夸大了美国的全球

文化影响。在美国之外，运动爱好者往往并不收看美式项目，并不崇拜美式项目偶像。在足球领域，尤其如此。

对文化趋同、文化帝国主义的批判如上，现在我们思考与之相反的进路，以文化分歧为中心。

文化分歧进路

社会科学家围绕特定的关键词，发展了各种各样的异质理论（分歧理论、分化理论）。

第一，可用"本土化"理论解释近年来本土权利及本土身份的兴起。例如，在澳大拉西亚和北美，虽说原住民或第一民族独有的民族文化身份得到了更多的承认，但仍有很多原住民生活在类似种族隔离的状态中（Friedman 1999）。第二，混血性和混血化这两个概念说明不同社会存在激烈的文化交融混合，体现在舞蹈、音乐、体育运动中（Burke 2009; Nederveen Pieterse 1995, 2007）。文化混血现象在后殖民社会体现得尤为明显，那儿人口迁移普遍，文化交流广泛。第三，我们可用"克里奥化"理论，考察"边缘"社会是如何批判且有选择地介入其他社会文化的，如北半球的"核心"国家，以生成克里奥化的文化形式与文化实践（Hannerz 1992）。第四，可用"本国语化"概念解释全球文化，思考当地人如何通过语言，改编并再造了全球文化（Appadurai 1995）。

可用体育运动解释这些文化异质的理论和

220

关键词。在本土化方面，北美和澳大利亚的原住民用体育运动投射并推进其特定的民族身份。例如，第一民族人民举办了他们自己的运动会，如因纽特运动会，比赛项目源于传统体育及传统劳动。有些原住民在大型运动会举办期间进行大规模抗议，以争取人权与民权。如在 2000 年悉尼奥运会举办时，澳大利亚原住民就发起了抗议（Lenskyj 2002; Rowe 2012）。此外，欧洲也在强烈的本土主义氛围中，举办"民俗运动会"，或讨论"传统体育运动"。如苏格兰高地运动会、巴斯克球、布列塔尼运动会。运动会参照现代社会之前的历史身份或民族身份，通过独特的音乐、舞蹈、美食、歌曲、旗帜，烘托庆典的氛围（cf. Eichberg 1994; Jarvie 1991; Abrisketa 2012）。

阿切蒂（Archetti 1998）使用混血化概念，解释了阿根廷足球的文化历史和文化身份。阿切蒂认为：在 20 世纪早期，阿根廷是个新兴的国家，新老欧洲移民在此混居。足球代表了高度流行的文化领域，或许该领域受此影响，也出现了"混血化"。阿根廷城镇社会中存在混血的男性民族身份，这反映到足球领域，就形成了独特的阿根廷式比赛风格。

可能会在下述情形中找到克里奥化进程："边缘"社会改造了运动文化，以击败来自"核心"国家的运动员、运动队。在板球领域，印度队、巴基斯坦队、斯里兰卡队靠着独特的技术，都曾大比分击败英格兰队、澳大利亚队。印度还让板球"本国语化"，在电视转播、广播评论时，解说员会在英语中夹杂印地

语（Appadurai 1995）。

总之，本土化、克里奥化等异质理论，有助于我们"自下而上"地理解体育运动全球化。也即，理解社会行动者如何在日常生活中创造并再造体育运动中的意义、身份、技术、价值。在社会科学领域，异质进路与解释型立场关系密切，使用定性研究方法，重视社会行动者的意义、动机、身份。在社会学领域，异质进路与人类学立场关系密切，都强调发展中社会（农耕社会）的文化多样性和文化独特性。还可用异质理论解释"当地"和"全球"间的深刻关系。例如，全球体育运动为各种"本土"身份提供了理想的文化环境，让这些本土身份有了在全世界观众前被展示的机会。

我现在探讨如何结合均质理论和异质理论，以获得最有说服力的内容——全球本土化。

全球本土化

引入"全球本土化"理论，可解释全球体育运动发展的两种可能——均质化和异质化，有助于分别发现均质理论和异质理论中最有说服力的内容。术语"全球本土化"源于日语"dochakuka"，指的是东亚企业使用的微观市场营销方法（Robertson 1992: 173-174; Giulianotti and Robertson 2012b）。罗伯逊（Robertson 1990, 1992, 1995）引入术语"全球本土化"，考察全球化的社会文化动力。从那时起，该术语就在社会科学界广为讨论，且被广泛应用于体育运动等领域（cf. Andrews and Ritzer 2007; Giulianotti and Robertson 2004, 2005, 2007a, 2007b, 2007c, 2007d, 2009, 2012b）。在很多论战中，全球本土化专指文化分歧进程。这是可以理解的，这种用法有助于理解文化趋同，摆脱对之过于简单化的理解。不过，如该词字面所示，全球本土化其实指的是本土与全球互相依赖、互相渗透（Robertson 1992: 173-174; 1995, 2001）。于是，全球本土化理论就显示了全球本土性的二重性——在全球体育运动及其他全球文化中，既有趋同的进程，也有分歧的进程（Giulianotti and Robertson 2007b, 2012b）。

在体育运动中，全球本土性的二重性是如何显示的？我觉得，广而言之，趋同进程（或曰均质化进程）在特定的运动"形式"上体现得更为明显，这尤其反映在"自上而下"的全球化进程中。反过来，分歧进程（或曰异质化进程）则在运动"内容"上体现得更明显，与日常的、"自下而上"的体育运动发展道路关系密切。

例如，很多运动项目，如足球、板球、英式橄榄球、棒球、篮球，在 19 世纪晚期到 20 世纪，传播到了全世界。在很多地方，体育运动的基本形式没变，也即，不管是项目规则，还是项目机构形式、项目组织形式（如通过有各个科室的国家协会），都基本保持原样。无疑，这显示了"体育运动在形式上的均质化"。例如，在特罗布里恩群岛，原住民改造了板球，将之改造为当地男性仪式，植入了自己的那套规则、习俗（Leach and Kildea 1976）。在

19 世纪的美国，英格兰游戏绕圈球、橄榄球被创造性地改造成了棒球、美式橄榄球。但总的来说，多数外来运动项目在被其他社会接受时，竞赛规则等项目大框架并没有什么变动。

分歧进程或曰异质化进程则在运动"内容"上体现得更为明显。运动"内容"，也即运动意义、运动技术、运动审美符码、运动身份、运动规范、运动价值。各个社会常会创造地解释、接受、改造这些内容。在足球领域，与北欧足球文化相比，拉美社会更看重个人技艺。此外，在体育运动大赛中，我们会发现球队及其支持者以各种象征定义自身，把自己和其他人区别开来，这些象征包括国歌、主题曲、旗帜、球队色、比赛风格。

广而言之，全球本土性的二重性在俱乐部做市场营销时，以及在国家、城市举办大赛时，体现得较为明显。领军体育运动俱乐部可能会使用相似的营销结构、营销程式，如巡展、媒体广告、公关公司，以触达观众。俱乐部也会不断调整营销策略，如选择不同的形象、叙述、主题。在体育运动大赛方面，主办城市或主办国被要求提供相同的核心结构、核心设施、核心程式，如特定的比赛场地、运动员食宿条件，甚至是赛事吉祥物、赛事标识。多样性则体现在赛事内容上，如场馆建筑和运动员村的设计、文化背景、地理条件、赛事叙事类型、烘托赛事氛围的种种象征。

我们不妨指出体育运动中的逆向全球本土化进程。逆向全球本土化基于早年文化交流中的文化回流，也即"边缘"社会的文化实践回

223

流到"核心"社会。例如，板球虽说起源于英格兰，但也流行于南亚等地，实现了全球本土化。同时，也出现了逆向全球本土化——来自亚洲的实践、技术也影响了英格兰板球。新技术如慢速球，又如极富攻击性的击球方法。逆向全球本土化也体现在运动员移民身上，如某项目的创始国雇佣外国专业选手，以提高比赛水平：虽说美国是棒球的故乡，但 MLB 球队却雇用了很多拉美、亚洲球员；虽说加拿大是冰球的故乡，但 NHL 也雇用了一些北欧、东欧球员（Giulianotti and Robertson 2012b）。

总之，全球本土化是个适应面很广的关键词，有助于解释体育运动全球化中的趋同进程和分歧进程。此外，全球本土化理论还有助于考察体育运动全球化中的政治经济进程及社会文化进程。因此，我们能看出全球体育运动经济具有趋同的趋势，为新自由主义政策及新自由主义利益所控制，有利于实现"核心"运动队、"核心"联赛、"核心"国家的利益。个体、群体、组织引入、改造、拒绝种种政治经济模式，则更能体现出分歧进程。例如，精英体育运动俱乐部可为个人或公司所有，也可为支持者协会所有，还有其他将两者相结合的所有制。

体育运动为了发展和平

在本章最后一节，我将讨论"体育运动为了发展和平"（SDP）。[33] 自 20 世纪 90 年代晚期以来，SDP 在体育运动全球化中就是个愈加重要的领域。我将 SDP 定义为：有宽泛多样的项目、运动、组织，将体育运动作为介入的工具，以提高全球社会发展水平，维护全球和平。因此，这说明出现了关键的重心转移，从"体育运动自身的发展"，到"用体育运动帮助社会发展"。回想一下本章开篇对全球化的定义，SDP 还反映出更多的人有了以下意识：这 225个世界是个被共享的单一地方。

SDP 组织的主要类型为：

- 国际政府组织，如联合国（联合国有自己的 SDP 办公室，即 UNOSDP）、欧洲议会、英联邦秘书处。

- 国家政府及其教育部、国际发展部、体育运动部门；由政府资助的体育运动发展机构，如英国体育组织（UK Sport）、加拿大文化遗产部、挪威开发合作署（Norad）。

- 支持发展工作的体育运动管理机构，如国际奥委会、国际排球联合会（FIVB）。

- 支持 SDP 的私人企业、个人捐赠者，如耐克、可口可乐、麦当劳。

- 协作、实施 SDP 项目的各级非政府组织，如位于德国的世界街头足球、位于瑞士的"体育运动为了发展"平台、位于赞比亚的"女性体育运动、身体活动、休闲国家组织"（Nowspar）。

- 关注 SDP 相关主题的非政府活动群体、社会运动，如"玩游戏"（Play the Game）、反匮乏组织（War on Want）。

在建设 SDP 方面，联合国的作用至关重要。联合国特别提倡用体育运动推动发展，希望将其法制化。联合国还设立了负责 SDP 工作的正规机构（UNOSDP）。

多数国际 SDP 工作是由非政府组织在发展中国家开展的。这些 SDP 项目的目标是满足重大社会需求，如在分裂的社会中维持和平、教育年轻人防范艾滋病、为年轻人提供更多的教育、保障女性的基本社会权利。SDP 在发达国家也有一些重要活动，如降低老城区的犯罪率，让年轻人接受教育、就业、接受培训，帮助无家可归者。

在 SDP 中，最有影响力的利益相关者是政府、国际政府组织、个人捐赠者、体育运动管理机构。这些利益相关者拥有最多的金融资源、政治资源、组织资源，因而可为 SDP 设定目标。非政府组织则比较弱势，需要利益相关者在金融等方面予以支持，这样，项目才能维持下去。有人如此评论：结果，多数 SDP 项目就有了"新自由主义"或实用主义的特点，如让年轻人成为顺从、努力、自立的个体，或为了满足直接的需求（如防治艾滋病），而不是追求长期的、结构性的改变（cf. Darnell 2012）。

与之相反，对 SDP 来说，更有批判意义的进路往往是由非政府组织、社会运动、学者所推进的。如我在本章先前所述，这些利益相关者在"全球公民社会"中，基本还是关注本国的民权和人权。他们关心如何改变导致落后、冲突、压迫的社会结构。因此，这些进路

批判了发达国家的机构，其中包括体育运动管理机构、与体育运动相关的企业、国家组织、国际组织，因为这些机构实际上制造了结构问题，并维持了不公平的现状。这类批判进路有以下例子：反对发展中国家体育用品工厂剥削工人的社会运动；卡塔尔在准备 2022 年世界杯决赛圈时虐待移民工人，这遭到几大非政府组织、国际商会、记者的反对（有正式报道估计卡塔尔在运动设施建设过程中将会有 4 000 工人死亡；*Business Insider*, 18 March 2014）。卡塔尔的事例说明社会运动如何影响了体育运动及整个社会：未来的世界杯主办国很快就被置于全球聚光灯下，需要回应国际的批评。

总之，SDP 中的批判力量还处于相当弱势的地位。因此，它们经常出现在会议上、网络上，并与其他 SDP 利益相关者结成伙伴关系。SDP 要解决的问题就是如何让这些批判的利益相关者有效介入，以便在新领域开展活动。

结论

20 世纪 90 年代早期以来，全球化与体育运动的交互关系是体育运动社会学的一大课题。用政治经济术语来说，体育运动全球化的特点就是：利益相关者的种类越来越多；民族身份、民族国家的重要性持续不衰，并实现了部分转型；发展了等级森严的新自由主义全球经济。用社会文化术语来说，全球体育运动的特点就是混合了趋同和分歧，分别体现在共享

文化形式、创造文化内容（如文化审美、文化身份、文化类型、文化技术）方面。可用全球本土化概念解释这双重进程。近年来，SDP发展迅速，成了全球公民社会的一部分。不过，尽管实用主义及新自由主义下的SDP活动似乎无所不在，但为了实现深层结构变革，需要进行更具批判意义的SDP工作。

可以说，无论在哪种文化环境中，全球体育运动都应重点保护批判行动，确保社会行动者参与其中。在塑造全球体育运动中，新自由主义处于强势地位，往往不利于实现这些目标。与此同时，全球化进程增强了各文化间的联系；反过来，就体育运动该如何组织，在不同语境下该如何解释的问题，公众也有了更多的经验、更多的理解。据此，我要对全球体育运动提出三大改革意见。

第一，应该对全球体育运动自由市场进行明确的约束。此类措施包括：确保俱乐部至少部分属于其当地社区；发展中国家的俱乐部能获得保护；直接挑战由市场需求导致的剥削边缘类型（或过渡类型）国家运动员的现实；在精英体育运动中，应当降低俱乐部间、国家间竞争不公的程度。在跨国的层面实施这些改革时，各个国家的体育运动系统还有很多要学，以使用它们自己的措施来防止自由市场的危害。

第二，需要对全球体育运动系统的政治结构进行重大改革。在塑造体育运动的政治方面，需要重申国家、国际管理机构的贡献。不过，还是需要进行改革，以让管理机构在政治、财务等方面，做到全然民主、包容、透明、负责。在此意义上，管理机构应全然开放，以接受公众审视，如接受记者调查。

第三，我在本章开头，做了个政治利益相关者的分类，其中第四类是：非政府组织、活动群体、社会活动家、调查记者、批判学者。他们的进步政治活动意在促进民权、实现人权、推进民主、匡扶正义。不过，这类主体大多处于全球体育运动政治中的边缘位置。全球体育运动改革需要全面吸纳这些进步力量。SDP就是个恰当的例子。如果SDP和活动群体通力合作，就有可能在发展中国家实现长期的、结构性的社会变革，如推动百业振兴、实现性别平等。有了这些改革，全球体育运动在政治上就会变得更为民主，在经济上就会变得更加平衡，在社会上就会变得更加包容，在文化上就会变得更有魅力。

讨论题

1. 在世界体育运动的政治关系中，有哪几类行动者？

2. 为何世界体育运动的组织形式有利于"核心"国家或领军俱乐部？

3. 如何论证体育运动在不同的社会愈加类似，同时又能保持重要的区别？

4. 如何在不同的社会背景下，利用体育运动推动发展、维持和平？

5. 应如何组织全球体育运动，以让其变得更加民主、更加平衡、更加包容、更加公正？

后记：迈向批判的体育运动社会学

就如何用批判社会学的视角研究体育运动，我已通过种种论证，勾勒了草图。现在来回顾一下要点。我在本书开头就主张：批判社会学应该更正错误、消除误解；应该把隐藏在现有社会秩序和社会关系中的本质揭示出来——这些社会关系的本质也即权力失衡、社会分化、利益格局；应该探求社会组织和社会体验的可能形式，以实现民主原则、社会融入、社会正义。我把自己的观察及建议总结一下，以便深入阐释这种批判立场。

先谈谈一门批判的体育运动社会学所依仗的理论进路。我宣扬了采用这种社会学视角的好处：能在结构和行动间取得合宜的理论平衡。采用该立场，就能全面认识结构条件和社会行动者处境的关系，尤其在涉及权力失衡、社会分化、存在分歧的生活机遇、资源分配等问题时；这也与社会行动者的批判自省及社会行动的开放性有关。总之，该立场源于对社会交互关系的批判分析。社会交互关系是复杂的，其中充满了冲突。权力及统治拥有自上而下的政治经济框架，而日常生活拥有自下而上的、有创意的、社会文化的实践与赋权。这两者共同构成了社会交互关系。

该立场并非依靠单一的理论，而是在批判的前提下，广泛拣选了本书中讨论的理论视角。的确，如我多次强调的，选择多种理论加以结合并不断发展，对创建"新"的理论立场是极为有利的。以下是全书最重要的理论：讨论抵抗与越界的早期文化研究路径、讨论规训与治理的狂欢化立场及福柯式立场。在这批判理论混合体中，有"种族"和性别的批判理论，还有对身体和运动空间的分析——阿切蒂、贝尔、艾希贝格、华康德在此领域功不可没。我还批判性地拓展了布尔迪厄的工作——他拓宽了"资本"的意义，洞察社会行动者对文化创造的鉴赏力。在全球化领域，我根据全球本土化等理论，辨识全球文化中的同一与差异。我还考察了各种理论，辨识其中的理论洞见：在考察功能主义时，思考体育运动在促进社会协同、实现社会共睦中的作用；在考察韦伯理论时，探索在理性化进程的推动下，体育运动建立社会认同的方式；在考察后现代社会理论时，考察体育运动如何一方面联系了当代消费文化和媒体文化，另一方面又联系了晚期资本主义社会里阶级结构的重大变迁。最后，批判社会学理论也得是规范理论。为此，我在考察社会行动者介入体育运动方面不遗余力——他们在运动时充满创造力，在评论体育运动时充满批判精神和民主精神。而他们行动的背景，也即体育运动出现了"过度商品化"；

同时，在体育运动中充斥着压制人性的"管制"。"过度商品化"和"管制"都是统治的退化形式。我批判阅读了社会理论家的作品，特别是布尔迪厄、福柯、葛兰西、哈贝马斯，从而获得了这种规范立场。

在研究体育运动的批判社会学时，我因跨时空比较（历史研究及跨文化研究）而获益甚多。我们采用历史研究的方法，以便理解体育运动在不同政治经济、社会文化条件下如何兴衰沉浮。如我在之前的章节所提到的，葛兰西（论塑造及重塑领导权）、威廉斯（通过他的"统治—新兴—残存"模型）、马克思（见其关于波拿巴的研究）、福柯（论规训机构及对人口的治理）等人视角宽广，洞见非凡，展现了历史研究的价值。

我们可通过跨文化研究，理解社会是如何吸纳、体验、解释、构造体育运动的。跨文化研究为我们组织自己社会的体育运动，提供了其他的选项；也为我们提供了更多的视角，让我们能更好地理解自己所在社会的体育运动。例如，我们可以采用不同的视角，看待介入俱乐部或联赛的支持者群体（以及当地社区）；当不同的社会进行特定的体育运动实践时，我们可借此发现独特的文化美感及身体技巧。此类历史研究和跨文化研究推进了体育运动研究，尤其在"种族"和民族的批判研究方面（如体育运动和殖民主义及后殖民主义的关系），把目光放远些，这也与体育运动的全球化有关。

再来看一下研究方法。如果把经验研究（特别是田野工作）和理论分析结合起来，体育运动社会学的研究就会很有效率。田野工作让文化研究得以复兴，把解释学的洞察和复杂的社会（社会角色、社会身份、社会意义、社会实践）联系起来，批判性地解读个体及社会群体所在的结构条件或结构处境。田野工作就该像对话一样，研究者在与相关社会群体沟通交流时，不断调整自己的研究目标、假设和结论。和布尔迪厄等人一样，我认为研究者应进入自我批判之反省，以消除偏见，从而取得批判（或"悖论式"的）的成果，用于挑战主流的预设、话语、意识形态。而这些主流的预设、话语、意识形态，根植于性别、民族、阶级、年龄等方面的结构失衡。

下面谈谈体育运动社会学与其他学术领域的关系。要想发展我们这个二级学科，我们就要磨砺理论、研习方法，要有独特的关注点，尤其要鼓励原创、鼓励多样化，扩大学科影响，提高成果的整体质量，更好地刺激智识增长。要拥有更好的学科平台，就得鼓励体育运动社会学全面涉足主流社会学及其他社会科学；同时也鼓励大家与研究自然科学的同事合作，进行跨学科研究。体育运动社会学应与主流社会学一起进行研究，或者干脆就在主流社会学之内进行研究。这必将扩大体育运动社会学的影响，防止体育运动社会学滑入更边缘的位置。同时，这也有助于消除自我引证的辩论文化。

如本书之前所强调的，要取得广泛且丰富的合作成果，体育运动社会学家就得与来自其

231

他成熟社会学科的同事通力合作。这些学科包括人类学、经济学、地理学、历史学、法学、哲学、政治学、社会政策。文化研究是个包括民族研究、种族研究、性别研究的宏大学科——这已经为跨学科活动提供了重要的领地。如今研究领域更以问题为中心（或者说以主题为中心），进行这类合作的空间也就非常大。此类主题如：体育运动为了发展和平，举办重大体育赛事的影响，体育治理中的"种族"改革。虽说体育运动社会学家大多和研究自然科学的同事在相同的院系（或在同一所学校），但彼此的合作却相当有限。大家甚至更愿意划清人文学科和科学的界限，认为这是"两种文化"——斯诺（Snow 1959）在很久以前就批评过这种态度。与之相反，大家应该一起面对重大的研究主题，如身体、健康、伤害，运动建筑及其附属设施，体育运动科学技术。以上只是体育运动中需要通力合作的典型例子。总之，只有保持开放，和我们这个二级学科以外的学者合作，批判的体育运动社会学才能不断发展壮大。只有保持开放，才能保证批判的体育运动社会学的规范立场，使其与对方正面对话，而不视之为"异族"或"他者"。

如果这就是批判的体育运动社会学应有的样子，那这个学科又该提出什么问题（议题），以便让全球体育运动改革发展或实现转型？在此，我建议在以下四个领域进行研究，希望能让（当地、国家、全球三个层面的）体育运动变得更加民主，带动更多的人参与体育运动，让体育运动带来更多的社会正义。

第一个领域是精英体育运动的政治经济状况。我们可借此审视自由市场及过度商品化所带来的负面影响，并思考应对措施。有些极端的例子也属于体育运动的公共议题：团队运动因赞助而生的竞争优势；为当地社区及球迷群体寻找拥有或控制俱乐部（或协会）的替代方案；发现其他社会群体为体育运动"定价过高"的路径，找到有效措施以实施分配改革；对运动员的剥削（如非法交易运动员），尤其是对那些年幼且（或）来自发展中国家的运动员的剥削；体育运动各个领域的过度商品化对不同社会群体的不良影响——如果社会群体来自历来处于边缘位置的"种族"、性别和阶级，那么对他们而言，这类影响尤其剧烈。

第二个领域是体育运动中的政治，特别是体育运动管理机构中的重大改革。只有进行改革，体育运动的管理机构才会在政策及财务方面变得民主透明，才会为自己的行为负责，才能向公众开放，并回应公众的质疑，接受公众的监督。我们可借此观察体育运动治理如何影响了一系列利益相关者，如草根体育组织和相关的社会活动家、业余运动员和官员、观众群体，以及那些来自处于边缘位置的"种族"、性别、阶级的群体。体育运动管理机构应基于伦理原则进行改革。这将为学者提供详尽的素材以进行案例研究，并可借此进入更为宏观的研究领域：跨国治理。

第三个领域是个体及群体在日常生活中的体育运动现象学体验，以及体育运动的社会文化塑形。社会文化是与政治经济并行的领域。该领域的研究者偏好定性的研究方法，以便对体育运动的诸多方面获得深刻的理解，如体育运动中的审美和交流，体育运动中的冲突和认同，体育运动中的意义、角色、仪式。日常体育运动中的这些方面都是动态的，有自己的发展过程。日常体育运动也和跨国社会关系相关，处于全球语境之中。无论是从内部，还是从外部观察这些社会群体，都会产生有价值的研究成果。比如，我们可以思考在形成粉丝身份的过程中，当地文化和全球化进程有怎样复杂的互赖关系。就体育运动该怎样改革以更好地赋权社会行动者（特别是对地位边缘的行动者），社会学研究者也可借此获得更深刻的理解。

第四个领域是新兴的研究领域——"体育运动为了发展和平"。我们自然设想该领域的社会学研究也会有所进展。"体育运动为了发展和平"项目具有很大的扩展余地，可以研究大家在日常体育运动中是如何体验发展和平的，可以调查相关社区居民是怎样借此项目提升自己的生活质量的，可以考察社会结构和权力机构是如何边缘化个体及社会群体的。不仅如此，在进行这方面的研究时，我们应该认识到体育运动不能"独自行动"，而是极其依赖重大社会改革。要让体育运动发生结构变化，*234* 政治经济改革是不可或缺的。

当然，以上四个领域远不能涵盖所有的研究主题。我们也要用社会学研究其他主题。不过，依我之见，以上四个领域代表了社会议题的关键类型，需要进行批判社会学研究，让当地、国家、全球的体育运动变得更民主，吸引更多人参与，更符合社会正义的要求。

注 释

235　　1　早年有学者用涂尔干的理论解读美国棒球，认为棒球增强了社会协同（Cohen 1946: 334-346）。而用宗教的社会功能，也可解释更多的社会现象（Robertson 1970: 17-18）。

2　卢曼还深受德国现象学家埃德蒙德·胡塞尔（Edmund Husserl）影响，特别受胡塞尔"意向性"概念的影响。至于如何用胡塞尔对卢曼的影响来解释体育运动（此处讨论的是运动场馆照片），见唐恩（Tangen 2014）。

3　当然，在这儿必须有选择地讨论韦伯的观点。我在此没有空间仔细解读韦伯社会学中与科学程序相关的主张。

4　此外，有很多国家的体育运动政策意在提供基金，给那些在奖牌回报方面很有效率的项目（有给教练的，有给运动员的，有用于修建体育运动设施的）。按照该理性化的模型，如果项目的回报无法测量，那对这些项目的投入就会越来越少（cf. De Bosscher et al. 2008）。

5　见《体育运动市场：这个激情行业的大趋势和挑战》（*The Sport Market: Major Trends and Challenges in an Industry Full of Passion*），A. T. Kearney, 2011），www.atkearney.co.uk/ documents/ 10192/6f46b880-f8d1-4909-9960-cc605bb1ff34。

6　如马克思（Marx [1845] 1965: 35）所言："支配着物质生产资料的阶级，同时也支配着精神生产资料，因此，那些没有精神生产资料的人的思想，一般地是隶属于这个阶级的。"应当补充说明：马克思的意识形态概念经历了几个阶段。

7　马尔库塞（Marcuse 1964: 5）补充："多数流行的放松需求、娱乐需求、行动需求、消费需求都与广告一致——别人爱什么，你就爱什么；别人恨什么，你就恨什么——这都属于虚假需求的范畴。"

8　法兰克福学派想要解释大众文化的方方面面。在此，他们拥有重要的政治文化盟友。英国工党创始人基尔·哈迪（Keir Hardie）认为：体育运动是"下贱的"，足球 236 "令人厌恶"（Smith and Williams 1980: 121）。在战后早期，流行的工人阶级休闲项目，如摔跤、赛狗，被国家控制的BBC禁止报道。因为对其优先考虑的观众来说，这些项目不符合资产阶级道德，缺乏文化"责任感"。战后工党政府秉承"清教社会主义"，站在类似的立场上，歧视赛狗。这导致公众强烈反对（Baker 1996）。

9　对阿多诺及其同事，罗（Rowe 1995: 20）给了公允的评价："左翼利维斯主义者"。

10　现代大众文化坚持"早期中产阶级

社会意识形态"，"一直没什么变化"，阿多诺（Adorno 2001: 163）对此持批判态度，认为在消费者的观念下，这套意识形态已经落伍了。他在说明自己的观点时，就谈到了战后英格兰落伍的清教式大众文化。

11　麦克里（McCree 2000）运用威廉斯的历史模型，考察了加勒比地区足球职业化进程中的抗争。

12　我感谢挪威社会学家汤米·朗塞特（Tommy Langseth），因为他促使我关注滑雪板和冲浪亚文化。

13　这儿有些模棱两可。在一段话中，葛兰西（Gramsci 1971: 208）说，这种状态（"政治社会"）和公民社会是平衡的；在另一处，他说两者是"同一"的。

14　例如，可见勃鲁盖尔（Bruegel）、霍加斯（Hogarth）、贝克曼（Beckmann）的绘画，其主题是狂欢的场景，带有浓郁的民俗文化气息。有关狂欢的综合类著作，见巴赫金（Bakhtin 1968）。

15　见中佛罗里达大学体育运动商业与管理硕士学位 http://web.bus.ucf.edu/sportbusiness/ ?page=1445。

16　1945 年前的军国主义日本创立了女性体育运动组织，鼓励女性参加国内外的比赛。人见娟枝（Hitomi Kinue）是位天才选手。她在 100 米跑、400 米跑、跳远中，都获得了世界级的成绩，虽然这不是在奥运会赛场上取得的（Guttmann and Thompson 2001: 120-121）。

17　非裔美国拳击选手认为：奴役隐喻与其祖先所受的种族主义压迫有一定的关系。的确，在其主子的命令下，奴隶会进行血腥甚至致命的搏斗。

18　精英体操选手的职业生涯集中于儿童期和青春期，一般持续 12～18 年。多数女孩成年后会放弃体操，但她们并非主动放弃，而是因为严苛的训练，让她们的身体无法承受（Ryan 1996: 31）。

19　可见贝尔（Bale 1982, 1989, 1992, 1994; Vertinsky and Bale 2004）。

20　灾难是这样来的：人群涌入看台围栏中，极为拥挤；但警察怕支持者暴力闯入比赛场地，所以不让球迷逃到赛场上。

21　可见朱利亚诺蒂和克劳泽（Giulianotti and Klauser 2011）的作品及《城市研究》[*Urban Studies*, 48（15）（2011）] 特辑。

22　很多社会科学家对此进行了评论，我们可从中获得对构型社会学的批判意见。见朱利亚诺蒂（Giulianotti 2004a）。

23　非礼仪化指的是：明显地降低自控（规训身体）的标准。当社会群体经历文明进程的礼仪化时，就会出现这种情况。同样可用该概念说明这种现象：工人阶级和中产阶级的行为守则，在某些方面趋于一致（Wouters 1977: 449）。在足球流氓的语境下，该概念或许有助于解释这种现象：为何"受人尊重的"社会群体在其他社会领域，如在工作或家庭生活中，也会卷入相对工具性的暴力。

24　如在法国社会学家吕西安·戈德曼

237

（Lucien Goldmann）的推动下，"生成结构主义"获得了初步的发展（Williams 1981: 144）。

25　如他在别处所说的："社会学的社会学是社会学认识论中的基础维度"（Bourdieu and Wacquant 1992: 68）。

26　这种场景屡见不鲜：精英运动员想在其他项目上展现才艺，只是为了找到媒体专家认为他们缺少的技术。与此同时，那些项目的职业选手则打算在这新游戏中，"给这些新手上上课"。

27　例如，可见报告《奥林匹克主义与奥林匹克运动》（*Olympism and the Olympic Movement*），www.olympic.org/ Documents/ Reports/ EN/ en_report_670.pdf。

28　社会阶级通过文化偏好彼此区隔。显然，就此问题，布尔迪厄并不是首位社会分析家。例如，可见凡勃伦（Veblen [1899] 1970）论美国的阶级动力、物质主义、消费主义。

29　可比较阅读德里达的《自传》（*Otobiographies*，Derrida 1984）。其中，德里达对美国建制进行了解构主义分析。

30　见朱利亚诺蒂和罗伯逊（Giulianotti and Robertson 2012a）将此模型用于解释足球的例子。

31　见伊曼纽尔·沃勒斯坦《资本主义体系危机：我们何去何从？》（Crisis of the Capitalist System: Where do We go from Here?），夸祖鲁·纳塔尔大学（University of KwaZulu Natal）哈罗德·沃尔普讲座（Harold Wolpe lecture），2009-11-05, http://mrzine. monthlyreview.org/ 2009/ wallerstein121109. html。

32　通过"选秀制度"，表现最差的俱乐部获得首先选择新秀球员的机会。电视转播收入将在联赛所有球队间分配；另一种分配形式是允许各个球队分别达成自己的协议。第二种分配形式将导致小俱乐部与大俱乐部在财务方面的差距越来越大。

33　研究 SDP 的综合性成果，见科尔特（Coalter 2013）、达内尔（Darnell 2012）、朱利亚诺蒂（Giulianotti 2011b）、舒伦考夫和阿代尔（Schulenkorf and Adair 2014）。

参考文献

238 Abrisketa, O. G. (2012) *Basque Pelota*, Reno: Center for Basque Studies.

Adler, P. A., and P. Adler (1991) *Backboards and Blackboards*, New York: Columbia University Press.

Adorno, T. W. (1982) *Prisms*, Cambridge, MA: Harvard University Press.

Adorno, T. W. (2001) *The Culture Industry*, London: Routledge.

Adorno, T. W., and M. Horkheimer ([1944] 1979) *Dialectic of Enlightenment*, London: Verso.

Agger, B. (2000) *Public Sociology*, Boston: Rowman & Littlefield.

Alegi, P. (2010) *African Soccerscapes*, London: Hurst.

Alexander, J. C. (1992) 'Citizen and enemy as symbolic classification', in M. Fournier and M. Lamont (eds), *Where Culture Talks: Exclusion and the Making of Society*, Chicago: University of Chicago Press.

Alomes, S. (1994) 'Tales of a dreamtime', in I. Craven (ed.), *Australian Popular Culture*, Melbourne: Cambridge University Press.

Alt, J. (1983) 'Sport and cultural reification', *Theory, Culture & Society*, 1(3): 93–107.

Althusser, L. (1971) *Lenin and Philosophy and Other Essays*, London: New Left Books.

Amara, M. (2005) '2006 Qatar Asian Games: a 'modernization' project from above?', *Sport in Society*, 8(3): 493–514.

Amin, A. (1994) *Post-Fordism: A Reader*, Oxford: Wiley.

Anderson, B. (1983) *Imagined Communities*, London: Verso.

Anderson, E. (2005) *In the Game: Gay Athletes and the Cult of Masculinity*, New York: SUNY Press.

Anderson, E. (2011) 'Masculinities and sexualities in sport and physical cultures: three decades of evolving research', *Journal of Homosexuality*, 58(5): 565–78.

Andrews, D. L. (1997) 'The [Trans]National Basketball Association', in A. Cvetovitch and D. Kellner (eds), *Articulating the Global and the Local*, Boulder, CO: Westview Press.

239 Andrews, D. L. (2001) 'The fact(s) of Michael Jordan's blackness', in D. L. Andrews (ed.), *Michael Jordan, Inc.*, New York: SUNY Press.

Andrews, D. L. (2008) 'Kinesiology's inconvenient truth and the physical cultural studies imperative', *Quest* 60(1): 45–60.

Andrews, D. L., and B. Carrington (eds) (2013) *A Companion to Sport*, Oxford: Wiley.

Andrews, D. L., and M. Silk (eds) (2011) *Physical Cultural Studies*, Philadelphia: Temple University Press.

Andrews, D. L., and M. Silk (2015) 'Physical Cultural Studies', in R. Giulianotti (ed.), *Routledge Handbook of the Sociology of Sport*, London:

Routledge.

Andrews, D. L., R. Pitter, D. Zwick and D. Ambrose (1997) 'Soccer's racial frontier', in G. Armstrong and R. Giulianotti (eds), *Entering the Field*, Oxford: Berg.

Appadurai, A. (1995) 'Playing with modernity: the decolonization of Indian cricket', in C.A. Breckenridge (ed.), *Consuming Modernity*, Minneapolis: University of Minnesota Press.

Apter, M. J. (1982) *The Experience of Motivation*, London: Academic Press.

Archetti, E. (1998) *Masculinities*, Oxford: Berg.

Archetti, E. (1999) 'The spectacle of heroic masculinity', in A. M. Klausen (ed.), *Olympic Games as Performance and Public Event*, Oxford: Berghahn.

Aristotle (1981) *The Politics*, Harmondsworth: Penguin.

Armstrong, G. (1998) *Football Hooligans: Knowing the Score*, Oxford: Berg.

Armstrong, G., and R. Giulianotti (1998) 'From another angle: police surveillance and football supporters', in C. Norris, G. Armstrong and J. Moran (eds), *Surveillance, CCTV & Social Control*, Aldershot: Gower/Ashgate.

Armstrong, G., and R. Giulianotti (eds) (2004) *Football in Africa*, Basingstoke: Palgrave.

Aronowitz, S. (1973) *False Promises*, New York: McGraw-Hill.

Atkinson, M. (2000) 'Brother can you spare a seat?', *Sociology of Sport Journal*, 17(2): 151–70.

Atkinson, M., and K. Young (2005) 'Reservoir dogs', *International Review for the Sociology of Sport*, 40(3): 335–56.

Atkinson, M., and K. Young (2008) *Deviance and Social Control in Sport*, Champaign, IL: Human Kinetics.

Back, L., T. Crabbe and J. Solomos (2001) *The Changing Face of Football*, Oxford: Berg.

Bah, C. A. M. (2014) *Neocolonialism in West Africa*, Bloomington: iUniverse.

Bain-Selbo, E. (2009) *Game Day and God*, Macon, GA: Mercer University Press.

Baker, N. (1996) 'Going to the dogs – hostility to greyhound racing in Britain: puritanism, socialism and pragmatism', *Journal of Sport History*, 23: 97–119.

Baker, W. J. (1992) 'Muscular Marxism and the Chicago Counter-Olympics of 1932', *International Journal of the History of Sport*, 9: 397–410.

Bakhtin, M. (1968) *Rabelais and his World*, Cambridge, MA: MIT Press.

Bale, J. (1982) *Sport and Place*, London: Hurst.

Bale, J. (1989) *Sports Geography*, London: Spon.

Bale, J. (1990) 'In the shadow of the stadium', *Geography*, 75(4): 324–34.

Bale, J. (1991a) 'Playing at home', in J. Williams and S. Wagg (eds), *British Football and Social Change*, Leicester: Leicester University Press.

Bale, J. (1991b) *The Brawn Drain*, Champaign: University of Illinois Press.

Bale, J. (1992) *Sport, Space and the City*, London: Routledge.

Bale, J. (1994) *Landscapes of Modern Sport*, London: Leicester University Press.

Bale, J. (1995) 'Cricket', in K. Raitz (ed.), *Theater of Sport*, Baltimore: Johns Hopkins University Press.

Bale, J. (1998) 'Virtual fandoms', in A. Brown (ed.), *Fanatics!*, London: Routledge.

Bale, J. (2000) 'Sport as power', in J. P. Sharp, P. Routledge, C. Philo and R. Paddison (eds), *Entanglements of Power*, London: Routledge.

Bale, J., and J. Sang (1996) *Kenyan Running*, London: Frank Cass.

Banton, M. (1988) *Racial Consciousness*, London: Longman.

Baudrillard, J. (1991) *Seduction*, Basingstoke: Palgrave.

Baudrillard, J. (1993) *The Transparency of Evil*, London: Verso.

Baudrillard, J. (1994a) *The Illusion of the End*, Cambridge: Polity.

Baudrillard, J. (1994b) *The Gulf War Did Not Take Place*, Sydney: Power Institute.

Baudrillard, J. (1995) 'The virtual illusion', *Theory, Culture & Society*, 12: 97–107.

Baudrillard, J. (1996a) 'Disneyworld Company', *Liberation*, 4 March.

Baudrillard, J. (1996b) *The Perfect Crime*, London: Verso.

Baudrillard, J. (1998) *The Consumer Society*, London: Sage.

Baudrillard, J. (2006) *The System of Objects*, London: Verso.

Bauman, Z. (1992) *Intimations of Postmodernity*, London: Routledge.

Beamish, R. (1993) 'Labor relations in sport', in A. G. Ingham and J. W. Loy (eds), *Sport in Social Development*, Champaign, IL: Human Kinetics.

Beck, U. (1992) *Risk Society*, London: Sage.

Becker, G. S. (1964) *Human Capital*, Chicago: University of Chicago Press.

Beckles, H., and B. Stoddart (eds) (1995) *Liberation Cricket*, Manchester: Manchester University Press.

Bélanger, A. (2000) 'Sport venues and the spectacularization of urban spaces in North America', *International Review for the Sociology of Sport*, 35(3): 378–97.

Bellah, R. (1975) *The Broken Covenant*, New York: Seabury Press.

Benedict, J. (1998) *Public Heroes, Private Felons*, Boston: Northeastern University Press.

Bennett, T. (1998) *Culture: A Reformer's Science*, London: Sage.

Bentham, J. ([1791] 2010) *Panopticon, or the Inspection House*, London: Kessinger.

Berger, P., and T. Luckmann (1966) *The Social Construction of Reality*, New York: Anchor.

Best, S., and D. Kellner (1991) *Postmodern Theory*, New York: Guilford Press.

Bette, K. H. (1999) *Systemtheorie und Sport*, Frankfurt am Main: Suhrkamp.

Birrell, S. (1978) 'Sporting encounters', Unpublished doctoral dissertation, University of Massachusetts, Amherst.

Birrell, S. (1981) 'Sport as ritual', *Social Forces*, 60: 354–76.

Bischoff, A. (2012) 'Between me and the other there are paths: on paths, people and the experience of nature', unpublished PhD thesis,

Department of Mathematical Sciences and Technology, Norwegian University of Life Sciences.

Blake, A. (1995) *The Body Language*, London: Lawrence & Wishart.

Bloyce, M., A. Smith, R. Mead and J. Morris (2008) 'Playing the game plan', *European Sport Management Quarterly*, 8(4): 359–78.

Boltanski, L. (2011) *On Critique: A Sociology of Emancipation*, Cambridge: Polity.

Booth, D. (1998) *The Race Game*, London: Routledge.

Booth, D. (2001) *Australian Beach Cultures*, London: Frank Cass.

Booth, D., and C. Tatz (1994) 'Swimming with the big boys', *Sporting Traditions*, 11(1): 3–23.

Booth, D., and C. Tatz (2000) *One-Eyed: A View of Australian Sport*, St Leonards, NSW: Allen & Unwin.

Bottenburg, M. van (2001) *Global Games*, Urbana: University of Illinois Press.

Bourdieu, P. (1978) 'Sport and social class', *Social Science Information*, 17(6): 819–40.

Bourdieu, P. (1984) *Distinction*, London: Routledge.

Bourdieu, P. (1990a) *In Other Words*, Stanford, CA: Stanford University Press.

Bourdieu, P. (1990b) *The Logic of Practice*, Cambridge: Polity.

Bourdieu, P. (1993) *Sociology in Question*, London: Sage.

Bourdieu, P. (1998a) *Acts of Resistance*, New York: New Press.

Bourdieu, P. (1998b) 'The state, economics and sport', *Culture, Sport, Society*, 1(2): 15–21.

Bourdieu, P. (2000) *Pascalian Meditations*, Cambridge: Polity.

Bourdieu, P., and J.-C. Passeron (1977) *Reproduction in Education, Society and Culture*, London: Sage.

Bourdieu, P., and L. J. D. Wacquant (1992) *An Invitation to Reflexive Sociology*, Cambridge: Polity.

Bourdieu, P., et al. (1999) *The Weight of the World: Social Suffering in Contemporary Society*, Cambridge: Polity.

Boyd, T. (1997) 'The day the niggaz took over', in A. Baker and T. Boyd (eds), *Out of Bounds*, Bloomington: Indiana University Press. *242*

Brackenridge, C. (2001) *Spoilsports*, London: Routledge.

Bradbury, S. (2013) 'Institutional racism, whiteness and the under-representation of minorities in leadership positions in football in Europe', *Soccer and Society*, 14(3): 296–314.

Brailsford, D. (1985) 'Morals and maulers', *Journal of Sport History*, 2: 126–42.

Brannagan, P., and R. Giulianotti (2014) 'Soft power and soft disempowerment: Qatar, global sport, and football's 2022 World Cup finals', *Leisure Studies*, doi: 10.1080/02614367.2014.964291.

Brohm, J.-M. (1978) *Sport: A Prison of Measured Time*, London: Pluto Press.

Bromberger, C. (1995) 'Football as world-view and as ritual', *French Cultural Studies*, 6: 293–311.

Brophy, J. (1997) 'Carnival in Cologne', *History Today*, July.

Brownell, S. (1995) *Training the Body for China*, Chicago: University of Chicago Press.

Bruce, S. (2000) 'Comparing Scotland and Northern Ireland', in T. M. Devine (ed.), *Scotland's Shame?*, Edinburgh: Mainstream.

Buch, E. (2003) *Beethoven's Ninth*, Chicago: University of Chicago Press.

Burawoy, M. (2005) 'For public sociology', *American Sociological Review*, 70(1): 4–28.

Burdsey, D. (2006) 'If I ever play football, dad, can I play for England or India?', *Sociology*, 40(1): 11–28.

Burdsey, D. (2010) 'British Muslim experiences in English first-class cricket', *International Review for the Sociology of Sport*, 45(3): 315–34.

Burdsey, D. (2011) *Race, Ethnicity and Football*, London: Routledge.

Burke, P. (2009) *Cultural Hybridity*, Cambridge: Polity.

Burns, T. (1992) *Erving Goffman*, London: Routledge.

Butler, J. (1990) *Gender Trouble*, London: Routledge.

Cachay, K., and A. Thiel (2000) *Soziologie des Sports: zur Ausdifferenzierung und Entwicklungsdynamik des Sports der modernen Gesellschaft*, Weinheim: Juventa.

Calhoun, C. (1995) *Critical Social Theory*, Oxford: Wiley.

Canclini, N. G. (1995) *Hybrid Cultures*, Minneapolis: Minnesota University Press.

Carrington, B. (2010) *Race, Sport and Politics*, London: Sage.

Carter, T. (2008) *The Quality of Home Runs*, Durham, NC: Duke University Press.

Cashman, R. (1995) *Paradise of Sport*, Oxford: Oxford University Press.

Cashmore, E. (1982) *Black Sportsmen*, London: Routledge & Kegan Paul.

Cashmore, E. (2008) 'Tiger Woods and the new racial order', *Current Sociology*, 56(4): 621–34.

Cashmore, E., and J. Cleland (2012) 'Fans, homophobia and masculinities in association football', *British Journal of Sociology*, 63(2): 370–87.

243   Caudwell, J. (2006) *Sport, Sexualities and Queer/Theory*, London: Routledge.

Clarke, A. (1992) 'Figuring a brighter future', in E. Dunning and C. Rojek (eds), *Sport and Leisure in the Civilizing Process*, Toronto: University of Toronto Press.

Clarke, J. (1976) 'Style', in S. Hall and T. Jefferson (eds), *Resistance through Rituals*, London: Hutchinson.

Clément, J.-P. (1985) 'Etude comparative de trois sports de combat et de leurs usages sociaux', unpublished PhD thesis, Université Paris III.

Clément, J.-P. (1995) 'Contributions of the sociology of Pierre Bourdieu to the sociology of sport', *Sociology of Sport Journal*, 12: 147–57.

Coakley, J. (2001) *Sport in Society*, 7th edn, Boston: McGraw-Hill.

Coalter, F. (2013) *Sport for Development*, London: Routledge.

Cohen, M. B. (1946) *The Faith of a Liberal*, New Brunswick, NJ: Transaction.

Cohen, S., and L. Taylor (1976) *Escape Attempts*, London: Routledge.

Connell, R. W. (1987) *Gender and Power*, Stanford, CA: Stanford University

Press.

Connell, R. W. (1990) 'An iron man', in M. Messner and D. Sabo (eds), *Sport, Men and the Gender Order*, Champaign, IL: Human Kinetics.

Connell, R. W. (1995) *Masculinities*, Cambridge: Polity.

Connell, R. W. (2000) *The Men and the Boys*, Cambridge: Polity.

Connor, S. (1989) *Postmodernist Culture*, Oxford: Blackwell.

Cornelissen, S. (2011) 'More than a sporting chance? Appraising the sport for development legacy of the 2010 FIFA World Cup', *Third World Quarterly*, 32(3): 503–29.

Cox, B., and S. Thompson (2001) 'Facing the bogey: women, football and sexuality', *Football Studies*, 4(2): 7–24.

Crenshaw, K. W. (1989) 'Demarginalizing the intersection of race and sex', *University of Chicago Legal Forum*, 139–67.

Critcher, C. (1979) 'Football since the war', in J. Clarke, C. Critcher and R. Johnson (eds), *Working Class Culture*, London: Hutchinson.

Crossley, N. (1995) 'Merleau-Ponty, the elusive body and carnal sociology', *Body and Society*, 1(1): 43–63.

Cruikshank, B. (1999) *The Will to Empower: Democratic Citizens and Other Subjects*, Ithaca, NY: Cornell University Press.

Csikszentmihalyi, M. (1975) *Beyond Boredom and Anxiety*, San Francisco: Jossey-Bass.

Csikszentmihalyi, M., and I. S. Csikszentmihalyi (1988) *Optimal Experience*, Cambridge: Cambridge University Press.

Cunningham, G. (2012) 'Occupational segregation of African Americans in intercollegiate athletics administration', *Wake Forest Journal of Law & Policy*, 2: 165–78.

Da Matta, R. (1991) *Carnivals, Rogues and Heroes*, Notre Dame, IN: University of Notre Dame Press.

Darnell, S. (2012) *Sport for Development and Peace*, London: Bloomsbury.

David, P. (2005) *Human Rights in Youth Sport*, London: Routledge.

Davis, L. R. (1997) *The Swimsuit Issue and Sport*, New York: SUNY Press.

De Bosscher, V., J. Bingham, S. Shibli, M. van Bottenburg and P. De Knop (2008) *The Global Sporting Arms Race*, Oxford: Meyer & Meyer.

Dean, P. (2002) '"Dear sisters" and "hated rivals"', in P. B. Miller (ed.), *The Sporting World of the Modern South*, Urbana: University of Illinois Press.

Debord, G. (1984) *The Society of the Spectacle*, New York: Black & Red.

Defrance, J. (1976) 'Esquisse d'une histoire sociale de la gymnastique', *Actes de la Recherche en Sciences Sociales*, 6: 22–46.

Defrance, J. (1987) *L'Excellence corporelle*, Rennes: Presses Universitaires de Rennes.

Defrance, J. (1995) 'The anthropological sociology of Pierre Bourdieu', *Sociology of Sport Journal*, 12: 121–31.

Degen, M. (2004) 'Barcelona's games: the Olympics, urban design, and global tourism', in M. Sheller and J. Urry (eds), *Tourism Mobilities: Places to Play, Places in Play*, London: Routledge.

Dejonghe, T. (2001) 'The place of sub-Saharan Africa in the world sport system', *Afrika Focus*, 17(1): 79–111.

Delaney, K., and R. Eckstein (2003) *Public Dollars, Private Stadiums*, New Brunswick, NJ: Rutgers University Press.

deMause, N., and J. Cagan (2008) *Field of Schemes*, rev. edn, Lincoln, NE: Bison Books.

Derrida, J. (1978) *Writing and Difference*, Chicago: University of Chicago Press.

Derrida, J. (1984) *Otobiographies*, Paris: Galilée.

Donnelly, P. (1993) 'Subcultures in sport', in A. G. Ingham and J. W. Loy (eds), *Sport in Social Development*, Champaign, IL: Human Kinetics.

Donnelly, P., and L. Petherick (2006) 'Workers' playtime?', in D. McArdle and R. Giulianotti (eds), *Sport, Civil Liberties and Human Rights*, London: Routledge.

Donnelly, P., and K. Young (1988) 'The construction and confirmation of identity in sport subcultures', *Sociology of Sport Journal*, 5(3): 223–40.

Douglas, D. (2005) 'Venus, Serena, and the Women's Tennis Association (WTA): when and where "race" enters', *Sociology of Sport Journal*, 22: 256–82.

Dubal, S. (2010) 'The neoliberalization of football', *International Review for the Sociology of Sport*, 45(2): 123–45.

Duncan, M. (1994) 'The politics of women's body images and practices', *Journal of Sport and Social Issues*, 18: 48–65.

Duncan, M. C., and B. Brummett (1989) 'Types and sources of spectating pleasures', *Sociology of Sport Journal* 3: 195–211.

Dunning, E. (1977) 'Power and authority in the public schools (1700–1850)', in P. R. Gleichmann, J. Goudsblom and Hermann Korte (eds), *Human Figurations*, Amsterdam: Amsterdam Sociologisch Tijdschrift.

Dunning, E. (1999) *Sport Matters*, London: Routledge.

Dunning, E., and K. Sheard (1979) *Barbarians, Gentlemen and Players*, Oxford: Blackwell.

Dunning, E., P. Murphy and J. Williams (1988) *The Roots of Football Hooliganism*, London: Routledge.

Durkheim, E. ([1895] 1938) *The Rules of Sociological Method*, New York: Free Press.

Durkheim, E. ([1915] 1961) *The Elementary Forms of the Religious Life*, New York: Collier Books.

Durkheim, E. ([1893] 1964) *The Division of Labour in Society*, London: Routledge & Kegan Paul.

Durkheim, E. ([1897] 1970) *Suicide: A Study in Sociology*, London: Routledge & Kegan Paul.

Durkheim, E. ([1898] 1973) 'Individualism and the intellectuals', in *Emile Durkheim on Morality and Society*, Chicago: University of Chicago Press.

Durkheim, E. ([1924] 1974) *Sociology and Philosophy*. New York: Free Press.

Duru, N. J. (2011) *Advancing the Ball*, New York: Oxford University Press.

Dyck, N. (2012) *Fields of Play: An Ethnography of Children's Sports*, Toronto:

University of Toronto Press.

Edelman, R. (1993) *Serious Fun*, New York: Oxford University Press.

Edwards, H. (1969) *Revolt of the Black Athlete*, New York: Free Press.

Eichberg, H. (1994) 'Travelling, comparing, emigrating', in J. Bale and J. Maguire (eds), *The Global Sports Arena*, London: Frank Cass.

Eichberg, H. (1995) 'Stadium, pyramid, labyrinth', in J. Bale and O. Moen (eds), *The Stadium and the City*, Keele: Keele University Press.

Eick, V. (2011) 'Lack of legacy? Shadows of surveillance after the 2006 FIFA World Cup in Germany', *Urban Studies*, 48(15): 3329–45.

Eitzen, D. S. (1999) *Fair and Foul*, Lanham, MD: Rowman & Littlefield.

Elias, N. ([1939] 1978a, 1982) *The Civilizing Process*, Vol. 1: *The History of Manners*; Vol. 2: *State Formation and Civilization*, Oxford: Blackwell.

Elias, N. (1978b) *What is Sociology?*, London: Hutchinson.

Elias, N. (1987) *Involvement and Detachment*, Oxford: Blackwell.

Elias, N. (1996) *The Germans*, Cambridge: Polity.

Elias, N., and E. Dunning (1986) *Quest for Excitement*, Oxford: Blackwell.

Entine, J. (2000) *Taboo*, New York: Public Affairs.

Euchner, C. C. (1993) *Playing the Field*, Baltimore: Johns Hopkins University Press.

Featherstone, M. (1991) *Consumer Culture and Postmodernism*, London: Sage.

Featherstone, M. (1995) *Undoing Culture*, London: Sage.

Feifer, M. (1985) *Going Places*, Macmillan: London.

Finn, G. P. T (1990) 'Prejudice in the history of Irish Catholics in Scotland', paper given at the 24th History Workshop conference, Glasgow Polytechnic, November.

Finn, G. P. T. (1994a) 'Football violence', in R. Giulianotti, N. Bonney and M. Hepworth (eds), *Football, Violence and Social Identity*, London: Routledge.

Finn, G. P. T. (1994b) 'Sporting symbols, sporting identities', in I. S. Wood (ed.), *Scotland and Ulster*, Edinburgh: Mercat Press.

Finn, G. P. T. (1999) 'Scottish myopia and global prejudices', *Culture, Sport, Society*, 2(3): 54–99.

Finn, G. P. T. (2000) 'A culture of prejudice', in T. M. Devine (ed.), *Scotland's Shame?*, Edinburgh: Mainstream.

Fiske, J. (1993) *Power Plays, Power Works*, London: Verso.

Fletcher, R. (2008) 'Living on the edge: the appeal of risk sports for the professional middle class', *Sociology of Sport Journal*, 25(3): 310–30.

Foley, D. (1990) 'The great American football ritual', *Sociology of Sport Journal*, 7(2): 111–35.

Forney, C. A. (2007) *The Holy Trinity of American Sport: Civil Religion in Football, Baseball and Basketball*, Macon, GA: Mercer University Press.

Foucault, M. (1977) *Discipline and Punish*, London: Penguin.

Foucault, M. (1979) *The History of Sexuality*, Vol. 1, London: Penguin.

Foucault, M. (1980) *Power/Knowledge*, Brighton: Harvester Press.

Foucault, M. (1983) 'The subject and power', in H. L. Dreyfus and P. Rabinow, *Michel Foucault*, Chicago: University of Chicago Press.

Foucault, M. (1985) *The Use of Pleasure*, New York: Vintage Books.

Fowler, B. (1997) *Bourdieu and Cultural Theory*, London: Sage.

Freyre, G. (1964) 'O negro no futebol brasileiro', in M. Filho (ed.), *O Negro no Futebol Brasileiro*, Rio de Janeiro: Civilização Brasileira.

Freyre, G. (1967) *Sociologia*, Rio de Janeiro: José Olympio.

Friedman, J. (1999) 'Indigenous struggles and the discreet charm of the bourgeoisie', *Journal of World-Systems Research*, 5(2): 391–411.

Frisby, W. (1982) 'Weber's theory of bureaucracy and the study of voluntary sports organizations', in A. O. Dunleavy, A. W. Miracle and C. R. Rees (eds), *Studies in the Sociology of Sport*, Fort Worth: Texas Christian University Press.

Gaffney, C. (2013) 'Virando o jogo: the challenges and possibilities for social mobilization in Brazilian football', *Journal of Sport and Social Issues*, doi: 10.1177/0193723513515887.

Gane, M. (1991) *Baudrillard: Critical and Fatal Theory*, London: Routledge.

Gane, M. (1993) *Baudrillard Live*, London: Routledge.

Gans, H. J. (1999) *Popular Culture and High Culture*, New York: Basic Books.

Gartman, D. (1991) 'Culture as class symbolization or mass reification? A critique of Bourdieu's *Distinction*', *American Journal of Sociology*, 97(2): 421–47.

Gavora, J. (2002) *Tilting the Playing Field*, New York: Encounter Books.

Geertz, C. (1973) *The Interpretation of Cultures*, New York: Basic Books.

Gems, G. R. (1995) 'Blocked shot', *Journal of Sport History*, 22(2): 135–48.

Giddens, A. (1971) *Capitalism and Modern Social Theory*, Cambridge: Cambridge University Press.

Giddens, A. (1990) *The Consequences of Modernity*, Cambridge: Polity.

Giulianotti, R. (1991) 'Scotland's Tartan Army in Italy', *Sociological Review*, 39(3): 503–27.

Giulianotti, R. (1995) 'Football and the politics of carnival', *International Review for the Sociology of Sport*, 30(2): 191–224.

Giulianotti, R. (1999) *Football*, Cambridge: Polity.

Giulianotti, R. (2002) 'Supporters, followers, fans and *flâneurs*', *Journal of Sport and Social Issues*, 26(1): 25–46.

Giulianotti, R. (2004a) 'Civilizing games: Norbert Elias and the sociology of sport', in R. Giulianotti (ed.), *Sport and Modern Social Theorists*, Basingstoke: Palgrave.

Giulianotti, R. (2004b) 'Human rights, globalization and sentimental education: the case of sport', *Sport in Society*, 7(3): 355–69.

Giulianotti, R. (2005) 'Sport supporters and the social consequences of commodification', *Journal of Sport and Social Issues*, 29: 386–410.

Giulianotti, R. (2011a) 'Sport mega-events, urban football carnivals and securitized commodification: the case of the English Premier League', *Urban Studies*, 48(15): 3293–310.

Giulianotti, R. (2011b) 'The sport, development and peace sector: a model of four social policy domains', *Journal of Social Policy*, 40(4): 757–76.

Giulianotti, R., and G. Armstrong (2002) 'Avenues of contestation', *Social Anthropology*, 10(2): 211–38.

Giulianotti, R., and F. Klauser (2010) 'Security governance and sport mega-events', *Journal of Sport and Social Issues*, 34(1): 49–61.

Giulianotti, R., and F. Klauser (2011) 'Security and surveillance at sport mega-events', *Urban Studies*, 48(15): 3157–68.

Giulianotti, R., and R. Robertson (2004) 'The globalization of football: a study in the glocalization of the "serious life"', *British Journal of Sociology*, 55(4): 545–68.

Giulianotti, R., and R. Robertson (2005) 'Glocalization, globalization and migration: the case of Scottish football supporters in North America', *International Sociology*, 21(2): 171–98.

Giulianotti, R., and R. Robertson (2007a) 'Forms of glocalization: globalization and the migration strategies of Scottish football fans in North America', *Sociology*, 41(1): 133–52.

Giulianotti, R., and R. Robertson (2007b) 'Recovering the social: globalization, football and transnationalism', *Global Networks*, 7(2): 144–86.

Giulianotti, R., and R. Robertson (2007c) 'Sport and globalization: transnational dimensions', *Global Networks*, 7(2): 107–12.

Giulianotti, R., and R. Robertson (2007d) *Globalization and Sport*, Oxford: Wiley-Blackwell.

Giulianotti, R., and R. Robertson (2009) *Globalization and Football*, London: Sage.

Giulianotti, R., and R. Robertson (2012a) 'Mapping the global football field: a sociological model of transnational forces within the world game', *British Journal of Sociology*, 63(2): 216–40.

Giulianotti, R., and R. Robertson (2012b) 'Glocalization and sport in Asia', *Sociology of Sport Journal*, 29: 433–54.

Giulianotti, R., G. Armstrong, G. Hales and D. Hobbs (2014a) 'Global sport mega-events and the politics of mobility: the case of the London 2012 Olympics', *British Journal of Sociology*, doi: 10.1111/1468-4446.12103.

Giulianotti, R., G. Armstrong, G. Hales and R. Hobbs (2014b) 'Sport mega-events and public opposition: a sociological study of the London 2012 Olympics', *Journal of Sport and Social Issues*, doi: 10.1177/0193723514530565.

Gmelch, G., and P. M. San Antonio (1998) 'Groupies and American baseball', *Journal of Sport and Social Issues*, 22(1): 32–45.

Goffman, E. (1959) *The Presentation of Self in Everyday Life*, Harmondsworth: Penguin.

Goffman, E. (1967) *Interaction Ritual*, Harmondsworth: Penguin.

Goffman, E. (1971) *Relations in Public*, London: Allen Lane.

Goldblatt, D. (2014) *Futebol Nation*, London: Penguin.

Goody, J. (2002) 'Elias and the anthropological tradition', *Anthropological Theory*, 2(4): 401–12.

Gorn, E. J., and W. Goldstein (1993) *A Brief History of American Sports*, New York: Hill & Wang.

Gottdiener, M. (1995) *Postmodern Semiotics*, Oxford: Blackwell.

Goulstone, J. (1974) *Modern Sport*, Bexleyheath: Goulstone.

Goulstone, J. (2000) 'The working-class origins of modern football', *International Journal of the History of Sport*, 17: 135–43.

Gramsci, A. (1971) *Selections from the Prison Notebooks*, London: Lawrence & Wishart.

Griffin, P. (1998) *Strong Women, Deep Closets*, Champaign, IL: Human Kinetics.

Grindstaff, L., and E. West (2006) 'Cheerleading and the gendered politics of sport', *Social Problems*, 53(4): 500–18.

Grint, K. (1991) *The Sociology of Work*, Cambridge: Polity.

Grossberg, L. (1988) *It's a Sin*, Sydney: Power.

Grossberg, L. (1992) *We Gotta Get Out of This Place*, London: Routledge.

Grossman, M. (1972) 'On the concept of health capital and the demand for health', *Journal of Political Economy*, 80(2): 223–55.

Grosz, E. (1995) 'Women, *chora*, dwelling', in S. Watson and K. Gibson (eds), *Postmodern Cities and Spaces*, Oxford: Blackwell.

Grundlingh, A. (1994) 'Playing for power?', in J. Nauright and T. J. L. Chandler (eds), *Making Men*, London: Frank Cass.

Gruneau, R. (1999) *Class, Sports and Social Development*, Champaign, IL: Human Kinetics.

Guelke, A. (1993) 'Sport and the end of Apartheid', in L. Allison (ed.), *The Changing Politics of Sport*, Manchester: Manchester University Press.

Guttmann, A. (1978) *From Ritual to Record*, New York: Columbia University Press.

Guttmann, A. (1988) *A Whole New Ball Game*, Chapel Hill: University of North Carolina Press.

Guttmann, A. (1991) *Women's Sports*, New York: Columbia University Press.

Guttmann, A. (1994) *Games and Empires*, New York: Columbia University Press.

Guttmann, A. (1996) *The Erotic in Sports*, New York: Columbia University Press.

Guttmann, A., and L. Thompson (2001) *Japanese Sports*, Hawaii: University of Hawaii Press.

Habermas, J. (1970) *Toward a Rational Society*, Boston: Beacon Press.

Habermas, J. (1987a) *The Philosophical Discourse of Modernity*, Cambridge: Cambridge University Press.

Habermas, J. (1987b) *The Theory of Communicative Action*, Vol. 2, Boston: Beacon Press.

Habermas, J. (1989) *The Structural Transformation of the Public Sphere*, Cambridge: Polity.

Hagemann, A. (2010) 'From the stadium to the fan zone', *Soccer and Society*, 11(6): 723–36.

Haggerty, K. D., and R. V. Ericson (2000) 'The surveillant assemblage', *British Journal of Sociology*, 51(4): 605–22.

Hakim, C. (2011) *Honey Money: The Power of Erotic Capital*, London: Allen Lane.

Hall, C. M. (2006) 'Urban entrepreneurship, corporate interests and sports mega-events', *Sociological Review*, 54(2): 59–70.

Hall, M. A. (2002) *The Girl and the Game*, Toronto: Broadview Press.

Hall, S. (1977) 'Re-thinking the "base and superstructure" metaphor', in J. Bloomfield (ed.), *Class, Hegemony and Party*, London: Lawrence & Wishart.

Hall, S., and T. Jefferson (eds) (1976) *Resistance through Rituals*, London: Hutchinson.

Hallinan, C. (1991) 'Aborigines and positional segregation in the Australian rugby league', *International Review for the Sociology of Sport*, 12(1): 69–82.

Hamelink, C. J. (1995) *World Communication: Disempowerment and Self-Empowerment*, London: Zed Books.

Hannerz, U. (1992) *Cultural Complexity*, New York: Columbia University Press.

Hannigan, J. A. (1998) *Fantasy City*, London: Routledge.

Hardy, S. (1986) 'Entrepreneurs, organizations and the sports marketplace', *Journal of Sport History*, 13: 14–33.

Hargreaves, Jennifer (1993) 'Gender on the sports agenda', in A. G. Ingham and J. W. Loy (eds), *Sport in Social Development*, Champaign, IL: Human Kinetics.

Hargreaves, Jennifer (1994) *Sporting Females*, London: Routledge.

Hargreaves, Jennifer (2000) *Heroines of Sport: The Politics of Difference and Identity*, London: Routledge.

Hargreaves, Jennifer (2002) 'The Victorian cult of the family and the early years of female sport', in S. Scraton and A. Flintoff (eds), *Gender and Sport: A Reader*, London: Routledge.

Hargreaves, Jennifer, and P. Vertinsky (eds) (2007) *Physical Culture, Power and the Body*, London: Routledge.

Hargreaves, John (1986) *Sport, Power and Culture*, Cambridge: Polity.

Harpalani, V. (1998) 'The athletic dominance of African Americans', in G. Sailes (ed.), *African Americans in Sport*, New Brunswick, NJ: Transaction.

Harris, O. (1998) 'The role of sport in the black community', in G. Sailes (ed.), *African Americans in Sport*, New Brunswick, NJ: Transaction.

Harrison, A. K. (2013) 'Black skiing, everyday racism and the racial spatiality of whiteness', *Journal of Sport and Social Issues*, 37(4): 315–39.

Harvey, A. (1999) 'Football's missing link', in J. A. Mangan (ed.), *Sport in Europe*, London: Frank Cass.

Harvey, D. (1991) *The Condition of Postmodernity*, Oxford: Blackwell.

Harvey, D. (2005) *A Brief History of Neoliberalism*, Oxford: Oxford University Press.

Hawkins, M. (1997) *Social Darwinism in European and American Thought, 1860–1945*, Cambridge: Cambridge University Press.

Hayhurst, L. (2013) 'Girls as the new agents of social change?', *Sociological*

250

Research Online, 18(2).

Hebdige, D. (1979) *Subculture*, London: Methuen.

Hebdige, D. (1988) *Hiding in the Light*, London: Routledge.

Heinilä, K. (1998) *Sport in Social Context*, Jyväskylä: University of Jyväskylä Press.

Henderson, R. (1995) 'Is it in the blood?' *Wisden Cricket Monthly*, July.

Henderson, R. W. (2001) *Ball, Bat and Bishop*, Champaign: University of Illinois Press.

Herrnstein, R. J., and C. Murray (1994) *The Bell Curve*, Glencoe, IL: Free Press.

Hess, R. (1998) 'The Victorian football league takes over, 1897–1914', in R. Hess and B. Stewart (eds), *More than a Game*, Melbourne: Melbourne University Press.

Hill, D. (2010) *The Fix: Soccer and Organized Crime*, London: McClelland & Stewart.

Hoberman, J. M. (1984) *Sport and Political Ideology*, Austin: University of Texas Press.

Hoberman, J. M. (1997) *Darwin's Athletes*, Boston: Houghton Mifflin.

Hoberman, J. M. (2001) *Mortal Engines: The Science of Performance and the Dehumanization of Sport*, Caldwell, NJ: Blackburn Press.

Hoch, P. (1972) *Rip Off the Big Game*, Garden City, NY: Doubleday.

Hochschild, A. R. (1983) *The Managed Heart*, Berkeley: University of California Press.

Hockey, J., and J. Allen-Collinson (2007) 'Grasping the phenomenology of sporting bodies', *International Review for the Sociology of Sport*, 42(2): 115–31.

Hofmeyer, J. (ed.) (2012) *The Youth Divided*, Cape Town: Institute for Justice and Reconciliation.

Hoggart, R. (1958) *The Uses of Literacy*, London: Penguin.

Holt, R. (1991) 'Women, men and sport in France, c.1870–1914', *Journal of Sport History*, 18(1): 121–34.

Hong, F. (1997) 'Iron bodies: women, war and sport in the early communist movement in China', *Journal of Sport History*, 1: 1–22.

Houlihan, B., and R. Giulianotti (2012) 'Politics and the London 2012 Olympics: the (in)security games', *International Affairs*, 88(4): 701–17.

Howe, D. (2001) 'An ethnography of pain and injury in professional rugby union', *International Review for the Sociology of Sport*, 36(3): 289–304.

Howe, D. (2004) *Sport, Professionalism and Pain*, London: Routledge.

Howe, D. (2008) *The Cultural Politics of the Paralympic Movement*, London: Routledge.

Howe, D. (2011) 'Cyborg and supercrip', *Sociology*, 45(5): 868–82.

Huizenga, R. (1995) *You're OK, It's Just a Bruise*, New York: St Martin's Press.

Humphreys, D. (2003) 'Selling out snowboarding: the alternative response to commercial co-optation', in R. E. Rinehart and S. Sydnor (eds), *To the Extreme: Alternative Sports, Inside and Out*, New York: SUNY Press.

Hunter, D. W. (1998) 'Race and athletic performance', in G. Sailes (ed.), *African Americans in Sport*, New Brunswick, NJ: Transaction.

Hylton, K. (2008) *Race and Sport*, London: Routledge.

ICSS/Sorbonne (2014) *Protecting the Integrity of Sport Competition*, Paris: International Centre for Sport Security/Université Paris 1 Panthéon Sorbonne.

Ingham, A. G. (1975) 'Occupational subcultures in the work world of sport', in D. Ball and J. Loy (eds), *Sport and Social Order*, Reading, MA: Addison-Wesley.

Ingham, A. G. (and Friends) (1997) 'Toward a department of Physical Cultural Studies and an end to tribal warfare', in J.-M. Fernández-Balboa (ed.), *Critical Postmodernism in Human Movement, Physical Education, and Sport*, New York: SUNY Press.

Jaireth, S. (1995) 'Tracing Orientalism in cricket', *Sporting Traditions*, 12(1): 103–20.

James, C. L. R. (1963) *Beyond a Boundary*, London: Paul.

Jameson, F. (1979) 'Reification and utopia in mass culture', *Social Text*, 1: 130–48.

Jameson, F. (1981) *The Political Unconscious*, Ithaca, NY: Cornell University Press.

Jameson, F. (1991) *Postmodernism, or, The Cultural Logic of Late Capitalism*, London: Verso.

Jarvie, G. (1991) *Highland Games*, Edinburgh: Edinburgh University Press. *252*

Jenkins, R. (1992) *Pierre Bourdieu*, London: Routledge.

Jhally, S., and J. Lewis (1992) *Enlightened Racism*, Boulder, CO: Westview Press.

Johns, D. P., and J. S. Johns (2000) 'Surveillance, subjectivism and technologies of power', *International Review for the Sociology of Sport*, 35(2): 219–34.

Kay, J., and S. Laberge (2002) 'The "new" corporate habitus in adventure racing', *International Review for the Sociology of Sport*, 37(1): 17–36.

Kellner, D. (1989) *Jean Baudrillard*, Cambridge: Polity.

Kellner, D., and S. Best (2001) *The Postmodern Adventure*, New York: Guilford Press.

Kelly, W. W. (2004) 'Sense and sensibility at the ballpark', in W. W. Kelly (ed.), *Fanning the Flames*, New York: SUNY Press.

Kennedy, P., and D. Kennedy (eds) (2012) *Football Supporters and the Commercialization of Football*, London: Routledge.

Kerry, D. S., and K. M. Armour (2000) 'Sport sciences and the promise of phenomenology', *Quest*, 52: 1–17.

Kiely, R. (2007) *The New Political Economy of Development*, Basingstoke: Palgrave.

Kimmel, M. S. (1990) 'Baseball and the reconstitution of American masculinity, 1880–1920', in M. A. Messner and D. F. Sabo (eds), *Sport, Men and the Gender Order*, Champaign, IL: Human Kinetics.

King, S. (2008) 'What's queer about (queer) sport sociology now? A review essay', *Sociology of Sport Journal*, 25: 419–42.

Klausen, A. M. (1999) 'Norwegian culture and Olympism', in A. M. Klausen (ed.), *Olympic Games as Performance and Public Event*, Oxford: Berghahn.

Klauser, F. (2008) 'Spatial articulations of surveillance at the FIFA World Cup 2006 in Germany', in K. Aas, H. Oppen and H. Mork (eds), *Technologies of Insecurity*, London: Routledge.

Klein, A. (1989) 'Baseball as underdevelopment', *Sociology of Sport Journal*, 6: 95–112.

Klein, A. (1991) *Sugarball*, New Haven, CT: Yale University Press.

Klein, A. (1993) *Little Big Men*, New York: SUNY Press.

Klein, A. (1994) 'Transnational labor and Latin American baseball', in J. Bale and J. Maguire (eds), *The Global Sports Arena*, London: Frank Cass.

Koppett, L. (1981) *Sports Illusion, Sports Reality*, Urbana: University of Illinois Press.

Korr, C., and M. Close (2009) *More Than Just a Game: Football v Apartheid*, London: Collins.

Laberge, S., and D. Sankoff (1988) 'Physical activities, body *habitus* and lifestyles', in J. Harvey and H. Cantelon (eds), *Not Just a Game*, Ottawa: University of Ottawa Press.

Laclau, E., and C. Mouffe (1985) *Hegemony and Socialist Strategy*, London: Verso.

253   Laderman, S. (2014) *Empire in Waves: A Political History of Surfing*, Berkeley: University of California Press.

LaFeber, W. (2002) *Michael Jordan and the New Global Capitalism*, New York: W. W. Norton.

Langseth, T. (2011) 'Risk sports', *Sport in Society*, 14(5): 629–44.

Lasch, C. (1979) *The Culture of Narcissism*, London: Abacus.

Lash, S. (1990) *Sociology of Postmodernism*, London: Routledge.

Lash, S., and J. Urry (1987) *The End of Organized Capitalism*, Cambridge: Polity.

Lash, S., and J. Urry (1994) *Economies of Signs and Space*, London: Sage.

Latouche, S. (1996) *The Westernization of the World*, Cambridge: Polity.

Le Breton, D. (2000) 'Playing symbolically with death in extreme sports', *Body & Society*, 6: 1–11.

Leach, J., and G. Kildea (1976) *Trobriand Cricket: An Ingenious Response to Colonialism*, Papua New Guinea: Office of Information.

Lenin, V. I. ([1916] 1997) *Imperialism*, New York: International.

Lenin, V. I. ([1902] 1998) *What is to be Done?*, Harmondsworth: Penguin.

Lenskyj, H. (2000) *Inside the Olympic Industry*, New York: SUNY Press.

Lenskyj, H. (2002) *The Best Olympics Ever?*, New York: SUNY Press.

Lenskyj, H. (2003) 'The Olympic industry and civil liberties', in R. Giulianotti and D. McArdle (eds), *Sport and Human Rights*, London: Frank Cass.

Lenskyj, H. (2008) *Olympic Industry Resistance*, New York: SUNY Press.

Leonard, D. J., and C. R. King (eds) (2011) *Commodified and Criminalized*, Lanham, MD: Rowman & Littlefield.

Levine, P. (1992) *Ellis Island to Ebbets Field*, Oxford: Oxford University

Press.

Lewis, R. W. (1996) 'Football hooliganism in England before 1914', *International Journal of the History of Sport*, 13(3): 310–39.

Leys, C. (1974) *Underdevelopment in Kenya*, Los Angeles: University of California Press.

Liston, K. (2005) 'Established–outsider relations between males and females in male-associated sports in Ireland', *European Journal for Sport and Society*, 2(1): 25–35.

Loland, S. (2000) 'Justice and game advantage in sporting games', in T. Tännsjö and C. Tamburrini (eds), *Values in Sport*, London: E. & F. N. Spon.

Long, J., and K. Hylton (2002) 'Shades of white', *Leisure Studies*, 21: 87–103.

Long, J. G. (2012) *Public/Private Partnerships for Major League Sports Facilities*, London: Routledge.

Loy, J. W., and J. F. McElvogue (1970) 'Racial segregation in American sport', *International Review for the Sociology of Sport*, 5: 5–24.

Luhmann, N. (1986) 'The autopoiesis of social systems', in F. Geyer and J. van der Zouwen (eds), *Sociocybernetic Paradoxes: Observation, Control and Evolution of Self-Steering Systems*, London: Sage.

Luhmann, N. (1995) *Social Systems*, Stanford, CA: Stanford University Press. *254*

Luhmann, N. (2000) *Organisation und Entscheidung*, Wiesbaden: Westdeutscher.

Lukács, G. ([1923] 1967) *History and Class Consciousness*, London: Merlin.

Lüschen, G. (1967) 'The interdependence of sport and culture', *International Review of Sport Sociology*, 2(1): 27–41.

Lynch, R. (1992) 'A symbolic patch of grass: crowd disorder and regulation on the Sydney Cricket Ground Hill', *ASSH Studies in Sports History*, 7: 10–49.

Lyng, S. (1990) 'Edgework', *American Journal of Sociology*, 95(4): 851–86.

Lyotard, J.-F. (1984) *The Postmodern Condition*, Manchester: Manchester University Press.

Lyotard, J.-F. (1993) *The Postmodern Explained*, Minneapolis: Minnesota University Press.

McCall, L. (2005) 'The complexity of intersectionality', *Signs*, 30(3): 1771–800.

McCree, R. (2000) 'Professional soccer in the Caribbean', *International Review for the Sociology of Sport*, 35(2): 199–218.

McCrone, K. E. (1988) *Sport and the Physical Emancipation of Women, 1870–1914*, London: Routledge.

McDonald, I. (2009) 'One dimensional sport', in B. Carrington and I. McDonald (eds), *Marxism, Cultural Studies and Sport*, London: Routledge.

McInman, A. D., and J. R. Grove (1991) 'Peak moments in sport', *Quest*, 43: 333–51.

McKay, J. (1997) *Managing Gender*, New York: SUNY Press.

McKay, J., and M. Roderick (2010) 'Lay down Sally', *Journal of Australian Studies*, 34(3): 295–315.

McLean, R., and D. Wainwright (2009) 'Social networks, football fans, fantasy and reality', *Journal of Information, Communication and Ethics in Society*, 7(1): 54–71.

McPhail, T. (1981) *Electronic Colonialism: The Future of International Broadcasting and Communication*, London: Sage.

McPherson, B. D., J. E. Curtis and J. W. Loy (1989) *The Social Significance of Sport*, Champaign, IL: Human Kinetics.

McRobbie, A. (2005) *The Uses of Cultural Studies*, London: Sage.

Maffesoli, M. (1996) *The Time of the Tribes*, London: Sage.

Maguire, J. (1991) 'Sport, Racism and British Society', in G. Jarvie (ed.) *Sport, Racism and Ethnicity*, London: Falmer.

Maguire, J. (1999) *Global Sport*, Cambridge: Polity.

Majors, R. (1990) 'Cool pose', in M. Messner and D. Sabo (eds), *Sport, Men and Gender Order*, Champaign, IL: Human Kinetics.

Malcolm, D. (2013) *Globalizing Cricket*, London: Bloomsbury.

Malfas, M., E. Theodoraki and B. Houlihan (2004) 'Impacts of the Olympic Games as mega-events', *Municipal Engineer*, 157: 209–20.

Mandel, E. (1975) *Late Capitalism*, London: Humanities Press.

Mangan, J. A. (1981) *Athleticism in the Victorian and Edwardian Public School*, Cambridge: Cambridge University Press.

Mangan, J. A. (1986) *The Games Ethic and Imperialism*, London: Viking.

Mangan, J. A. (1987) 'Ethics and ethnocentricity', in W. J. Baker and J. A. Mangan (eds), *Sport in Africa*, London: Holmes & Meier.

Mangan, J. A. (1998) 'Sport in society', in H. Meinander and J. A. Mangan (eds), *The Nordic World*, London: Frank Cass.

Manning, F. (1981) 'Celebrating cricket', *American Ethnologist*, 8(3): 616–32.

Marcano, A. J., and D. P. Fidler (1999) 'The globalization of baseball', *Global Legal Studies Journal*, 6: 511–77.

Marcuse, H. (1964) *One Dimensional Man*, London: Ark.

Markula, P. (1995) 'Firm but shapely, fit but sexy, strong but thin', *Sociology of Sport Journal*, 12: 424–53.

Markula, P., and R. Pringle (2006) *Foucault, Sport and Exercise*, London: Routledge.

Marling, W. H. (2006) *How American Is Globalization?*, Baltimore: Johns Hopkins University Press.

Marqusee, M. (1994) *Anyone but England*, London: Verso.

Martin, P. (1995) *Leisure and Society in Colonial Brazzaville*, Cambridge: Cambridge University Press.

Marx, K. ([1852] 1934) *The Eighteenth Brumaire of Louis Bonaparte*, Moscow: Progress.

Marx, K. ([1875] 1938) *Critique of the Gotha Programme*, New York: International.

Marx, K. ([1845] 1965) *The German Ideology*, London: Lawrence & Wishart.

Marx, K. ([1844] 1973) *Economic and Philosophical Manuscripts of 1844,*

255

London: Victor Kamkin.

Marx, K. ([1867] 1999) *Capital*, Oxford: Oxford University Press.

Marx, K., and F. Engels ([1848] 1998) *The Communist Manifesto*, Oxford: Oxford University Press.

Mason, A. (1980) *Association Football and English Society, 1863–1915*, Brighton: Harvester.

Mason, C., and R. Roberts (1991) 'The spatial externality fields of football stadiums', *Applied Geography*, 11: 251–66.

Maton, K. (2005) 'A question of autonomy', *Journal of Education Policy*, 20(6): 687–704.

Mead, G. H. (1934) *Mind, Self and Society*, Chicago: University of Chicago Press.

Mennesson, C. (2000) 'Hard women and soft women', *International Review for the Sociology of Sport*, 35(1): 21–33.

Merleau-Ponty, M. (1962) *Phenomenology of Perception*, London: Routledge & Kegan Paul.

Merrett, C. (1994) 'Sport, racism and urban policy in South Africa', *Sporting Traditions*, 11(2): 97–122.

Merton, R. K. (1938) 'Social structure and anomie', *American Sociological Review*, 3(6): 672–82.

Merton, R. K. (1968) *Social Theory and Social Structure*, New York: Free Press.

Messner, M. A. (1992) *Power at Play*, Boston: Beacon Press.

Messner, M. A. (1994) 'AIDS, homophobia and sport', in M. A. Messner and D. F. Sabo (eds), *Sex, Violence and Power in Sports*, Freedom, CA: Crossing Press.

Messner, M. A. (2007) *Out of Play: Critical Essays on Gender and Sport*, New York: SUNY Press.

Messner, M. A. (2009) *It's All for the Kids: Gender, Families and Youth Sports*, Berkeley: University of California Press.

Messner, M. A., M. Dunbar and D. Hunt (2000) 'The televised sports manhood formula', *Journal of Sport and Social Issues*, 24(4): 380–94.

Messner, M. A., M. C. Duncan and C. Cooky (2003) 'Silence, sports bras, and wrestling porn', *Journal of Sport and Social Issues*, 27(1): 38–51.

Miliband, R. (1977) *Marxism and Politics*, Oxford: Oxford University Press.

Miller, A. (2006) *Ancient Greek Athletics*, New Haven, CT: Yale University Press.

Miller, P. (1998) 'The anatomy of scientific racism', *Journal of Sport History*, 24(1): 119–51.

Mills, C. W. (1959) *The Sociological Imagination*, Harmondsworth: Penguin.

Møller, V. (2007) 'Walking the edge', in M. McNamee (ed.), *Philosophy, Risk and Adventure Sports*, London: Routledge.

Møller, V. (2015) 'Doping in elite sport', in R. Giulianotti (ed.), *Routledge Handbook of the Sociology of Sport*, London: Routledge.

Morgan, W. J. (1988) 'Adorno on sport', *Theory and Society*, 17: 813–38.

Morgan, W. J. (1993) *Leftist Theories of Sport*, Urbana: University of Illinois

Press.

Morgan, W. J. (1998) 'Hassiba Boulmerka and Islamic green', in G. Rail (ed.), *Sport and Postmodern Times*, New York: SUNY Press.

Morgan, W. J. (2002) 'Social criticism as moral criticism', *Journal of Sport and Social Issues*, 26(3): 281–99.

Morgan, W. J. (2004) 'Habermas on sports', in R. Giulianotti (ed.), *Sport and Modern Social Theorists*, Basingstoke: Palgrave.

Morgan, W. J. (2015) 'Why sport philosophy and sport sociology need each other', in R. Giulianotti (ed.), *Routledge Handbook of the Sociology of Sport*, London: Routledge.

Muchembled, R. (1985) *Popular Culture and Elite Culture in France, 1400–1750*, Baton Rouge: Louisiana State University Press.

Müller, A. F. (2002) 'Sociology as a combat sport: Pierre Bourdieu (1930–2002) – admired and reviled in France', *Anthropology Today*, 18(2): 5–9.

Murphy, P., E. Dunning and J. Williams (1990) *Football on Trial*, London: Routledge.

Nadel, D. (1998) 'The league goes national, 1986–1997', in R. Hess and B. Stewart (eds), *More than a Game*, Melbourne: Melbourne University Press.

Nederveen Pieterse, J. (1995) 'Globalization as hybridization', in M. Featherstone, S. Lash and R. Robertson (eds), *Global Modernities*, London: Sage.

Nederveen Pieterse, J. (2007) *Ethnicities and Global Multiculture*, Lanham, MD: Rowman & Littlefield.

Nixon, H. L. (1993) 'Accepting the risks of pain and injury in sport', *Sociology of Sport Journal*, 10: 183–96.

Noll, R. G., and A. S. Zimbalist (1997) *Sports, Jobs and Taxes*, Washington, DC: Brookings Institution Press.

Novak, M. ([1976] 1993) *The Joy of Sports*, rev. edn, Lanham, MD: Madison Books.

Numerato, D. (2009) 'Revisiting Weber's concept of disenchantment: an examination of the re-enchantment with sailing in the post-communist Czech Republic', *Sociology*, 43: 439–56.

O'Donnell, H. (1994) 'Mapping the mythical', *Discourse & Society*, 5(3): 345–80.

O'Neill, M. (2003) 'The policing of football spectators', unpublished PhD thesis, University of Aberdeen.

Oriard, M. (1993) *Reading Football*, Chapel Hill: University of North Carolina Press.

Oriard, M. (2001) *King Football*, Chapel Hill: University of North Carolina Press.

Parsons T. (1951) *The Social System*, New York: Free Press.

Parsons, T. (1966) *Societies*, Englewood Cliffs, NJ: Prentice-Hall.

Pearson, G. (2013) *An Ethnography of English Football Fans*, Manchester: Manchester University Press.

Perelman, M. (2012) *Barbaric Sport*, London: Verso.

257

Perkin, H. (1989) 'Teaching the nations how to play: sport and society in the British Empire and Commonwealth', *International Journal of the History of Sport*, 6(2): 145–55.

Pfister (2002) 'Sport for women', in R. Naul and K. Hardman (ed.), *Sport and Physical Education in Germany*, London: Routledge.

Phillips, J. (1994) 'The hard man', in J. Nauright and T. J. L. Chandler (eds), *Making Men*, London: Frank Cass.

Polsky, N. (1969) *Hustlers, Beats and Others*, Garden City, NY: Anchor Books.

Poster, M. (1988) *Jean Baudrillard*, Cambridge: Polity.

Poster, M. (1990) *The Mode of Information*, Cambridge: Polity.

Prasad, D. (1999) 'Environment', in R. Cashman and A. Hughes (eds), *Staging the Olympics*, Sydney: University of New South Wales Press.

Presner, T. S. (2007) *Muscular Judaism*, London: Routledge.

Preuss, H. (2006) *The Economics of Staging the Olympics*, Cheltenham: Edward Elgar.

Pye, G. (1986) 'The ideology of Cuban sport', *Journal of Sport History*, 13(2): 119–27.

Rabinow, P., and N. Rose (2003) 'Thoughts on the concept of biopower today', unpublished paper, available at: www.lse.ac.uk/sociology/pdf/RabinowandRose-BiopowerToday03.pdf.

Rail, G. (1998) 'Seismography of the postmodern condition', in G. Rail (ed.), *Sport and Postmodern Times*, New York: SUNY Press.

Ranger, T. (1987) 'Pugilism and pathology', in W. J. Baker and J. A. Mangan (eds), *Sport in Africa*, London: Holmes & Meier.

Real, M. (1999) 'Aerobics and feminism', in R. Martin and T. Miller (eds), *SportCult*, Minneapolis: University of Minnesota Press.

Redhead, S. (1991) 'Some reflections on discourses on football hooliganism', *Sociological Review*, 39(3): 479–88.

Reiss, S. (1991) *City Games*, Urbana: University of Illinois Press.

Rigauer, B. (1981) *Sport and Work*, New York: Columbia University Press.

Rigauer, B. (2001) 'Marxist theories', in J. Coakley and E. Dunning (eds), *Handbook of Sports Studies*, London: Sage.

Rinehart, R., and S. Sydnor (eds) (2003) *To The Extreme*, New York: SUNY Press.

Riordan, J. (1976) 'Marx, Lenin and physical culture', *Journal of Sport History*, 2: 152–61.

Riordan, J. (1987) 'Soviet muscular socialism: a Durkheimian analysis', *Sociology of Sport Journal*, 4(4): 376–93.

Riordan, J. (1991) 'The rise, fall and rebirth of sporting women in Russia and the USSR', *Journal of Sport History*, 18(1): 183–99.

Ritzer, G. (1993) *The McDonaldization of Society*, Thousand Oaks, CA: Pine Forge Press.

Ritzer, G. (1996) *Modern Sociological Theory*, 4th edn, New York: McGraw-Hill.

Ritzer, G. (2004) *The Globalization of Nothing*, Thousand Oaks, CA: Pine

Forge Press.

Ritzer, G., and T. Stillman (2001) 'The postmodern ballpark as leisure setting', *Leisure Sciences*, 23: 99–113.

Roberts, R., and J. Olsen (1989) *Winning is the Only Thing*, Baltimore: Johns Hopkins University Press.

Robertson, R. (1970) *The Sociological Interpretation of Religion*, Oxford: Blackwell.

Robertson, R. (1990) 'After nostalgia? Wilful nostalgia and the phases of globalization', in B. S. Turner (ed.), *Theories of Modernity and Postmodernity*, London: Sage.

Robertson, R. (1992) *Globalization*, London: Sage.

Robertson, R. (1994) 'Globalisation or glocalisation?', *Journal of International Communication* 1(1): 33–52.

Robertson, R. (1995) 'Glocalization', in M. Featherstone, S. Lash and R. Robertson (eds), *Global Modernities*, London: Sage.

Robertson, R. (2001) 'Globalization theory 2000+', in G. Ritzer and B. Smart (eds), *The Handbook of Social Theory*, London: Sage.

Robson, G. (2000) *Nobody Likes Us, We Don't Care*, Oxford: Berg.

Roderick, M. (1998) 'The sociology of risk, pain and injury: a comment on the work of Howard Nixon II', *Sociology of Sport Journal*, 15: 64–79.

Roderick, M. (2006) *The Work of Professional Football*, London: Routledge.

Rojek. C. (1985) *Capitalism and Leisure Theory*, London: Tavistock Press.

Rojek, C. (1993) 'Disney culture', *Leisure Studies*, 12: 121–35.

Rojek, C. (1995) *Decentring Leisure*, London: Sage.

Rojek, C. (2006) *Cultural Studies*, Cambridge: Polity.

Rorty, R. (1991) *Objectivity, Relativism and Truth*, Cambridge: Cambridge University Press.

Rosbrook-Thompson, J. (2013) *Sport, Difference and Belonging*, London: Routledge.

Rose, N. (1996) 'Governing advanced liberal democracies', in A. Barry, T. Osborne and N. Rose (eds), *Foucault and Political Reason*, London: UCL Press.

Rose, N. (1999) *Powers of Freedom*, Cambridge: Cambridge University Press.

Rosentraub, M. (1999) *Major League Losers*, New York: Basic Books.

Rowe, D. (1995) *Popular Cultures*, London: Sage.

Rowe, D. (2012) 'The bid, the lead-up, the event and the legacy', *British Journal of Sociology*, 63: 285–305.

Rowe, D., and P. McGuirk (1999) 'Drunk for three weeks', *International Review for the Sociology of Sport*, 34(2): 125–41.

Rumford, C. (2007) 'More than a game: globalization and the post-Westernization of world cricket', *Global Networks*, 7(2): 202–14.

Russell, D. (1999) 'Associating with football', in G. Armstrong and R. Giulianotti (eds), *Football Cultures and Identities*, Basingstoke: Macmillan.

Ryan, J. (1996) *Little Girls in Pretty Boxes*, London: Women's Press.

Sack, A., P. Singh and R. Thiel (2005) 'Occupational segregation on the

259

playing field', *Journal of Sport Management*, 19: 300–18.

Said, E. (1994) *Culture and Imperialism*, London: Chatto & Windus.

Said, E. (1995) *Orientalism*, Harmondsworth: Penguin.

Sailes, G. A. (1998) 'The African American athlete', in G. Sailes (ed.), *African Americans in Sport*, New Brunswick, NJ: Transaction.

St Pierre, M. ([1995] 2008) 'West Indian cricket as cultural resistance', in M. A. Malec (ed.), *The Social Roles of Sport in Caribbean Societies*, Abingdon: Routledge.

Samatas, M. (2011) 'Surveillance in Athens 2004 and Beijing 2008', *Urban Studies*, 48(15): 3347–66.

Sammons, J. T. (1997) 'A proportionate and measured response to the provocation that is *Darwin's Athletes*', *Journal of Sport History*, 24(3): 378–88.

Sandiford, K., and B. Stoddart (1995) 'The elite schools and cricket in Barbados', in H. M. Beckles and B. Stoddart (eds), *Liberation Cricket*, Manchester: Manchester University Press.

Sartore-Baldwin, M. (ed.) (2013) *Sexual Minorities in Sports*, Boulder, CO: Lynne Rienner.

Schiller, H. I. (1976) *Communication and Cultural Domination*, Armonk, NY: M. E. Sharpe.

Schimank, U. (2005) 'The autonomy of modern sport: dangerous and endangered', *European Journal for Sport and Society*, 2(1): 25–33.

Schimmel, K. (2011) 'From "violence-complacence" to "terrorist-ready"', *Urban Studies*, 48(15): 3277–91.

Scholte, J. A. (2005) *Globalization*, 2nd edn, Basingstoke: Palgrave.

Schulenkorf, N., and D. Adair (ed.) (2014) *Global Sport for Development*, Basingstoke: Palgrave.

Schutz, A. (1972) *Phenomenology of the Social World*, Chicago: Northwestern University Press.

Sennett, R. (1977) *The Fall of Public Man*, London: Faber & Faber.

Serazio, M. (2013) 'The elementary forms of sports fandom: a Durkheimian exploration of team myths, kinship, and totemic rituals', *Communication and Sport*, 1(4): 303–25.

Shamir R. (2008) 'The age of responsibilization: on market-embedded morality', *Economy and Society*, 37(1): 1–19.

Shehu, J. (ed.) (2010) *Gender, Sport and Development in Africa*, Dakar: Codesria.

Silva, C. F., and D. Howe (2012) 'The (in)validity of *supercrip* representation of Paralympian athletes', *Journal of Sport and Social Issues*, 36(2): 174–94.

Simon, R. (2005) *Sporting Equality: Title IX Thirty Years Later*, New Brunswick, NJ: Transaction.

Simpson, J. L. et al. (2000) 'Gender verification in the Olympics', *Journal of the American Medical Association*, 284(12): 1568–9.

Sklair, L. (1995) *Sociology of the Global System*, Baltimore: Johns Hopkins University Press.

260

Sklair, L. (2001) *The Transnational Capitalist Class*, Oxford: Blackwell.

Smith, C. (1997) 'Control of the female body', *Sporting Traditions*, 14(2): 59–71.

Smith, D., and G. Williams (1980) *Fields of Praise*, Cardiff: University of Wales Press.

Smith, D. (2001) *Norbert Elias and Modern Social Theory*, London: Sage.

Smith, N. (2005) *The Endgame of Globalization*, London: Routledge.

Smith, P. (1997) *Millennial Dreams*, London: Verso.

Snow, C. P. (1959) *The Two Cultures*, Cambridge: Cambridge University Press.

Sperber, M. (2000) *Beer and Circus: How Big-Time College Sports is Crippling Undergraduate Education*, New York: Henry Holt.

Spivey, D. (1985) 'Black consciousness and Olympic protest movement, 1964–1980', in D. Spivey (ed.) *Sport in America*, Westport, CT: Greenwood Press.

Sport Accord (2011) *Integrity in Sport*, Lausanne: Sport Accord.

Staurowsky, E. (2000) 'The Cleveland "Indians": a case study in American Indian cultural dispossession', *Sociology of Sport Journal*, 17(4): 307–30.

Stichweh, R. (1990) 'Sport: Ausdifferenzierung, Funktion, Code', *Sportwissenschaft*, 20: 373–89.

Sugden, J. (1987) 'The exploitation of disadvantage', in J. Horne, D. Jary and A. Tomlinson (eds), *Sport, Leisure and Social Relations*, London: Routledge & Kegan Paul.

Suttles, G. (1968) *The Social Order of the Slum*, Chicago: University of Chicago Press.

Suttles, G. (1972) *The Social Construction of Communities*, Chicago: University of Chicago Press.

Sykes, H. (1998) 'Turning the closets inside/out: towards a queer-feminist theory in women's physical education', *Sociology of Sport Journal*, 15(2): 154–73.

Symons, C. (2010) *The Gay Games: A History*, London: Routledge.

Tangen, J. O. (2004) 'Embedded expectations, embodied knowledge and the movements that connect', *International Review for the Sociology of Sport*, 39(1): 7–25.

Tangen, J. O. (2010) 'Observing sport participation: some sociological remarks on the inclusion/exclusion mechanism in sport', in U. Wagner, R. K. Storm and J. M. Hoberman (eds), *Observing Sport: Modern System Theoretical Approaches*, Schorndorf: Hofmann.

Tangen, J. O. (2014) 'Materiality, meaning and power', in I. Nalivaika and M. Tin (eds), *Phenomenology of the Everyday*, Oslo: Novus.

Taylor, I. (1970) 'Football mad: a speculative sociology of soccer hooliganism', in E. Dunning (ed.), *The Sociology of Sport*, London: Frank Cass.

Taylor, I. (1971) 'Soccer consciousness and soccer hooliganism', in S. Cohen (ed.), *Images of Deviance*, Harmondsworth: Penguin.

Theberge, N. (2008) 'Just a normal bad part of what I do', *Sociology of Sport*

Journal, 25(2): 206–22.

Thiel, A., and H. Meier (2004) Überleben durch Abwehr: Zur Lernfähigkeit des Sportvereins, *Sport und Gesellschaft*, 1(2): 103–25.

Thompson, E. P. (1963) *The Making of the English Working Class*, London: Penguin.

Thompson, J. B. (1995) *The Media and Modernity*, Cambridge: Polity.

Thompson, S. M. (1999) 'The game begins at home', in J. Coakley and P. Donnelly (eds), *Inside Sports*, London: Routledge.

Thornton, S. (1995) *Club Cultures: Music, Media and Subcultural Capital*, Cambridge: Polity.

Thorpe, H. (2012) *Snowboarding: The Ultimate Guide*, Santa Barbara, CA: Greenwood.

Thorpe, H. (2014) *Transnational Mobilities in Action Sport Cultures*, Basingstoke: Palgrave.

Thrane, C. (2001) 'Sport spectatorship in Scandinavia', *International Review for the Sociology of Sport*, 36(2): 149–63.

Tomlinson, A. (2004) 'Pierre Bourdieu and the sociological study of sport', in R. Giulianotti (ed.), *Sport and Modern Social Theorists*, Basingstoke: Palgrave.

Tomlinson, J. (1999) *Globalization and Culture*, Cambridge: Polity.

Tordsson, B. (2010) *Friluftsliv, kultur og samfunn*, Kristiansand: Høyskoleforlaget.

Tranter, N. (1998) *Sport, Economy and Society in Britain, 1750–1914*, Cambridge: Cambridge University Press.

Trujillo, N. (1991) 'Hegemonic masculinity on the mound', *Critical Studies in Mass Communication*, 8: 290–308.

Tuan, Y.-F. (1974) *Topophilia*, Englewood Cliffs, NJ: Prentice-Hall.

Turner, B. (1999) 'The possibility of primitiveness', *Body & Society*, 5(2–3): 39–50.

Turner, V. (1974) *Dramas, Fields and Metaphors*, Ithaca, NY: Cornell University Press.

United Nations (2014) *Human Development Report*, New York: United Nations.

Urry, J. (1990) *The Tourist Gaze*, London: Sage.

Vaczi, M. (2014) 'Dangerous liaisons, fatal women', *International Review for the Sociology of Sport*, doi: 10.1177/1012690214524756.

Vamplew, W. (1994) 'Australians and sport', in W. Vamplew and B. Stoddart (eds), *Sport in Australia*, Melbourne: Cambridge University Press.

Vannini, A., and B. Fornssler (2007) 'Girl, interrupted: interpreting Semenya's body, gender verification testing, and public discourse', *Cultural Studies<=>Critical Methodologies*, 11(3): 243–57.

Veblen, T. ([1899] 1970) *The Theory of the Leisure Class*, London: Allen & Unwin.

Vertinsky, P., and J. Bale (eds) (2004) *Sites of Sport*, London: Routledge.

Vertinsky, P., and G. Captain (1998) 'More myth than history', *Journal of*

262

Sport History, 25(3): 532–61.

Vigarello, G. (1995) 'The sociology of sport in France', *Sociology of Sport Journal*, 12: 224–32.

Vinnai, G. (1973) *Football Mania*, London: Ocean.

Wacquant, L. (1995a) 'Pugs at work', *Body & Society*, 1: 65–93.

Wacquant, L. (1995b) 'The pugilistic point of view', *Theory & Society*, 24: 489–535.

Wacquant, L. (2001) 'Whores, slaves and stallions', *Body & Society*, 7(2–3): 181–94.

Wacquant, L. (2002) 'The sociological life of Pierre Bourdieu', *International Sociology*, 17(4): 549–56.

Wacquant, L. (2004) *Body and Soul: Ethnographic Notes of an Apprentice Boxer*, Oxford: Oxford University Press.

Wacquant, L. (2005) 'Carnal connections', *Qualitative Sociology*, 28(4): 445–74.

Waddington, I. (2000) *Sport, Health and Drugs*, London: Routledge.

Wagner, U. (2009) 'The World Anti-Doping Agency', *International Journal of Sport Policy and Politics*, 1(2): 183–201.

Wagner, U., R. K. Storm and J. M. Hoberman (eds) (2010) *Observing Sport: Modern System Theoretical Approaches*, Schorndorf: Hofmann.

Walby, S. (1997) *Gender Transformations*, London: Routledge.

Wallerstein, I. (1974) *The Modern World System*, Vol. 1, London: Academic Press.

Wallerstein, I. (2000) *The Essential Wallerstein*, New York: New Press.

Wallerstein, I. (2002) *The Decline of American Power*, New York: New Press.

Walsh, A., and R. Giulianotti (2001) 'This sporting mammon', *Journal of the Philosophy of Sport*, 28: 53–77.

Walsh, A., and R. Giulianotti (2007) *Ethics, Money and Sport*, London: Routledge.

Wann, D., and N. Branscombe (1990) 'Die-hard and fair-weather fans', *Journal of Sport and Social Issues*, 14(2): 103–17.

Wearing, B. (1998) *Leisure and Feminist Theory*, London: Sage.

Weber, J. D., and R. M. Carini (2013) 'Where are the female athletes in *Sports Illustrated*?', *International Review for the Sociology of Sport*, 48(2): 196–203.

Weber, M. ([1922] 1978) *Economy and Society*, New York: Bedminster Press.

Westmarland, N., and G. Gangoli (ed.) (2011) *International Approaches to Rape*, Bristol: Policy Press.

Wiggins, D. K. (1989) '"Great speed but little stamina"', *Journal of Sport History*, 16(2): 158–85.

Wilkinson, R., and K. Pickett (2010) *The Spirit Level: Why Equality is Better for Everyone*, London: Penguin.

Williams, J. (1991) 'Having an away day', in J. Williams and S. Wagg (eds), *British Football and Social Change*, Leicester: Leicester University Press.

Williams, J. (2001) *Cricket and Race*, Oxford: Berg.

Williams, R. (1958) *Culture and Society*, New York: Columbia University Press.

Williams, R. (1961) *The Long Revolution*, New York: Columbia University Press.

Williams, R. (1975) *The Country and the City*, St Albans: Paladin.

Williams, R. (1977) *Marxism and Literature*, Oxford: Oxford University Press.

Williams, R. (1981) *The Sociology of Culture*, Chicago: University of Chicago Press.

Wilson, B., and B. Millington (2015) 'Sport and environmentalism in a post-political age', in R. Giulianotti (ed.), *Routledge Handbook of the Sociology of Sport*, London: Routledge.

Wilson, W. J. (1978) *The Declining Significance of Race*, Chicago: University of Chicago Press.

Wilson, W. J. (2009) *More Than Just Race*, New York: W. W. Norton.

Wolf, M. (2004) *Why Globalization Works*, New Haven, CT: Yale University Press.

Wouters , C. (1986) 'Formalization and informalization', *Theory, Culture & Society*, 3: 1–18.

Wouters, C. (1990) 'Social stratification and informalization in global perspective', *Theory, Culture & Society*, 7: 69–90.

Wray, A., and A. Newitz (eds) (1997) *White Trash: Race and Class in America*, New York: Routledge.

Wren-Lewis, J., and J. Clarke (1983) 'The World Cup: a political football', *Theory, Culture & Society*, 1: 123–32.

Young, K., W. McTeer and P. White (1994) 'Body talk: male athletes reflect on sport, injury, and pain', *Sociology of Sport Journal*, 11: 175–94.

Zaman, H. (1997) 'Islam, well-being and physical activity', in G. Clarke and B. Humberstone (eds), *Researching Women and Sport*, Basingstoke: Macmillan.

索引

Aboriginal peoples 原住民 83, 85, 88, 220, 221

Acts of Resistance (Bourdieu)《抵抗行动》（布尔迪厄）183

adaptation 适应 8-9, 132-133, 134

Adidas 阿迪达斯 48, 147, 215

Adler, P. & P. A. 阿德勒 23

Adorno, T. 阿多诺 41, 42, 43, 118-119, 236n10

advertisements 广告 40, 111

see also endorsement 亦见背书

aestheticization of everyday life 日常生活的审美化 199, 206

AFL (Australian Football League) 澳大利亚橄榄球联盟 68, 84, 199

Africa 非洲

    football clubs 足球俱乐部 82

    gender/race/class 性别／种族／阶级 87

    imperialism 帝国主义 80-83

    recruitment 招聘 212

    slavery 奴隶制 94

    structural development 结构发展 82

African Americans 美国非裔 77-79, 86-88, 236n17

AGIL model AGIL 模型 8-9

Alexander, J. C. 亚历山大 18-19

Ali, Muhammad 穆罕默德·阿里 90

alienation 异化 31, 36, 39-40, 42, 49

Allen-Collinson, J. 艾伦-柯林森 123-124

Althusser, L. 阿尔都塞 53, 60-61

Amara, M. 阿玛拉 219

amateurism 业余主义 41, 44, 56, 61, 176

American football 美式橄榄球 x, 31-32, 223

    class 阶级 xiv

    health protection 健康保护 128

    leadership 领袖 97

    masculinity 男子气概 12, 112

    multi-ethnic team 多民族的球队 93

    Northwestern Union 西北大学工会 48

    playing positions 比赛位置 28

    Rooney Rule 鲁尼规则 88

    ticket prices 票价 139-140

    urban riots 城市骚乱 51

Americanization 美国化 43, 93, 217, 220

Amin, A. 阿明 201

Anderson, B. 安德森 73

Anderson, E. 安德森 107, 108

Andrews, D. L. 安德鲁斯 69, 70

anti-racism 反种族歧视 39, 83-84, 95

anti-smoking messages 禁烟信息 11

Appadurai, A. 阿帕杜莱 63, 220, 221

archery 射箭 98, 176

Archetti, E. 阿切蒂 112-113, 221, 230

Arctic Challenge 北极挑战赛 58

Argentina 阿根廷 112-113, 138, 221

Aristotle 亚里士多德 127-128

Armstrong, G. 阿姆斯特朗 24-25

译后记

翻译本书前，我先翻译了朱利亚诺蒂教授主编的《运动与社会理论家》一书的导言，此文发表于《体育成人教育学刊》2017 年第 2 期。翻译此文时，我向朱利亚诺蒂教授询问是否还有相关作品可供翻译，朱利亚诺蒂教授便发来本书的 PDF，上面标注的时间是"01/06/2015 08:17"。本书英文新版于 2016 年出版，也就是说在其尚未出版时，我就获得了本书的 PDF。

之后我一边翻译，一边联系出版社。2016 年年底，学界前辈李幼蒸先生帮我联系到中国人民大学出版社人文分社社长潘宇博士，之后便主要与盛杰编辑联系，商量出版事宜。2018 年本书通过选题论证，6 月签订出版合同，约定 2019 年 10 月交稿。

本书第 6 章《体育运动中的性别与性：反抗男权制》在《反歧视评论（第 5 辑）》（法律出版社，2018）上发表。发表前征得政体出版社、中国人民大学出版社、《反歧视评论》编辑部三方同意，并告知作者。因沟通不畅，发表时未使用新译本，导致译文有些许错误，如漏了"体育运动中的女性主义政治策略"一段，又如把康奈尔的性别误为"他"，把"看重平等"误为"看中平等"；又因编辑错误，把"多田野数人"误为"多田野"。这些错误在本译本中悉数改正，请以此为准。

本书原名为《体育运动：批判社会学》，但出版社在选题论证时定为《体育社会学》。正文中"sports sociology"均译为"体育运动社会学"。需要说明的是："sport""sports"等词，本书中原则上译为"体育运动"，但在不导致歧义的情况下，也译为"运动"（如"运动文化""运动赛事"）或"体育"（如"体育记者""体育赌博"）。依社会习惯，"e-sports"译为"电子竞技"。原则上用"体育运动"而不用"运动"，以免与"社会运动"（social movement）混淆；不用"体育"，以免与 PE 混淆。本书均在 sport 的意义上讨论问题，而不在 PE 的意义上。

我在翻译时尽量避免翻译腔。按思果先生在《翻译研究》《翻译新究》中的建议，本译本无一处"它"；除了"我们""他们"，本译本无"人们"等任何"们"；本译本无一处"之一"；原文中的"a""an"多数略去不译；原文中的长句都尽量分段处理，以便于阅读。按王路教授的意见，"truth"译为"真"，"ontology"译为"本是学"，"legitimacy"译为"认受性"。读者若有任何改进建议，请发送至本人邮箱 tomleerui@163.com，不胜感激！

本书是我在丽水学院工作期间的成果，我于本书翻译获益良多。首先要感谢朱利亚诺蒂教授！他对我的每次来信都耐心回复，并予以鼓励。感谢李幼蒸先生牵线搭桥！感谢潘宇、盛杰两位编辑！感谢《反歧视评论》编辑部王理万博士！云南民族大学社会学硕士张丽强阅读了本书第2、3章；本人指导的本科生高铖、王统兴、盛纤雪、潘璇、钟晨分别阅读了本书前10章；同事康亚峰硕士阅读了本书第11、12章，在此深表谢意！家父李仲宁为原安徽省蚌埠粮食学校退休语文高级讲师，家父阅读译稿三遍，更正了不少错误，特此感谢！

李　睿

2019 年 9 月 2 日于安徽滁州

11 月 25 日补记于浙江丽水

2020 年 1 月 10 日全书终稿于丽水

图书在版编目（CIP）数据

体育社会学：第 2 版 /（英）理查德·朱利亚诺蒂著；李睿译 . -- 北京：中国人民大学出版社，2023.2
（社会学译丛）
ISBN 978-7-300-31383-2

Ⅰ.①体… Ⅱ.①理… ②李… Ⅲ.①体育运动社会学—研究 Ⅳ.① G80-051

中国国家版本馆 CIP 数据核字（2023）第 004862 号

社会学译丛

体育社会学（第 2 版）

［英］理查德·朱利亚诺蒂（Richard Giulianotti） 著

李 睿 译

Tiyu Shehuixue

出版发行	中国人民大学出版社		
社　　址	北京中关村大街31号	**邮政编码**	100080
电　　话	010-62511242（总编室）		010-62511770（质管部）
	010-82501766（邮购部）		010-62514148（门市部）
	010-62515195（发行公司）		010-62515275（盗版举报）
网　　址	http:www.crup.com.cn		
经　　销	新华书店		
印　　刷	北京七色印务有限公司		
规　　格	215mm×275mm　16开本	**版　次**	2023年2月第1版
印　　张	15.75插页2	**印　次**	2023年2月第1次印刷
字　　数	291 000	**定　价**	59.00元

出教材学术精品　育人文社科英才

中国人民大学出版社读者信息反馈表

尊敬的读者：

感谢您购买和使用中国人民大学出版社的 ＿＿＿＿＿＿＿＿＿＿ 一书，我们希望通过这张小小的反馈表来获得您更多的建议和意见，以改进我们的工作，加强我们双方的沟通和联系。我们期待着能为更多的读者提供更多的好书。

请您填妥下表后，寄回或传真回复我们，对您的支持我们不胜感激！

1. 您是从何种途径得知本书的：

   ❏书店　❏网上　❏报刊　❏朋友推荐

2. 您为什么决定购买本书：

   ❏工作需要　❏学习参考　❏对本书主题感兴趣

   ❏随便翻翻

3. 您对本书内容的评价是：

   ❏很好　❏好　❏一般　❏差　❏很差

4. 您在阅读本书的过程中有没有发现明显的专业及编校错误，如果有，它们是：＿＿＿

   ＿＿＿＿＿＿＿＿＿＿＿＿＿＿＿＿＿＿＿＿＿＿＿＿＿＿＿＿＿＿＿＿＿＿＿＿＿＿

   ＿＿＿＿＿＿＿＿＿＿＿＿＿＿＿＿＿＿＿＿＿＿＿＿＿＿＿＿＿＿＿＿＿＿＿＿＿＿

   ＿＿＿＿＿＿＿＿＿＿＿＿＿＿＿＿＿＿＿＿＿＿＿＿＿＿＿＿＿＿＿＿＿＿＿＿＿＿

5. 您对哪些专业的图书信息比较感兴趣：＿＿＿＿＿＿＿＿＿＿＿＿＿＿＿＿＿＿＿＿＿＿

6. 如果方便，请提供您的个人信息，以便于我们和您联系（您的个人资料我们将严格保密）：

   您供职的单位：＿＿＿＿＿＿＿＿＿＿＿＿＿＿＿＿＿＿＿＿＿＿＿＿＿＿

   您教授的课程（教师填写）：＿＿＿＿＿＿＿＿＿＿＿＿＿＿＿＿＿＿＿＿

   您的通信地址：＿＿＿＿＿＿＿＿＿＿＿＿＿＿＿＿＿＿＿＿＿＿＿＿＿＿

   您的电子邮箱：＿＿＿＿＿＿＿＿＿＿＿＿＿＿＿＿＿＿＿＿＿＿＿＿＿＿

请联系我们：

电话：62515637

传真：62510454

E-mail：gonghx@ crup. com. cn

通讯地址：北京市海淀区中关村大街 31 号　100080

中国人民大学出版社人文分社